北京一零一中生态智慧教育丛书

丛书主编　陆云泉　熊永昌

思辨·理性·担当

SIBIAN · LIXING · DANDANG

李杰 著

北京理工大学出版社
BEIJING INSTITUTE OF TECHNOLOGY PRESS

版权专有　侵权必究

图书在版编目（CIP）数据

思辨·理性·担当/李杰著．—北京：北京理工大学出版社，2023.4
ISBN 978-7-5763-2327-6

Ⅰ.①思… Ⅱ.①李… Ⅲ.①政治课-教学研究-高中 Ⅳ.①G633.302

中国国家版本馆 CIP 数据核字（2023）第 073117 号

出版发行 / 北京理工大学出版社有限责任公司	
社　　址 / 北京市海淀区中关村南大街 5 号	
邮　　编 / 100081	
电　　话 / （010）68914775（总编室）	
（010）82562903（教材售后服务热线）	
（010）68944723（其他图书服务热线）	
网　　址 / http://www.bitpress.com.cn	
经　　销 / 全国各地新华书店	
印　　刷 / 廊坊市印艺阁数字科技有限公司	
开　　本 / 710 毫米 × 1000 毫米　1/16	
印　　张 / 18.25	责任编辑 / 王晓莉
字　　数 / 287 千字	文案编辑 / 王晓莉
版　　次 / 2023 年 4 月第 1 版　2023 年 4 月第 1 次印刷	责任校对 / 周瑞红
定　　价 / 98.00 元	责任印制 / 李志强

图书出现印装质量问题，请拨打售后服务热线，本社负责调换

丛书序

教育事关国计民生,是国之大计,党之大计。

北京一零一中是北京基础教育名校,备受社会的关注和青睐。自1946年建校以来,取得了丰硕的办学业绩,学校始终以培养"卓越担当人才"为己任,在党的"教育必须为社会主义现代化建设服务,为人民服务,必须与生产劳动和社会实践相结合,培养德智体美劳全面发展的社会主义建设者和接班人"的教育方针指引下,立德树人,踔厉发奋,为党和国家培养了一大批卓越担当的优秀人才。

教育事业的发展离不开教育理论的指导。时代是思想之母,实践是理论之源。新时代的教育需要教育理论创新。北京一零一中在传承历史办学思想的基础上,依据时代教育发展的需要,守正出新,走过了自己的"教育理论"扬弃、创新过程。

学校借鉴了苏联教育家苏霍姆林斯基的"自我教育"思想,引导师生在认识自我、要求自我、调控自我、评价自我、发展自我的道路上学习、成长。

进入二十一世纪以来,随着教育事业的飞速发展,学校在继续践行"自我教育"思想的前提下,开始探索"生态·智慧"课堂,建设"治学态度严谨、教学风格朴实、课堂氛围民主、课堂追求高远"的课堂文化,赋予课堂以"生态""智慧"属性,倡导课堂教学的"生态、生活、生长、生命"观和"情感、思想、和谐、创造"性,课堂教学设计力求情景化、问题化、结构化、主题化、活动化,以实现"涵养学生生命,启迪学生智慧"的课堂教学宗旨。

2017年党的十九大召开,教育事业进入了"新时代",北京一零一中的教育指导思想由"生态·智慧"课堂发展为"生态·智慧"教育。北京一零一人在思考，在新的历史条件下发展什么样的基础教育，怎样发展中国特色、国际一流的基础教育这个重大课题。北京一零一人在探索中进一步认识到，"生态"意味着绿色、开放、多元、差异、个性与各种关系的融洽，所以"生态教育"的本质即尊重规律、包容差异、发展个性、合和共生；"智慧"意味着点拨、唤醒、激励、启迪，所以"智慧教育"的特点是启智明慧，使人理性求真、至善求美、务实求行，获得机智、明智、理智、德智的成长。

2019年5月，随着北京一零一中教育集团成立，学校办学规模不断扩大，学校进入集团化办学阶段，对"生态·智慧"教育的思考和认识进一步升华为"生态智慧教育"。因为大家认识到，"生态"与"智慧"二者的关系不是互相割裂的，而是相互融通的，"生态智慧"意味着从科学向智慧的跃升。"生态智慧"强调从整体论立场出发，以多元和包容的态度，欣赏并接纳世间一切存在物之间的差异性、多样性和丰富性；把整个宇宙生物圈看成一个相互联系、相互依赖、相互存在、相互作用的一个生态系统，主张人与植物、动物、自然、地球、宇宙之间的整体统一；人与世界中的其他一切存在物之间不再是认识和被认识、改造和被改造、征服和被征服的实践关系，而是平等的对话、沟通、交流、审美的共生关系。"生态智慧"教育是基于生态学和生态观的智慧教育，是依托物联网、云计算、大数据、泛在网络等信息技术所打造的物联化、智能化、泛在化的教育生态智慧系统；实现生态与智慧的深度融合，实现信息技术与教育教学的深度融合，致力于教育环境、教与学、教育教学管理、教育科研、教育服务、教育评价等的生态智慧化。

学校自2019年7月第一届集团教育教学年会以来，将"生态智慧教育"赋予"面向未来"的特质，提出了"面向未来的生态智慧教育"思想。强调教育要"面向未来"培养人，要为党和国家培养"面向未来"的合格建设者和可靠接班人，要教会学生面向未来的生存技能，包括学习与创新技能、数字素养技能和职业生活技能，要将学生培养成拥有创新意识和创新能力的拔尖创新人才。

目前，"面向未来的生态智慧教育"思想已逐步贯穿了办学的各领域、各环节，基本实现了"尊重规律与因材施教的智慧统一""学生自我成长与学校智慧育人的和谐统一""关注学生共性发展与培养拔尖创新人才的科学统一""关注学生学业发展与促进教师职业成长的相长统一"。在"面向未来的生态智慧教育"

思想的指导下，北京一零一中教育集团将"中国特色国际一流的基础教育名校"确定为学校的发展目标，将"面向未来的卓越担当的拔尖创新人才"作为学校的学生发展目标，将"面向未来的卓越担当的高素质专业化创新型的生态智慧型教师"明确为教师教育目标。

学校为此完善了教育集团治理的"六大中心"的矩阵式、扁平化的集团治理组织；研究制定了"五育并举"、"三全育人"、"家庭－学校－社会"协同育人、"线上线下－课上课后－校内校外"融合育人、"应试教育－素质教育－英才教育"融合发展的育人体系；构建了"金字塔式"的"生态智慧"教育课程体系；完善了"学院－书院制"的课程内容建设及实施策略建构；在教育集团内部实施"六个一体化"的"生态智慧"管理，各校区在"面向未来的生态智慧教育"思想指引下，传承自身文化，着力打造自身的办学特色，实现各美其美、美美与共。

北京一零一中教育集团着力建设了英才学院、翔宇学院、鸿儒学院和 GITD 学院（Global Innovation and Talent Development），在学习借鉴生态学与坚持可持续生态发展观的基础上，追求育人方式改革，开展智慧教育、智慧教学、智慧管理、智慧评价、智慧服务等实验，着力打造了智慧教研、智慧科研和智慧学研，尤其借助国家自然科学基金项目"面向大中学智慧衔接的动态学生画像和智能学业规划"和国家社会科学基金项目"基础教育集团化办学中学校内部治理体系和治理能力建设研究"的研究，加快学校的"生态智慧"校园建设，借助 2019 年和 2021 年两次的教育集团教育教学年会的召开，加深了全体教职员工对"面向未来的生态智慧教育"思想的理解、认同、深化和践行。

目前，"面向未来的生态智慧教育"思想已深入人心，成为教育集团教职员工的共识和工作指导纲领。在教育教学管理中，自觉坚持"道法自然，各美其美"的管理理念，坚持尊重个性、尊重自然、尊重生命、尊重成长的生态、生活、生命、生长的"四生"观；在教师队伍建设中，积极践行"启智明慧，破惑证真"的治学施教原则，培养教师求知求识、求真求是、求善求美、求仁求德、求实求行的知性、理性、价值、德性、实践的"智慧"观；在拔尖创新人才培养中，立足"面向未来"，培养师生能够面向未来的信息素养、核心素养、创新素养等"必备素养"和学习与创新、数字与 AI 运用、职业与生活等"关键能力"。

北京一零一中教育集团注重"生态智慧"校园建设，着力打造面向未来的"生态智慧"教育文化。在"面向未来的生态智慧教育思想"的引领下，各项事业蓬勃发展，育人方式深度创新，国家级新课程新教材实施示范校建设卓有成效；"双减"政策抓铁有痕，在借助"生态智慧"教育手段充分减轻师生过重"负担"的基础上，在提升课堂教学质量、高质量作业设计与管理、供给优质的课后服务等方面，充分提质增效；尊重规律、发展个性、成长思维、厚植品质、和合共生、富有卓越担当意识的"生态智慧"型人才的培养成果显著；面向未来的卓越担当型的高素质专业化创新型的"生态智慧"型教师队伍建设成绩斐然；教育集团各校区各中心的内部治理体系和治理能力建设成绩突出；学校的智慧教学，智慧作业，智慧科研，智慧评价发展很快，智慧服务意识、能力、效率空前提高。北京一零一中教育集团在"面向未来的生态智慧教育思想"的引领下正朝着"生态智慧"型学校迈进。

为了更好地总结经验，反思教训，创新发展，我们启动了"面向未来的生态智慧教育"丛书编写。本套丛书的编写得益于教育集团各个校区、各个学科组、广大干部教师的共同努力，在此对各位教师的辛勤付出深表感谢。希望这套丛书所蕴含的教育教学成果能够对海淀区乃至全国的基础教育有所贡献，实现教育成果资源的共享，为中国基础教育的发展提供有益的借鉴和帮助。

陆云泉：北京一零一中教育集团总校长，管理学博士，国家督学，中学数学特级教师，正高级教师，北京市首批特级校长。

序 一

让生态智慧教育真正落地

为落实教育"立德树人"的根本任务,北京市第一○一中学持续开展基于核心素养的生态智慧教育的实践研究。生态智慧教育倡导以学生的素养发展和生命成长为目标,最大限度地开发和启迪智慧,让教育焕发出生命的光彩。

生态智慧教育的核心是打造生命成长和智慧生成的"生活场";构建指向学生高阶思维发展的"思维场";营造师生情感交流、互动与激荡的"情感场";创设学生健康成长的"生命场"。在生态智慧的教育理念下,我校开展了一系列"教"与"学"方式变革的研究与实践,进一步明确了学科生态智慧教育的内涵实质与价值追求,进一步完善了生态智慧课堂的教学模型。

思想政治学科是立德树人的关键课程,本书作者李杰老师,二十多年来一直从事思想政治课教学实践,积累了丰富的教学经验,本书是作者基于生态智慧教育理念实践和在实践中不断研究的成果。

李杰老师是一个研究型教师,她长期坚持教育理论的学习,并以科研课题为抓手,积极探索高中思想政治学科教学改革的有效途径。2016年她申请并主持北京市教育科学规划办重点课题"在高中思想政治教学中提升学生理性精神的实践研究——以批判性思维为路径",课题于2020年顺利结题。课题研究成果荣获海淀区"十三五"优秀科研成果特等奖。她和政治组教师在五年教学实践中探索出高中思想政治课生态智慧教学之教法——情境·思辨·对话教学法，课题论文《情境·思辨·对话》荣获教育部颁发的第六届教育科学研究成果三等奖。

我国近代教育家陶行知先生曾说："先生的责任不在教，而在教学生学，教的法子必须根据学的法子。"这段话给了李杰老师很大的启发，她近几年一直在探索生态智慧教学之学法，探索出了U型学习的实践模型及具体实施策略。这一研究成果有力地推动了生态智慧教育的落地！

李杰老师从2016年至今一直指导我校的模拟政协社团活动，她通过模拟政协活动培养出了有担当的时代新人。模拟政协活动让她对学习的规律和意义有了更多的思考。

本书不仅阐述了李杰老师对生态智慧教育教法和学法的思考，而且还收录了相关案例。在这些案例中呈现了高中思政课教学中生态智慧教育的"生活场""思维场""情感场"和"生命场"，这些场域构成和谐的教学生态。在这种和谐的教学生态中，教师与学生实现了思维与思维的碰撞、灵魂与灵魂的交流，学科知识在潜移默化中转化为学生的人生智慧。

期待更多老师成为研究型教师，在教学实践中研究教育教学规律，追寻理想的生态智慧教育！

熊永昌

熊永昌：北京一零一中党委书记，常务副校长，中学数学特级教师，正高级教师，中国教育学会中小学整体改革委员会常务副秘书长、理事。

序 二

甘为人师　善做明师

思政课程的重要与教师难教、学生难学，几乎是业内共识。但李杰老师却做得从容自如、风生水起、卓有成效，彰显出一名优秀一线教师的教育情怀和职业理想。这是我读了李杰老师《思辨·理性·担当》一书之后的鲜明感受。

如果追问，李杰老师为什么能够渐臻，以至比较完美地达到思政课程教学佳境？这本书给了我们十分清晰明了的答案——她在时下备受推崇的生态智慧教育理念引领下，抓住了高中思政教育的内核——培育学生的理性精神。一路走来，教学相长，学生老师都收获颇丰。

理性精神培育，对即将走向成年的高中生尤为重要。小到成年之后的职业选择、家庭建设和人际关系等，大到个人与团队、与社会、与国家重大利益之间的平衡，对重大的令人眼花缭乱的社会事件、社会热点的理解认识等，都需要在理性精神的支撑和引领下，从党和人民的利益出发，从社会主流价值观出发，从实际出发，作出科学理性的判断、评价与选择，而不被个人利益、个人情绪或偏见左右、淹没。反过来，如果一个人的理性精神贫弱，认识问题、处理问题动辄感情用事、鲁莽冲动、头脑简单，那么，他的个人生活、他的成长与发展之路很可能严重受限、受阻、受挫，遑论奉献国家和社会。

可见，理性精神培育，应该是高中思政课程一以贯之的主线，是具有特殊价值意义的思政课程教学总纲。

纲举目张。从本书可以看出，李杰在长期常态的教学实践中，无论是宏观的教学思路、教学设计，还是具体的教学方法、教学艺术；无论是对学生的教育评价，还是对自己的教学反思等，无不绕"纲"而生而成。

所以，与其说李杰是名师，不如说其首先是一位明师。她明明白白教思政，学生明明白白学思政；她明白思政课程的核心教学价值所在，明白当代高中生必备的核心精神元素所在。她对新时代高中思政课程，尤其是高中思政新课标的核心内涵的把握、对思政课程实施教学的方方面面无不明了于心，落实于行，体现出一名甘为人师、善为人师者可贵的知行合一。这正是明师之明白和高明之处。从这个层面看，今天的教师，应该首先把"明师"作为自己的专业追求。

这本书体现出可贵的朴素与纯真，如同李杰其人。今天这个时代，出书者众，各类书籍令人目不暇接，但质量难免参差不齐。李杰冷静而理性，严谨而细致，整本书在编排思路、内容选择和主次取舍等方面都设计得匠心别具。一线教师教学任务繁重，工作压力大，出一本专著并非易事，出一本好书更难。但李杰做到了。不简单，不容易。

这本书体现出突出的实践性、创新性和学术水准。无论是教法与学法，还是案例和成果，都是她的实践所得。但实践中有学理支撑引领，有个人的反思与创新（如模拟政协等），这就大大增强了本书的可读性和可信度。至于实践与研究过程中李杰老师的热诚与勤奋、专注和投入，更是令人感动。因此，这本书特别适合一线教师阅读。或许，能给一线同行带来某种启迪和灵感。

李杰老师还年轻。大作即将面世，可喜可贺。祝愿她百尺竿头更进一步。

郭　涵

郭涵：北京一零一中学原校长，北京师范大学教育学院硕士生导师，北京市政协委员，北京市优秀校长、优秀教育工作者。

序 三

不停探索是达到理想目标的必经之路

认识李杰老师很多年了,但似乎每次见到她、听到她的消息,都会有一种新的进步和成就。对于一位长期在高中思政课教学一线的老师来说,她的很多成就都是超越性的。最近一次,就是大家眼前的这本书了。

李老师是个对自己要求很高的人。她对工作的那种投入和执着,很多时候都是让我望尘莫及的。曾几何时,我还固执地以为这样的执着会让她只关注"低头走路",而忘了"抬头看路"。但这本书告诉我,她没有。

应该说,教书育人不是一件容易的事情。很多时候,体力的付出看得见,精神的历练却只有亲历者才能真切感受。所以,教师这个看似轻松的职业背后,有许许多多不足为外人道的辛苦与艰辛。难能可贵的是,在很多人拿这种辛苦为自己"画像"的同时,李老师却用属于她特有的举重若轻,让那些辛苦都变成了经历、阅历。虽然我们看不到岁月的刻刀留给她的那些历练,但我们看到了她克服各种困难之后的自信与从容,是不是值得和她一起庆祝呢?庆祝我们在充满颠沛的征途中,能坚守为人师表的初心,能收获雨过天晴的彩虹。

李老师也是一个对事业要求很高的人。按理说,李老师的成就足以让她"胜似闲庭信步"了,但我们每次看到的,都是那个快人快语、对未来充满期待的李老师。模拟政协、科研课题、骄人成绩、公开课、展示课、论文……现在,在这个长长的序列中，又要多上一项"著作"了。李老师是把努力刻到骨子里的人，也是把探索融进血液里的人。这样的努力，配得上这样的结果，更配得上我们的敬重。

有幸作为本书的第一批读者，有幸作为书中那些课例和论文"诞生"的见证人，更有幸受邀为李老师的成果写几句话。祝贺李老师从教道路上有了新的里程碑，也祝福李老师能继续保持前进的姿态，为中学思政课的发展提供更为鲜活的案例和富有育人价值的思考。

理想在远方，收获在路上。期待看到李老师更多的新成果，看到李老师更加自信从容的阳光笑脸。

仅以如上浅短的文字，表达我对李老师的敬意。

李晓东

李晓东：中国教育学会中小学德育研究分会常务理事、思想政治课教学学术委员会常务副理事长兼秘书长；普通高中课程标准修订组成员；北京师范大学马克思主义学院、大中小学德育一体化国家教材建设重点研究基地副教授。

序 四

以行动研究引领专业发展

和李杰老师相识快二十年了。在我所认识的中学政治教师当中，李杰老师是思想最为纯粹、最富有教学激情和探索热情的一位。每每听李老师的课，总会沉浸在她所营造的阳光四射、火花飞溅、正能量爆棚的教学氛围中久久不能自拔；每每与李老师对话，又会为她引经据典、天马行空、对问题独到而深邃的思考所深深折服。我常常不由自主地想，是什么支撑着李杰老师不畏艰难、几十年如一日地执着于教学理论和实践研究呢？是对马克思主义真诚的信仰，是对教育的赤子情怀，是对做好本职工作的责任担当。

我有幸和李老师一起参与了"高中学生理性精神的培养"课题研究，亲眼见证了课题立项、论证、研究和成果推广的全过程。在很多人看来，中小学老师做课题研究，不过是迫于领导要求和评职称需要的无奈之举，往往搞形式、走过场，很难深入持久下去，更难有什么创新性成果，课题结束后也就束之高阁、弃之如履。李老师则不然，完全是基于对一问题的兴趣和教学需要。早在多年前的一次教学研讨会上，李老师就与我提到过，政治课的一个重要任务就是培养孩子学会用辩证思维和创新思维观察和分析社会现象和社会问题的能力，帮助孩子透过纷繁复杂的社会现象，做出正确的价值判断和选择。这种能力的高低直接关乎孩子的人生幸福和未来发展。而从现实看来，我们孩子的这种能力往往比较欠缺，容易为表象所迷惑，迷失自我，遇事容易偏激，走极端。这种能力不正是理性精神的体现吗？那么，理性精神的实质是什么？为什么我们在教学中那么强调辩证思维和创新思维的重要性，而学生恰恰缺乏这种理性精神？如何培养学生的理性精神？正是带着对这些问题的思考，李老师开始了这一课题研究，这一研究就是六年。

李杰老师的这一课题来自一线教学实践，不仅与学生的长远发展需要相契合，而且与我们高中思想政治课程标准中的"科学精神"素养相契合。由此看来，对于一线老师而言，只要我们真正找到教学问题的关节点，找到学生成长的关键点，找到老师自身的兴趣点，就能找到我们课题研究的突破口，发挥我们的教学实践优势，通过行动研究，用理论解决实践中的难题，促进自身的专业化发展。

相信李老师的这本书能够启迪更多的一线政治老师学会辩证唯物主义和历史唯物主义，创新课堂教学，给学生深刻的学习体验，引导学生树立正确的理想信念、学会正确的思维方法。也希望李老师的这本书能够带动更多的一线政治老师投身教学实践研究，使我们的政治课堂更加生动，更加温暖，更有思想，更有力量！

张广宇

张广宇：人民教育出版社思想政治编辑室编辑，担任高中思想政治必修二《经济与社会》责任编辑。

目 录

绪 言
　——理性精神，高中思想政治生态智慧教育的价值追求　　　　1

第1章　高中思政课需要培养学生的理性精神　　　　5
　第一节　教育需要培养具有理性精神的人　　　　5
　第二节　理性精神是提升学生思政学科素养的必然要求　　　　8
　第三节　高中思政课教学在培养学生理性精神方面存在的缺失及反思　　　　9
　第四节　高中思政学科培养学生理性精神的策略　　　　15
　第五节　打造生态智慧课堂　促进生命生长　　　　23

第2章　高中思想政治课生态智慧教学之教法　　　　29
　第一节　"情境·思辨·对话"教学法的内涵　　　　29
　第二节　"情境·思辨·对话"教学法的理论基础　　　　37
　第三节　"情境·思辨·对话"教学法的教学实施策略　　　　39
　第四节　运用"情境·思辨·对话"教学法，让学生享受"心流"　　　　54
　第五节　"情境·思辨·对话"教学法的教学案例　　　　58

第3章　高中思想政治课生态智慧教学之学法　　　　117
　第一节　开展表现性学习，是时代对教育的呼唤　　　　118

第二节　国内外关于开展表现性学习的研究　　　　　　　　　　120
  第三节　开展表现性学习，提高课堂教学效益　　　　　　　　　122
  第四节　"U型学习"，让学习真实发生　　　　　　　　　　　　132
  第五节　表现性学习之学历案和学习设计　　　　　　　　　　　141

第4章　高中思想政治生态智慧教学之课外活动　　　　　　　　　　180
  第一节　开展模拟政协活动，培养学生的批判性思维　　　　　182
  第二节　开展模拟政协活动，培养现代理性公民　　　　　　　186
  第三节　模拟政协社团学生的提案及学生感想　　　　　　　　193

第5章　高中思想政治生态智慧教育之成果篇　　　　　　　　　　252
  第一节　让学生爱上思考　　　　　　　　　　　　　　　　　　252
  第二节　通过论证，走向理性　　　　　　　　　　　　　　　　257
  第三节　思辨设问，引导学生成为有智慧的人　　　　　　　　262
  第四节　让学生心灵转向　　　　　　　　　　　　　　　　　　269

后　记　　　　　　　　　　　　　　　　　　　　　　　　　　　　275

绪　言

——理性精神，高中思想政治生态智慧教育的价值追求

从教二十多年，我一直在思考思学科教学的育人价值是什么？怀特海在《教育的目的》一书中说："学生是有血有肉的个体，教育的目的是激发和引导他们的自我发展。"从这句话，我们可以看出教育就是要帮助学生实现自我发展。

人是如何发展的？是什么让不同的人生发展样貌不同？是思想，是人生智慧的不同。

教育就是要实现头脑的价值，教育的真正目标是让学生智慧得到健康成长，培养他们对精神生活的热爱，引导他们享受思想的快乐。

然而，我国教育存在的一个严重的问题就是要求学生记忆大量的碎片化知识，这些碎片化知识没有在学生的头脑里转化为智识，传统的教学方法没有让学生们感受到发现知识的惊喜和运用知识解决问题的乐趣，而是使他们在刷题中磨灭了对学习的兴趣。

这样的现状很可怕！

2014年5月4日习近平总书记在北京大学与师生座谈时曾说："人才蔚起，国运方兴，实现中华民族伟大复兴的中国梦，人才是支撑，而人才的培养离不开教育。"

究竟什么样的教育才能真正为国家培养出担负起民族复兴大任的人才？北京一零一中给出了我们的答案——生态智慧教育。

什么是生态智慧教育？

教育是人的生命活动的过程，教育要让生命得以自由生长与和谐发展。生态智慧教育的目标追求的是建构生命成长和智慧生成的场域：

生活场：让学生在活动中体验，在体验中生命得以成长；

思维场：有利于学生高阶思维得以形成与发展；

情感场：有利于学生的情感世界在自由和谐的氛围中陶冶与美化；

生命场：课堂的一切缘起和归宿都是生命的健康成长。

教育的生态属性是尊重、唤醒、激励和发展生命，我们要创设有利于生命投入的学习生态环境，师生彼此尊重，自由和谐，圆融共生。智慧属性要求教育活动要激发个体生命潜能，唤醒生命智慧，提升思维品质，丰富情感体验，培养健全人格。

高中思想政治学科作为立德树人的关键课程，我们学科的育人价值是什么？这是最近几年，我一直在思考的问题。我想教育首先要培养幸福的人，一个能够在追求自身幸福的过程中实现他人幸福和社会进步的人。这样的人，肯定是一个具有智慧的人。

究竟什么是智慧？《哲学百科全书》对"智慧"进行了这样的规定："从最广泛、最普遍的意义上说，智慧就是指对生活做出合理的、满意的判断。"如何让一个人在生活中总能做出合理的判断，让其拥有不后悔的人生？那就是让他具有理性精神。

什么是理性精神？我这里说的理性精神是指德国社会学家马克思·韦伯所说的工具理性和价值理性的统一。

亚里士多德在《政治学》中论述"理想国及其教育"时说："让我们试图确定一个幸福而治理良好的国家需要什么和由何种分子来组成。一切幸福都包含两件事：一件是选择行动的正当目的，另一件是发现足以达到目的的行动方法。"其中"选择行动的正当目的"就是我们本课题所说的价值理性；"足以达到目的的行动方法"就是本课题所指的"工具理性"。

高中思想政治学科以立德树人为根本任务，以培育社会主义核心价值观为根本目的，是增强社会理解和参与能力的综合性、活动型学科课程。这一课程有什么育人价值？为此，我特地采访了2020年考入北大哲学系的李林熙同学，她告诉我：

从政治学科的特殊性而言，思想政治是一门实用性很强的学科，能够带给我分析生活现象、解决实际问题的工具。比如我从《经济生活》中学会了基本的经济学知识，进而对市场中的经济现象，国家的一些经济政策能够知其所以然。其中消费、投资理财等部分更是直接与个人生活息息相关，指导我科学理性地参与到经济生活中；又如，学习高中政治前，我只是粗略地知道两会，但具体如何运行并不清楚。从《政治生活》中我了解到国家运转的完整机制，了解到了一项政策如何落地，以及个人如何进行政治参与。此外，高中生尚处于价值观的形成阶段，思政学科与其他学科相比，在塑造我们的正确价值观上发挥着更大的作用。

从一般性而言，思政学科的学习使我潜移默化地形成了一些分析问题的思维方法，比如考虑一件事时要从多个角度、多个主体来想，看到其积极、消极两方面的影响。这些方法具有普适性，放到其他领域也适用。当具体的知识细节已然被遗忘时，这些思维方法却已经内化于心，成为我的一部分了。

我想这是高中思想政治学科学习带给我的最大价值。

从李林熙同学的话中，我们可以看出思想政治学科就是要帮助学生养成理性的思维方法，理性认识社会现象，理解社会运行的规律，进而理性地参与到社会生活中去。由此可见，理性精神才是我们思想政治学科最大的育人价值。

如何在高中思想政治学科教学中培养学生的理性精神？生态智慧教育为我们指明了方向。思政学科生态智慧教育与传统思政学科教育有何不同？

生态智慧思政学科教育	传统思政学科教育
深度学习，实现对学科知识的深度理解	浅表式学习，强调学课知识的记忆和再现
学习者将学科知识系统化，形成学科大概念	碎片化知识的堆积
师生是成长共同体，学习的伙伴，将学生看作是成长中的生命	教师处于绝对主导地位，将学生作为待灌满的知识容器
注重形成性评价，培养学生的批判性思维	注重终结性评价，注重学生记忆力的培养
鼓励学生将学科知识运用于解决新情境中的问题，帮助学生成为人类文明的传承者和发展者	引导学生将学科知识的共性原理运用于解决简单情境的个性问题，帮助学生仅仅成为人类文明的继承者

作为一线思想政治学科教师，我一直在探索如何打造生态智慧教育，培养学生的理性精神。在二十多年的教育教学实践中，在教法中，我探索出了"情境·思辨·对话"教学法；在学法上，我尝试开展"表现性学习"；在学科课外活动中，我一直在探索如何依托模拟政协活动，为社会培养更多理性公民。

这么多年培养出了很多毕业生，学生回来看我，总是告诉我高中思想政治学科为他们的人生不仅打上了信仰的那抹红色，还告诉他们未来的人生道路上每一个境遇该如何选择。我很欣慰，我想这也许就是高中思政课生态智慧教育应该追寻的价值！

每接手一届学生，我都会告诉他们老师的名字的谐音也许就解释了学习的一切奥秘。学生沉思片刻，笑着回答："理解"！

美国教育家格兰特·威金斯在《追求理解的教学设计》中说："我们是培养学生用表现展示理解和能力的指导者，而不是将自己的理解告诉学生的讲述者。"理解，不仅仅是帮助学生获取、内化知识，更是帮助学生在新的情境中运用学科知识，只有经过内化和外化有机统一的过程，学生才能真正理解学科知识，臻于理性！

第 1 章
高中思政课需要培养学生的理性精神

高中思想政治课作为立德树人的关键课程,到底要培养什么样的学生?教育要致力于培养拥有幸福人生,同时能够致力于社会发展的人。这样的人是什么样的?高中思想政治学科如何培养这样的人?

生态智慧的思政学科教育必须对这个问题做出回答。

教育事关国家发展、事关民族未来。今天,没有哪一项事业像教育这样影响甚至决定着接班人问题,影响甚至决定着国家的长治久安,影响甚至决定着民族复兴和国家崛起。

党和国家越来越重视教育,尤其是重视思想政治教育。2019 年召开了学校思想政治理论课教师座谈会,会上习近平总书记强调,办好思想政治理论课,最根本的是要全面贯彻党的教育方针,解决好培养什么人、怎样培养人、为谁培养人这个根本问题。

我们的教育到底要培养什么样的人?

第一节 教育需要培养具有理性精神的人

古希腊哲学家、教育家苏格拉底曾说:教育要培养理性的人。高中阶段是学生世界观、人生观和价值观形成的关键时期。高中生已经具备一定的独立思考能力,但在生活学习中仍然容易出现盲从、偏执、冲动、极端等非理性的情况。高中阶段是基础教育的最后一段,从 16 岁到 18 岁,这个阶段高中生的思维方式还具有一定的可塑性，学生的世界观、人生观、价值观还有没有完全固化定型，我们可以通过教育引导学生追求真善美，树立科学精神和人文精神，涵养其价值理性和工具理性，使学生成为一个理性的人。

具有理性，才可配享幸福。理性是人类一切思想和行为的规约性前提与基础，使人们在信念上追求使现实逐渐趋向合理的目标。信赖人类主体的理智、认识能力和道德良知，坚持人类的行为和社会的进步应以科学知识为参考，顾及整体利益和未来目标，慎重行事，拒绝盲目冲动。[①] 具备理性精神的人，在做出抉择和行动时坚持独立思考，尽量做到合乎规律、合乎目的。一个人能够在人生道路上不断做出理性的抉择，他才有可能抵达幸福的彼岸。

培养学生的理性精神有利于培养更多的理性公民。在当今信息化时代，学生获得信息更加便捷。各种信息良莠不齐。理性精神的重要特征是独立性、反思性和批判性。培养学生的理性精神，就可以帮助学生在信息化时代不盲从、不跟风，而是经过自己的独立思考，辨别信息真假，做出理性的价值判断和价值选择。

理性精神不仅是一个社会走向自由、公正和繁荣的关键，也是个人自由地形成生活目的、承担责任、形成道德自律的关键。[②]

培养理性精神是对我国优秀传统文化的继承和发展。《论语》中的"勿意、勿必、勿固、勿我"，"勿意"是指做事不能凭空猜测主观臆断，一切以事实为依据。"勿必"是指对事物不能绝对肯定或否定，要有辩证思维。"勿固"就是不能拘泥固执。"勿我"就是不要自以为是。如何使"勿意、勿必、勿固、勿我"逐渐走向理性呢？在《礼记·大学》中有云："大学之道，在明明德，在亲民，在止于至善。""亲"乃"新"，就是指我们要有一颗开放的心，不断反思自己、革新自己，才能不断完善自己的人格。

我们的教育要培养德智体美全面发展的社会主义建设者和接班人。只有培养学生的理性精神，学生才能崇德向善、追求真理，成为德才兼备的建设者和接班人。

如何提升学生的理性精神？批判性思维就是一条重要的路径。培养学生的批

[①] 韩震. 重建理性主义信念 [M]. 北京：中华书局，2009.
[②] 吕梁山. 现代性的理性维度及其中国境遇 [J]. 学习与探索，2016（5）.

判性思维就是要引导学生反思、质疑，不断修正自己的思想，合理决策，正确处理自己与世界的关系。

理性精神包括两个方面：

一是价值理性，"通过有意识地对一个特定的行为——伦理的、美学的、宗教的或做任何其他阐释的——无条件的固有价值的纯粹信仰，不管是否取得成就"。价值理性关注我们的决策和行动能够满足主体的需要。通过培养学生的批判性思维，引导学生反思自己做人方面是否把别人当成价值客体，而把自己当成唯一的价值主体，从而克服自私的一面，把自己和别人都当成价值主体，进而追求更高的思想境界，把自己当成价值客体，把别人和社会当成价值主体，做到向善崇德。

二是工具理性，"通过实践的途径确认工具（手段）的有用性，从而追求事物的最大功效，为人的某种功利的实现服务"。我们要具备工具理性就是要认识事物的本质属性和客观规律，从而在发挥主观能动性的过程中，达到预期的目的。要培养学生工具理性就要引导学生反思人类做事的过程，在反思中发现事物的本质属性和运行的客观规律，做到实事求是。

通过培养学生的批判性思维来提升学生的理性精神，就是引导学生在认识世界和改造世界的过程中做到"合规律性"和"合目的性"的统一，做到"向善"和"求真"的统一，成为一个有用的好人。

上述阐述思想见下图图示：

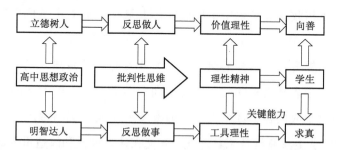

总之，普通高中思想政治学科作为增强学生社会理解和参与能力的综合性、活动型学科课程，就是要完成"立德树人""明智达人"的使命。"立德树人"要求我们通过学科实践活动引导学生反思做人，进而帮助学生树立价值理性，引导学生崇德向善，成为有理想、有担当的人；"明智达人"要求教师引导学生在学科实践活动中反思做事，进而帮助其掌握事物运行的规律，树立工具理性，做到实

事求是，成为一个有本领的人。

第二节　理性精神是提升学生思政学科素养的必然要求

高中思想政治课程是落实立德树人根本任务的关键课程，以培育社会主义核心价值观为目的，是帮助学生确立正确的政治方向，提高思想政治学科核心素养，增强社会理解和参与能力的综合性、活动型学科课程。① 教育的一个重要任务就是帮助学生完成社会化。只有结合经济、政治、文化和哲学等教学内容，培养学生的理性精神，才能提高学生的社会理解和参与能力。

学科核心素养是学科育人价值的集中体现，是学生通过学科学习而逐步形成的正确价值观、必备品格和关键能力。思想政治学科要引导学生经历自主思考、合作探究的过程，培育政治认同、科学精神、法治意识和公共参与等核心素养。理性精神与思想政治学科的四个核心素养关系密切，相辅相成。

理性精神是形成政治认同的前提。我国公民的政治认同，就是拥护中国共产党，坚持和发展中国特色社会主义，认同中华人民共和国、中华民族、中华文化，弘扬和践行社会主义核心价值观。② 只有引导学生正确认识中国的国情，认识人类社会发展规律，具备工具理性，学生才能认同我们选择走中国特色社会主义道路。只有学生具备价值理性，知道中国共产党始终代表中国最广大人民的根本利益，只有中国共产党执政才能实现中华民族的伟大复兴，学生才能真心拥护共产党的领导。

理性精神是提升科学精神的路径。我国公民的科学精神，就是在认识世界和改造世界的过程中表现出来的一种精神取向，即坚持马克思主义的科学世界观和方法论，能够对个人成长、社会进步、国家发展和人类文明做出正确的价值判断和行为选择。③ 学生只有具备工具理性，才能在认识世界和改造世界的过程中，自觉坚持科学的世界观和方法论，把学科知识转化为做事的智慧。学生只有具备价值理性，才能在个人成长和社会发展的问题的解决中坚持正确的价值观，做出正

---

① 普通高中思想政治课程标准．人民教育出版社，2020．
② 普通高中思想政治课程标准．人民教育出版社，2020．
③ 普通高中思想政治课程标准．人民教育出版社，2020．

确的价值判断和行为选择。

理性精神是树立法治意识的要求。我国公民的法治意识就是尊法学法守法用法，自觉参加社会主义法治国家建设。[①] 法律的制定需要符合社会发展的需要，符合人民的根本利益、长远利益。只有具有理性精神的公民才能深刻认识到法律对于社会秩序的稳定和社会健康发展的价值，才能自觉尊法学法用法，自觉维护社会公平正义，做法治的忠实崇尚者、自觉遵守者和坚定捍卫者。

理性精神是有序公共参与的关键。公共参与素养就是有序参与公共事务，勇于承担社会责任，积极行使人民当家做主的政治权利。广泛的公共参与，彰显人民主体地位，是公民行使知情权、参与权、表达权、监督权的表现，有助于更好地表达民意、集中民智，提高国家立法和政府决策的科学性、民主性；有助于鼓励人们热心公益活动，激发社会活力，提高社会治理水平。培养青少年公共参与素养，有益于他们了解民主管理的程序、体验民主决策的价值、感受民主监督的作用，增强公德意识和参与能力，追求更高的道德境界。

培养学生的公共参与素养，一方面，要唤醒学生的价值理性，学生只有关心"无尽的远方和无数的人"，才会关心公共事务，公民意识才会真正觉醒。另一方面，要唤醒学生工具理性，引导学生在参与公共事务中，考虑中国国情，考虑社会发展的规律，理性参与民主选举、民主协商、民主决策、民主管理和民主监督。

教育就是要培养有思想的人。培养学生的批判性思维，提升学生的理性精神，我们才能真正提升高中生的政治认同、科学精神、法治意识和公共参与素养。

高中思想政治学科就是要引导学生学会独立思考、善于反思，使其思想臻于成熟理性，逐渐成长成为理想、有本领、有担当的社会主义建设者和接班人。

第三节　高中思政课教学在培养学生理性精神方面存在的缺失及反思

习近平总书记指出：办好思想政治理论课的关键在教师，关键在发挥教师的积极性、主动性、创造性。

---

① 普通高中思想政治课程标准. 人民教育出版社，2020.

思政课教师要给学生心灵埋下真善美的种子，引导学生扣好人生第一粒扣子。理性精神是让学生内心真善美种子不断生长发芽的"养料"，然而许多一线教师在教学中存在以下问题，严重影响了思政学科育人价值的实现。

第一，重视知识灌输，忽视学科精神培养。

高考改革已经在北京实行，学生可以从物理、化学、生物、历史、地理和政治六科中自由选择三科。高中生选科中出现了选择政治学科的人数少，尤其是优秀学生选学政治学科人数少的问题。这值得我们每个一线政治教师认真反思。

我反思的一个重要原因就是，绝大多数学生和家长认为政治学科就是"背多分"，只需要考前背知识点就可以了，对学生一生的成长没有太大价值。如果在信息化时代，我们的政治学科仍然停留在知识灌输阶段，我们就会彻底被学生和家长"抛弃"。一个学科最重要的价值是这个学科所蕴含的学科精神。

学科教学终究是为学生成长服务的，我们根据课堂教学对学生生命成长的影响程度可以分为四重境界：知识境界、能力境界、素养境界、精神境界。

下面可以结合《企业如何经营》一课依托丰巢快递柜遭遇"封巢"风波一事例谈教学的四重境界。

第一重境界：知识（knowledge）境界。学生只知道企业如何经营的学科知识，能理解生活中的现象与知识的对应关系。比如丰巢快递柜忽然宣布对居民超过12小时不领取邮件要收费，而之前丰巢公司为了能够成功进驻小区，与物业签订的合同中明文规定是不向小区居民收费。教师上课时设置情境后可以提问学生：丰巢快递柜收费违背了企业经营的哪一条原则？学生会回答：违背了诚实守信的原则，不利于树立良好的企业信誉和企业形象。在知识境界中，教师能够帮助学生把生活中的个性事例与教材中的共性道理进行对接，帮助学生理解知识，并在此基础上记忆知识。

第二重境界：能力（ability）境界。能力是成功地完成某项活动所必需的个性心理特征，能力是在先天素质的基础上经过后天学习，在实践中形成和发展起来的。比如对企业如何经营而言，一个企业能否找准市场定位就体现了企业经营者的决策能力。丰巢公司经营者发现了在疫情期间快递员不能进入小区，所以快递员将邮件交给消费者有一定的困难。就是因为发现了这一个痛点，丰巢公司在许多小区以每个6万元的成本安放丰巢快递柜。我们一线教师将这一情境讲给学生后，可以问他们：丰巢公司根据疫情中人们的这一痛点确立了企业的经营战略，你认为丰巢企业经营战略的确立是否合理？为什么？你未来如果创业，如何找准市场定位？学生会回答：丰巢公司根据快递员和消费者收发快递的痛点，通过安放快递柜帮助人们解决这一问题。这就告诉我们企业确立市场定位，在做出将资本投入哪个领域生产何种商品、提供何种服务时要充分考虑人们的需要。这时学生就上升到了第二重境界，他们在获得知识的基础上，可形成一定的能力，在未来创业做决策时，就知道如何理性地确定市场定位。

第三重境界：素养（competence）境界。在教育哲学中，素养被定义为正义、勇敢、智慧的化身。2 000多年前，苏格拉底就劝勉人们"把精力用在高尚和善良的事情上"，教育人们要"努力成为有德行的人"。以孔子为代表的儒家主张"内圣外王"，"内圣"强调个体要重视仁爱，强调中庸，做到"忠""恕""允执其中"。由此可见古今中外的教育者都主张教育不仅要培养学生的能力，更要培养学生的品格。根据林崇德教授团队主编的《21世纪学生发展核心素养》一书，核心素养是学生在接受相应学段教育过程中，逐步形成的适应个人终生发展和社会发展需要的必备品格和关键能力。① 在"企业如何经营"这一课，我们可以这样进行教学设计：播放新闻视频，介绍丰巢公司被"封巢"的风波。因为丰巢公司之前在合同中表示不向消费者收费，同时，许多快递员将消费者的邮件投入快递柜，没有与消费者沟通。消费者要求把免费时间延长至24小时，丰巢公司说要提高快递柜资源的周转效率，免费时间就是12小时，双方各不相让。为此上海、杭州很多小区把丰巢快递柜封掉。我们在上课时可以让学生扮演不同角色：居民、居委会工作人员、丰巢公司负责人、快递员、淘宝客服、消协工作人员、国家邮政局工作人员等。大家分别从不同角度阐述自己对"丰巢收费"的立场，然后把学生分成四人小组讨论丰巢公司应该如何针对不同主体的利益诉求解决这一风波。

学生回答：首先，电商平台可以在下单时增加选项，如是否同意使用丰巢，以此保障消费者选择权。其次，物流公司应规定快递员与消费者进行沟通后才可放入丰巢快递柜，并建立相应奖惩制度进行监督，保障消费者知情权。而丰巢如今垄断市场，政府应当进行宏观调控，比如设定价格上限或者扶持一些小型公司

---

① 林崇德.21世纪学生发展核心素养研究［M］.北京：北京师范大学出版社，2016.

进入市场，同时，丰巢作为一个便利人们生活的新生事物，政府应给予一定的政策支持。用发展的观点来看，丰巢与政府可以进行良性合作，例如疫情期间完善无接触配送，或是建立快递包装回收机制，用户以快递包装换取折扣和优惠，推进可持续发展，使丰巢创造的社会效益最大化。

如果教学达到素养境界，我们基本上就实现了用学科知识育人的目标。如果想继续带着学生深入思考问题，把学科知识上升到自己未来做人做事的智慧，就要带领学生爬上第四层境界：学科精神境界。

第四重境界：精神（spirit）境界。学科精神是学科素养背后蕴含的世界观、人生观、价值观。如果说学科知识、能力是"术"，学科精神就达到了"道"的层面。理性精神就是我们思政学科精神的价值追求。

我们继续就丰巢公司的经营事例来谈。丰巢公司遭遇"封巢"风波引起了消协、国家邮政总局的关注，他们约谈丰巢公司主要负责人，要求调整和完善快递柜的收费机制，回应用户合理诉求。丰巢公司被约谈后做出了《关于用户服务调整的说明》，承诺协助快递员征得用户同意后投件入柜。调整用户免费保管时长为 18 小时，超时后每 12 小时收费 0.5 元，3 元封顶。这就考虑到了消费者的合理诉求和疫情后社会恢复经济发展的需要。"说明"公布后，丰巢公司也从风波里走了出来。我借此问学生：丰巢公司陷入风波，又走出风波的事例，启示我们每个经济主体如何处理与其他经济主体的关系？我们应该如何处理眼前利益和长远利益、局部利益和整体利益的关系？

王琦同学回答：如果一个企业只顾局部利益，不顾消费者利益，他就会被消费者抛弃；如果一个企业只顾眼前利益，他就会"过把瘾就死"，把自己逼上绝路。墨子有云："兼相爱，交相利。"丰巢公司的"封巢"风波告诉我们企业要真的"爱"消费者，真的把消费者当成"上帝"。因为企业的付出消费者自然会懂，消费者一定会"投桃报李"，这些"桃"就是企业的利。这样的利才是长远的利、真正的利。

教师继续追问：任何企业在做出经营决策时都要考虑义和利的关系。对于以营利为目的的企业而言，是利在义先，还是义在利先？

王聪语同学回答：丰巢公司当初为了进驻小区，在与小区业委会签合同时做出了"免费"的承诺。丰巢公司突然宣布收费，违背了诚信的原则。这一决策让丰巢公司因为失"义"而失去"利"。因为如果许多小区集体"封巢",丰巢的投资将"血本无归"。墨子说"义,利也"。诚实守信,尊重消费者,才能实现企业的长远利益。丰巢公司遭遇的"封巢"风波引起了国家邮政总局的重视,丰巢公司主要负责人被约谈,要求丰巢公司积极采取措施,主动承担社会责任。这其实就是在提醒丰巢公司在逐利的过程中不要忘了"义"。"义"并不是让企业只考虑消费者利益,不考虑企业利益。其实质是企业既把自己,也把消费者当成价值主体,找到二者利益的最佳平衡点。"义"和"利"是对立统一的,如果企业只重视"利"将失去"利"。只有以"义"为前提,企业才能真正实现长远的"利"。

学生在"义"和"利"的关系的剖析中,认识到了作为企业应该实现经济效益和社会效益的统一,他们的理性精神悄然生长。

学科教学四重境界可以用下图表示:

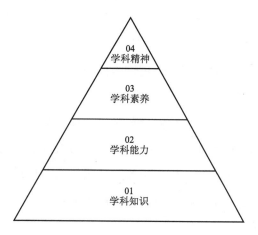

如果将课堂教学比作老师带领学生爬人类文明的"金字塔",许多老师只带学生到一层,让学生了解学科知识,强调对知识的记忆背诵,学生见到课本中的语言,只感觉见过,有可能不懂。有些有一定经验的老师,会带学生到二层,在帮助学生理解知识的基础上,培养学生学科能力,尤其是应试能力。只有对教育有一定觉解、有教育情怀的老师才会带领学生爬到三层。他不仅注重知识的传授,还考虑学生品格的培养。他着眼于学科核心素养的培养设计教学,已经超越了应试教育中的"育分",开始转向"育人"。只有极少数老师能够带领学生爬到第四层学科精神境界。因为这对老师的要求极高,需要老师首先把学科知识化为自己的人生智慧,成为行走的思想政治教材,只有这样他才有可能带领学生达到学科精神境界。司马光曾云，"经师易遇，人师难遇"，带领学生爬到第四层境界的教师就是"人师"。这样的老师已经不再是教教材，而是用教材教，他与学生形成学习共同体，把培养学科精神当成自己的使命。他在用自己的生命去做教育！他把整个世界当成教材，与学生一起思索世界、探讨人生，一起涵育理性精神！然而在现实生活中，绝大多数高中思想政治课教师还带领学生在一层到二层徘徊。

第二，重视教学内容，忽视教学过程。

经常听到老师之间沟通进度时彼此问对方："你讲到哪里了？"大家一般都是说讲到哪个学科知识了。

我们传统的思想政治学科教学过于重视知识内容的落实，而忽视了教学过程独特的育人价值。

习近平总书记在人民大学考察调研时强调："思政课的本质是讲道理，要注重方式方法，把道理讲深、讲透、讲活，老师要用心教，学生要用心悟，达到沟通心灵、启智润心、激扬斗志。"

我们要充分重视教学的过程，运用恰当的方式、方法把道理讲深、讲透、讲活，才能铸造学生的善美灵魂。

经常听到学生说，课堂上老师们会花时间让他们默写，考查学生是否回家背诵记忆知识了。知识固然重要，它是提升能力、形成素养的前提，但是课堂宝贵的时间，更应该用来师生交流、生生交流，实现思维与思维的碰撞、灵魂与灵魂的交流，这样我们才有可能带领学生攀爬到教学的第三层，提升学生的学科素养，孕育学生的学科精神。

第三，重视考试分数，忽视学科育人。

在当前中国，高考还是学生实现阶层流动的重要途径。学生、家长都很重视分数，作为老师不得不考虑学生的分数。但是如果把考试分数当成教学的唯一目的，忽视学生生命的成长，我们就错把手段当成了目的。教育真正的目的是人本身。教育应该成为人的教育，就是使人视野开阔、兴趣广泛，使人产生对知识和真理的渴望，并且能够形成一种崭新的思维方式，最终成为一个文明的人、有教养的人、有健全人格的人。[①]

[①] 王开东. 教育，病在何处？——反思"人的教育"与"培养人才"[J]. 河南教育，2011（10）.

有一天，我们一线教育者深刻认识到"育人"比"育分"更重要，把提升学生的思维品质、完善学生的良善人格当成使命时，我们才会真正迎来中国教育的春天！

第四节 高中思政学科培养学生理性精神的策略

高中思想政治课旨在提高学生认识社会、参与社会的能力，提升学生的思想政治素养，使其成为有责任意识和担当精神的理性公民。

根据新的课程标准，思想政治课要培养学生的四项核心素养：政治认同、理性精神、法治意识、公共参与。理性精神是达成政治认同、形成法治意识、实现公共参与的基本条件。理性和理性生活对于个体的人生和整个社会来说，都是非常重要的。人的理性并不是先天固有的，它需要不断进行培养、发展和完善。

理性精神关乎学生未来人生的幸福。具备理性精神的人，才能在未来生活中"求真""向善"，配享人生幸福。而缺乏理性精神的人有可能受欲望和情绪的支配，人生危机重重。正如肖川教授所言："没有经过好的教育的人，他们内心中原始的欲望和本能缺乏理性的栅栏，一经触发，便不可收拾。"[1]

理性精神的培养离不开相应的情境。什么样的情境更有利于培养学生的理性精神？激发学生学习兴趣，集中学生注意力的情境才有可能帮助我们培养学生的理性精神。我在长期的教学实践中发现故事情境最能激发学生的学习兴趣。每次课堂上我绘声绘色讲故事时，是学生注意力最集中的时候，他们面带笑容，眼睛发亮，沉浸其中。美国教育家布鲁纳曾说："学习最好的刺激乃是对所学材料的兴趣，而不是诸如等级或往后的竞争便利等外来目标。"依托教学内容，根据生活原型，老师精心编出的一系列情境故事也许对学生而言就是最好的刺激材料。

如何通过创设系列化的故事情境提升学生的理性精神，我在教学实践中逐渐探索出了一条实施路径。2016年9月我受人民教育出版社委派给重庆万州区政治老师讲授《从榨菜行业发展看市场配置资源》的研究课，12月份人教社主办的国培班进修老师要来北京一零一中观摩，我在高一学生中再次讲授该课。这两堂课

---

[1] 肖川. 教育：让生命更美好 [M]. 北京：北京师范大学出版社，2015.

的教学效果得到了学生和思想政治学科同人的充分肯定。下面我就以这节课阐释如何通过创设系列化故事情境，提升学生的理性精神。

策略一：知识生活化，打通知识世界和生活世界，这是提升学生理性精神的前提。

我国教育家陶行知提出生活教育理论，生活教育是生活所原有、生活所自营、生活所必需的教育（life education means an education of life, by life and for life）。[①]陶行知的生活教育理论告诉我们学科知识教育必须回归生活。一切知识都是前人生活经验的总结，我们作为教育者要想让学生理解知识，就必须把知识还原到生活中去。

"市场配置资源"这一课题的内容比较抽象，市场调节的三大机制及其优点、缺点，建立市场秩序，这些都属于宏观经济学范畴，如何让学生感觉这些知识离自己的生活很近？这是我在备课创设故事情境时一直在考虑的。因为这节课最早是为重庆的学生准备的，重庆榨菜全国闻名，我就选择了榨菜行业的发展作为故事创设的背景。我在讲授"经济生活"时，是以一个虚拟的高中生"张阳"家及亲戚家发生的系列故事作为感性材料帮助学生理解一本书的知识的。这堂课我准备继续采用这一做法。

为了让学生了解计划经济体制的特点，我就创设了这样的故事情境：张阳姥爷在20世纪60年代在一个国营榨菜企业工作，工资与干好干坏、干多干少没什么关系，工资按着级别走，生产多少榨菜由国家下达计划决定，生产榨菜的原料——盐、辣椒、青菜头都由国家统一调拨，生产出来的榨菜由国家统一定价、统一调配，他们厂生产的榨菜主要供应给军队。进入20世纪80年代他姥爷所在的国营榨菜企业因为技术陈旧、管理落后、工人们缺乏劳动积极性，濒临倒闭。

为了让学生理解市场调节的自发性、盲目性和滞后性，我创设了这样的故事情境：张阳暑假来到乡下的二舅家，舅舅、舅妈特别热情，特地骑着摩托车去镇里买菜给张阳张罗一顿丰盛的饭菜。他们买菜时发现今年大蒜特别贵，8元1斤，而刚卖的青菜头才1元1斤。舅妈与舅舅开始犹豫了，下半年他们不知是种大蒜还是继续种青菜头。

---

① 徐莹晖，王文岭. 陶行知论生活教育[M]. 成都：四川教育出版社，2010.

创设故事情境的过程其实就是将知识还原到生活中去的过程，这一过程可以帮助学生打通知识世界和生活世界，让学生感觉政治学科知识不是远离生活的枯燥无味的理论，而是源于生活的认识。有了系列故事情境，师生对话、生生对话才有可能发生，我们教师才有提高学生面对具体情境分析问题、解决问题的平台。

将知识生活化，依托知识和生活中真实发生的事情而创设故事情境是提升学生理性精神的前提，也是我们一线教师在上课前备课过程中需要花费大量心血去认真思考的。

有了系列故事情境这个平台，如何引起师生对话和生生对话，进而提升学生的理性精神呢？这就需要老师精心设问，将生活问题化。

策略二：生活问题化，打通生活世界和思维世界，这是提升学生理性精神的关键。

教育部高中思想政治课程标准修订组核心成员陈友芳教授认为："好的情境应该富有启发性和思考性。好的情境是富有思想张力的，在这种情境中蕴含有价值的问题，期待学生从多个视角去发现、探究它。借助这种引人深思的情境，学生可以更好更快地领略世界的意义和背后的运行法则，更好更快地掌握分析问题、解决问题的核心能力。"[①] 要想发挥出好的情境在提升学生核心素养中的价值，关键就是设问。学生是课堂的主体，教师是课堂的主导。教师主导作用的发挥、一堂课的教学效果在很大程度上取决于教师的提问质量。好的设问不仅能够激发学生思考的兴趣，而且能让学生在思考的过程中提升理性精神。

市场调节的三大机制（供求机制、价格机制、竞争机制）以及其优缺点是本堂课的教学重点和难点。为了突破这一重难点，我根据重庆市涪陵榨菜集团股份有限公司的真实发展经历编出这样的故事：张阳的大舅是涪陵榨菜集团的董事长兼总经理。2008年美国金融危机后，东南沿海出口导向型企业纷纷倒闭，作为榨菜主要消费群体的农民工返乡，榨菜销量大幅下降，而当时榨菜的生产成本却不断提高。我问学生："假如你是张阳的大舅，面临榨菜行业到来的冬天，准备如何决策，引导企业走向春天？"

这一设问迅速激起了学生的思考兴趣。学生积极踊跃举手回答："既然榨菜生

---

① 陈友芳. 情境设计能力与学科核心素养的养成［J］. 思想政治课教学，2016（9）.

产成本不断提高，而榨菜销量不断下降，作为榨菜的生产者要减产或者转产。"

我告诉学生我国经济体制改革之所以要由之前的计划经济体制转变为市场经济体制，就是因为市场经济有其独特的魅力。这魅力何在呢？咱们就以刚才的问题深入分析，揭开市场经济调节资源配置的神秘面纱。

我问：假如在一定时期榨菜产量一定，榨菜的需求量下降，榨菜行业的供求关系状况是什么？

学生回答：供过于求。

我追问：这时买方的竞争还是卖方的竞争更加激烈？

学生回答：卖方。榨菜生产者都想把自己生产的榨菜卖出去。

我反问：既然生产者与生产者的竞争会更加激烈，这时榨菜价格会怎么变化？

学生齐答：下降。

我继续追问：榨菜价格下降，成本不变或者上升，企业利润怎么变化？

学生齐答：减少。

我总结归纳：利润减少甚至为负，作为以营利为目的的企业必然减少生产，甚至停产、转产。这时资源就由这个部门流向其他生产部门。这一过程其实有三大机制在起作用：价格机制、供求机制和竞争机制。

通过我的一系列设问，依据生活世界真实问题，打开了学生的思维世界。学生明白了市场调节的三大机制如何起作用，同时理解了市场机制的第一个优点：市场能够通过价格涨落比较及时、准确、灵活地反映供求关系的变化，传递供求信息，实现资源的横向优化合理配置。通过一系列问题，引导学生进行推理进而论证一个观点是提升学生的理性精神的关键。

上面的推理过程其实是在引导学生按客观规律办事，提升其工具理性，价格机制和供求机制相互作用的过程其实就是价值规律发生作用的过程。我们建立市场经济体制就是要自觉尊重商品经济的基本规律——价值规律。这在潜移默化中可以帮助学生提升工具理性，引导学生学会想问题办事情自觉尊重客观规律，即做到"合规律性"。

如何培养学生的价值理性呢？其关键也是要依托故事情境，提出蕴含价值意义的思考问题。我引用了厉以宁教授来我校给师生做讲座的一段话——"小富靠勤奋、中富靠机遇、大富靠智慧"，继续设问："假如你是张阳的大舅，面对榨菜价格下降、成本上升的情况，有没有更智慧的应对举措？"这一问题很有难度，如果学生没有一定的价值理性，从消费者利益角度考虑很难回答。课堂上学生表现果然如此，有几个学生站起来给出的举措是"囤货""减产停工"，其实仍然属于减少供给的范畴。其中有一个学生提到要加大广告宣传力度。

我借机反问：广告好，销量一定就高吗？

学生答：不一定，还得商品本身好。

我追问：怎么才能让商品本身好？

学生回答：要依靠先进的技术和管理手段，提高榨菜的品质。

我甚是高兴，告诉学生张阳的大舅就是这样做的：涪陵榨菜企业引进了1 700米的无菌流水生产线，还研发出低盐无防腐剂榨菜技术，并购买了液氮包装生产线，保证了榨菜的质量。最终他领导的涪陵榨菜企业榨菜销量不降反升。

通过上面的设问我就实现了两个目的。一个目的是帮助学生理解市场调节的第二个要点：面对市场竞争，商品生产者、经营者在利益杠杆的作用下，积极调整生产经营活动，从而推动科学技术和经营管理的进步，促进劳动生产率的提高和资源的有效利用。另一个目的就是提升学生的理性精神，尤其是价值理性。因为只有从消费者利益出发，才会想到这一智慧的举措。这其实就是在启发学生要学会从别人需要、社会发展的角度考虑问题的解决，而不能仅仅从自己的利益角度考虑问题。

加拿大学者克里夫·贝克曾说："价值根植于人生幸福或者说人类美好生活之中。如果我们认定某些行为和追求促进了人生的幸福和人类生活的美好，那么我们就说它们是正确的、有价值的。"[①] 培养学生的价值理性就是要引导学生学会想问题办事情自觉符合最广大人民的根本利益，做到"合目的性"。

培养学生的价值理性和工具理性的最终目的还是要让学生在面对生活中复杂情境时，能够分析问题、解决问题，推动事物向前发展。这就要求我们在课堂教学中要做到问题探究化。

---

① 加里夫·贝克. 学会过美好的生活——人的价值世界[M]. 詹万生, 等译. 北京：中央编译出版社, 1997.

策略三：问题探究化，打通思维世界和意义世界，这是提升学生理性精神的目的。

教育部高中思想政治课程标准修订组首席专家朱明光指出：所谓核心素养，是指"个体面对复杂的、不确定的现实生活情境时，能够综合运用特定学习方式所孕育出来的学科观念、思维模式和探究技能……在分析情境、提出问题、解决问题过程中表现出来的综合性品质"。这就启示我们在课堂教学中要注重问题探究化，打通学生的思维世界，引导学生运用学科知识所蕴含的智慧解决当下生活中的问题，走向意义世界。这是我们作为教育者提升学生理性精神的最终目的。

在处理"市场秩序"部分时，我首先播放了一段视频。其内容是有榨菜小作坊冒充"涪陵榨菜"的品牌，生产假冒伪劣，甚至生蛆的榨菜，这严重影响了涪陵榨菜企业的形象，甚至影响了整个榨菜行业的发展，因为人们不再信任重庆榨菜，不敢购买。张阳和小伙伴们是学校模拟政协社团的成员，他们利用假期走访了许多榨菜企业，了解到榨菜行业发展中存在的问题。

（1）有些榨菜企业卫生条件不合格，产品质量没保证，却把产品销往市场。

（2）有些地方为保护本地的榨菜企业，不允许其他地方的榨菜进入本地市场。

（3）有些榨菜企业假冒知名企业的包装和品牌，牟取非法利益，影响了知名企业产品的销量，破坏了其形象。

学生分成六个小组，两个小组就一个问题进行 PK。学生在回答的过程中，已经自然而然地将书本上如何建立市场秩序的知识运用上了。他们知道了建立市场规则的重要性，提出治本之策是要建立以道德为支撑、法律为保障的社会信用制度，让企业不敢、不愿生产假冒伪劣的产品，欺骗消费者。

这些探究性的问题，打通了学生的思维世界和意义世界。学生会发现学习政治学科知识对生活十分有用，进而激发起学好思想政治课的兴趣。我们提升学生理性精神的最终目的就是让学生成为一个有用的好人。

党的十八大提出"立德树人"是教育的根本任务。作为政治教师，在"有用的人"和"好人"之间，我们也许更应该重视培养出一个"好人"。

为此我在课堂结尾时引用董仲舒在《春秋繁露》中的话："天之生人也，使人生义与利。利以养其体，义以养其心。心不得义不能乐，体不得利不能安。义者心之养也，利者体之养也。体莫贵于心，故养莫重于义，义之养生人大于利。"①

我问学生：从这段话可以看出董仲舒更重视"义"还是"利"？

学生回答：义。

我告诉学生只有在重"义"的基础上获得"利"才能让人心安。希望我国市场经济的舞台上再也没有见利忘义的丑角，大家争当大国的工匠。工匠精神是指工匠对自己的产品精雕细琢、精益求精的精神理念。工匠在"义"和"利"之间，更在乎"义"，他们生产时更多考虑消费者的利益，他们精益求精地做事是因为他们把工作当成提升自我、修炼自己心性的过程。老师之所以选择榨菜行业的发展为例来学习市场配置资源一课，是因为"榨菜犹如食物中的先哲，摒弃了世间太多的杂味，只留下最紧要最基本的味道，眷顾着世人"。

学生听后，短暂的沉默，然后报以热烈的掌声。我相信这些话在一定程度上触及了学生的灵魂。

人们都说老师是人类灵魂的工程师。高中思想政治课老师在学生的思想还未完全成熟，世界观、人生观和价值观还未完全定型的情况下，承担着更为重要的塑造灵魂的重任。我们可以依托系列情境故事，通过精心地设问，打通知识世界、生活世界、思维世界和意义世界，提升学生的理性精神，让他们成为"有用的好人"，这是我们每一名思想政治教师的光荣使命。

注：可参阅论文《三化故事情境，培育理性精神》，发表于《中学政治教学参考》2017年第3期。

附：

1.2016年北京一零一中高中政治组申请了北京市教育规划办"十三五"重点课题——"在高中思想政治课教学中提升学生理性精神的实践研究——以批判性思维为路径"，6月6日课题成功立项。

---

① 罗国杰. 中国传统道德 [M]. 北京：中国人民大学出版社，2012.

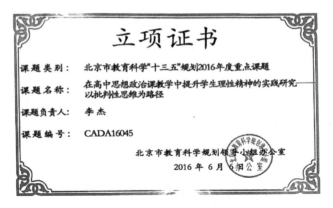

2. 2020年9月28日北京市教育科学规划领导小组办公室经过评审准予课题结题。

3. 2021年4月《在高中思想政治课教学中提升学生理性精神的实践研究》在海淀区"十三五"优秀教育科研成果评审中荣获特等奖。

第五节　打造生态智慧课堂　促进生命生长

我最近几年一直在教我校的钱学森实验班,这些学生以理科见长。我发现每次下课后,总有很多学生问我问题,这几年选考政治的学生也越来越多。我问学生:"你们是理科实验班,为什么要选考政治?"学生笑答:"老师,上了您的政治课后,我们改变了对政治课的印象,我们感觉政治课对我们现在和未来的生活都很有用!"

学生的回答让我心中甚是欣慰,这是我近年来一直致力于打造生态智慧课堂孜孜以求的效果啊!

什么是生态智慧课堂?"生态"是指"生物在一定的自然环境下生存和发展的状态"。这里借用"生态"一词是想表示在生态智慧课堂中关注学生在当下生活环境和未来生活环境中的生活状态。"智慧"是指"辨析判断、发明创造的能力",这里的智慧是指学生在生活中学会辨别是非,即树立正确的价值观、世界观和人生观,同时拥有改变当下现状、推动事物向前发展的能力。

英国教育家怀特海曾说:"教育的全部目的就是使人具有活跃的智慧。"生态智慧课堂是教育者和被教育者的生命坦诚相遇,用心灵塑造心灵,用智慧启迪智慧的课堂。在生态智慧课堂中每一个学生的心灵得以润泽,智慧得以启迪。

生态智慧课堂是相对于传统的知识灌输课堂而言的。传统的知识灌输课堂是适应农业社会向工业社会转变的课堂,生态智慧课堂是适应工业化社会向信息化社会发展的课堂;传统的知识灌输课堂重视知识的灌输,生态智慧课堂强调品格的培养和能力的提升;知识灌输课堂以追求考试分数为目的,生态智慧课堂以促进学生的生命向上生长为旨归。

生态智慧课堂是自主的、灵动的、有情感的、富有生活气息的高效课堂。在生态智慧课堂里,教师是自信的、机智的,有着深厚的专业素养,尊重每一个学生的主体价值,不断探索教育教学的本质和规律,以提高自己的教育教学智慧。生态智慧课堂里的学生是有灵性、会学习、善思考、具有批判性思维、不断求异求新的智慧学生。

在生态智慧课堂里教师教得愉快,学生学得开心。同时因为师生在这里坦诚地进行思想与思想的交流、灵魂与灵魂的碰撞,彼此都获得了精神上的滋养和成长。

这样的课堂肯定是我们每一名一线教师所向往的,如何打造这样的生态智慧课堂呢?我依托"股票、债券和保险"一课将自己在生态智慧课堂中的理论思考和实践探索与各位同人分享。

教师的课堂教学是为学生的学习服务的。什么是学习?我们只有明确学习的实质才能为自己的服务对象——学生提供他们所需要的服务。日本教育家佐藤学在《学校的挑战,创建学习共同体》一书中提出:"学习,是同客体(教材)的相遇和对话;是同他人(伙伴与教师)的相遇与对话;也是同自己的相遇与对话。"这三个"对话"也许就揭示了学习的实质。根据这三个"对话",我在教学实践中采用了"三步走"的策略,以期打造生态智慧课堂,促进学生生命不断向上生长。

第一,课前依托《课前预习学案》,引导学生与教材对话,汲取前人的智慧。

在学习"股票、债券和商业保险"一课之前,我要求学生看"学案"上的问题,自己预习教材。"学案"上的问题如下:

1. 什么是储蓄?存款利息如何计算?活期储蓄和定期储蓄的区别是什么?
2. 商业银行的主要业务是什么?
3. 商业银行在我国社会主义经济发展中发挥着什么作用?
4. 什么是股票?
5. 股东的权利和义务是什么?
6. 股东如何从投资股票中获得收入?
7. 国家建立股票市场的意义是什么?
8. 什么是债券?根据债券发行者的不同,债券可以分为几类?
9. 什么是商业保险?根据保险对象的不同可以分为几类?商业保险订立的原则是什么?
10. 投资理财要考虑什么因素?

学生带着这些问题去阅读教材可以达到"一箭三雕"的效果。其一,培养学生获取和解读文本信息的能力。人类的智慧很多是通过纸质文本记载的，我们作为教师不可能陪伴学生一辈子，为了其终生发展，就要提高他们阅读纸质文本、获取和解读知识信息的能力。其二，提高学生自学能力。"教是为了不教"，让学生自己带着问题去思考，充分尊重了学生的主体性、自主性。其三，课前的预习可以提高课堂的效率。学生告诉我：课前预习后，上课老师提的问题就有了一些思路，便于与同学和老师的交流。另外，在预习中不理解的问题会听得格外认真，如果老师没讲到会主动提问。这就大大提高了课堂的实效性。

第二，课上创设情境，设疑启思，引导学生与他人对话，借鉴他人的智慧。

我国著名的教育家叶圣陶曾说："老师对学生是极有帮助的。所谓帮助，主要不在于传授知识，而在于引导学生自己去求得知识，引导学生自己去发现问题，自己去解决问题。"作为教师，在课堂教学中我们要创设生活情境，设疑启思，引导学生自己去发现问题，自己去解决问题。

在"经济生活"教学中，我虚拟了一个主人公张阳，根据教材的内容，编出不同的情境剧。在情境剧中张阳的父母、亲戚、朋友生活中总会遭遇不同困境，他们会让学生帮助其去解决。在"股票、债券和保险"一课中，我编织出这样的情境：张阳的父亲开了一个养生餐厅，餐厅生意甚是红火，其决定扩大餐厅规模，但是手里又没有足够的资金，他就问自己的儿子张阳有哪些办法可以筹措到资金。然后设疑启思："假如你是张阳，你可以给爸爸哪些筹措资金的建议？"学生因为已经提前预习过教材，所以纷纷回答："可以去银行贷款，可以发行企业债券。"还有一个学生回答："还可以发行股票。"这时另一学生反驳他说："张阳父亲开的养生餐厅是有限责任公司，不可以发行股票，只有股份有限公司经过证监会审核通过才可以发行股票。"

在课堂教学中学生与他人对话包括与老师对话和与其他同学对话。师生对话可以采用启发式、谈话法。孔子提倡"不愤不启，不悱不发"（《论语·述而》）。按宋代朱熹的解释："愤者，心求通而未得之意；悱者，口欲言而未能之貌；启，谓开启意；发，谓达其辞。"比如在学完股票和债券后，我问学生："张阳母亲所在的北京银行为了筹集更多的资金既发行了股票，又发行了债券，这对北京银行而言有何不同？"学生回答："发行股票要派发股息和红利，发行债券到期要偿还本金和利息。"我继续追问："为什么这两种筹资方式的偿还方法不一样？"学生特想回答，但又不知如何表达。我故意等了一等——我知道这时的等待就是课堂的留白，是学生智慧生长的关键时刻，如果立即告诉学生答案，就失去了提升学生理性思维能力的宝贵机会。一名学生经过思考后主动举手回答："北京银行股份有限公司发行股票，如果我父亲买了他们的股票就是他们的投资人，所以可以获得股息和红利；如果我父亲买了他们的债券，就意味着北京银行向我们家借钱，当然要还本金和利息。"我肯定了他的思考并且顺势提升："股票和债券所代表的投资者和筹资者的关系不同。"我继续问全体学生："股票代表投资者和筹资者是什么关系？"学生回答："是一种所有权的关系。"我接道："就因为购买股票的人即股东是企业的拥有者之一，所以可以获得股息和红利。"学生纷纷点头，我继续设疑启思："债券代表投资者和筹资者是什么关系？"学生回答："是一种债权和债务的关系。"我接道："你家如果购买了北京银行的债券，到期可以获得本金和利息就是因为你家是北京银行的债权人，北京银行是债务人。"

在学完全课，进行总结提升时，我问学生："最好的投资对象是什么？"不同的学生答案也不同：有的说是储蓄，因为流动性好；有的说是股票，因为虽然风险高，但收益也高；有的同学说是债券，因为收益比储蓄高，风险还比股票小；还有的同学说是商业保险，因为可以规避风险，减少损失。我环视全班同学，然后以特别平静的语气告诉学生："老师有不同的看法，是否愿意聆听？"学生鸦雀无声，睁大一双双闪亮的眼睛，静待我的述说。我告诉学生："最好的投资对象是你自己。"然后我讲述了自己和先生从大学毕业到现在考研、考博，不断在工作中学习，在学习中工作的奋斗历程。就因为我们不断投资自己，所以我们在工作中不断成长。这种成长不仅让我们过上了衣食无忧的物质生活，更让我们拥有了丰富多彩的精神生活。我告诉学生我们每一个人来到这个世界上都希望自己过上幸福的生活，而幸福不应该是以占有资源和财富为目的，而应该是以人的自由和全面的发展为目标。

我相信这堂课使学生的品格得到修炼，理性思维能力得到提升。当下课程改革提倡培养学生的"核心素养"。核心素养就是指学生应具备的适应其终身发展和社会发展需要的必备品格和关键能力。生态智慧课堂就是要培养学生的品格，让学生在未来生活中成为一个善良的人，修炼成君子人格；生态智慧课堂就是要提升学生的思维能力，让学生在未来生活中成为一个智慧的人，成长为社会的理性公民。

第三，课后梳理知识思维图，回归生活，引导学生与自己对话，形成自己的智慧。

在高考还存在的今天，作为一线教师我们必须学会"戴着镣铐跳舞"，行走在素质教育和应试教育之间。知识思维图是吸收了思维导图和核心概念图各自优点，既呈现知识内在关联，又注重思维发散性的图式。运用知识思维图，既可以帮助学生理解知识、记忆知识，又可以提高学生运用知识解决问题的能力。

在第六课学完之后，师生梳理出相应的知识思维图，引导学生把储蓄、股票、债券和商业保险的相关知识写在知识思维图中。如果说课上所学的一个个知识是美丽的"珍珠"，知识思维图就是串起"珍珠"的那根线，把所有的知识串成一串夺目的"项链"。因为只有"项链"才能把生活装扮得更加美艳。

邓先伟在《个性教学论》一书中指出："知识的整合是指把各种知识和经验联系起来，充分体现知识的横纵联系和主题性，以使儿童获得整体的知识、方法和观念。"知识思维图就是根据一个主题，找到知识之间的横向联系和纵向联系，从而帮助学生把知识变成其解决生活中问题的智慧。

学生为什么来到学校？我认为是为了学习生活，学习如何更好地生活。我国著名教育家陶行知曾说："没有生活做中心的教育是死教育，没有生活做中心的学校是死学校；没有生活做中心的书本是死书本。"生态智慧教育最关注的就是学生的生活，引导学生学会如何更好地生活。所以在学完投资理财一课后，我布置了家庭作业，回家帮助父母一起给家庭制定合理的理财规划。这也许就是本文开头出现的一幕的原因吧！

美国教育家杜威在《民主主义与教育》一书中提出："教育即生长，生长就是目的，在生长之外别无目的。"这就启发我们打造生态智慧课堂就要充分尊重学生的生命。教育要唤醒学生生命中善良的天性，让学生拥有正直的灵魂；教育要诱导激发出学生与生俱来的创造潜能，让学生具有促进自身和社会发展的能力。灵魂关乎方向，能力代表力量，有了方向和力量，学生的生命就能不断向上生长。

叶澜教授下面几句话对我们打造生态智慧课堂应该有所启发：

当学生茫然无头绪时，我能否给他们以启迪？

当学生没有信心时，我能否唤起他们的力量？

我能否从学生的眼中读出愿望？

我能否听出学生回答中的创意？

我能否使学生觉得我的精神、脉搏与他们一起欢跳？

我能否使学生的争论擦出智慧的火花？

我能否使学生在课堂上学习合作，感受和谐的欢快、发现的欣喜？

我能否让学生在课堂上"豁然开朗""茅塞顿开"或者"悠然心会"？

我能否让学生在课堂上"怦然心动""浮想联翩"或者"百感交集"？

当你对这些问题越来越做出肯定的回答时，你的课堂就越来越接近生态智慧课堂。

你怎么样，你的课堂就怎么样。你是挺拔的，你的课堂就是正直的；你是端庄的，你的课堂就是高雅的；你是阳光的，你的课堂就是向上的；你是爱思考的，你的课堂就是充满智慧的！让我们一起努力，修炼自己，成就学生，打造生态智慧课堂，促进师生生命的共同成长！

注：可参阅论文《打造生态智慧课堂　促进生命茁壮成长》，发表于《中学政治教学参考》2016年第9期。

第 2 章
高中思想政治课生态智慧教学之教法

"情境·思辨·对话"教学法及实践探索

课堂是教书育人的主阵地。开展生态智慧教育的关键是要打造生态智慧的课堂。

在生态智慧课堂里，学生真正成为学习的主体，我们教师不再仅仅是知识的传授者，更是课程设计者、帮助者、启发者、评价者……是"孩子王"，是平等中的首席，这样的课堂师生一起沐浴在智慧的光芒之中。

这样的课堂如何打造？

第一节 "情境·思辨·对话"教学法的内涵

如何打造生态智慧课堂，提升学生的理性精神，进而提升学生的学科素养？经过20多年的教学实践和理论学习，我逐渐摸索出"情境·思辨·对话"教学法，即通过创设适切情境，提出思辨性问题，引导学生开展有效对话，通过对话让学生走进教材世界，理解知识，将知识转化成自己的价值观和分析处理问题的能力，将学科知识转化为人生智慧。

"情境·思辨·对话"教学法图示：

这种方法可以让学生更好地参与课堂，帮助学生打通知识世界、生活世界、思维世界和意义世界，提高学生的辩证思维能力，引导其形成正确的价值观。这种教学法，具体内涵如下：

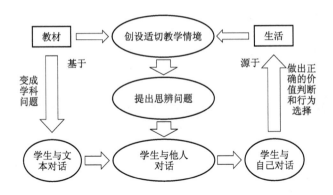

一、创设适切教学情境

核心素养的涵养离不开"情境"。陈友芳教授认为，学科核心素养实际上就是一种把所学的知识和技能迁移到真实生活情境的能力和品格。① 什么是情境？陈友芳教授认为："情境是若干条件综合在一起构成的一个世界，即情境就是若干条件的综合。"②

余文森教授认为情境＝情＋境。情境是学生认识的桥梁，是知识转化成素养的桥梁，只有依托情境才能沟通生活世界与科学世界。③ 由此看来，我们要涵养学生的科学精神，必须创设适切的情境。

（一）适切情境要关涉学生生活

创设教学情境要联系学生的现实生活，在学生鲜活的日常生活中发现挖掘情境资源。我在讲授"经济生活"时，虚拟了一个主人公张阳，整个经济生活四个单元的内容——消费、生产、分配以及市场经济体制，就是依托发生在张阳家庭及其亲朋好友身上的故事为教学情境展开的教学。所有的故事在现实生活中都有原型，比如张阳爸爸是开火锅店的，我们班一个学生的家长就是开火锅店的，我把他经营中遇到的融资问题，创设成教学情境，问学生："假如你父亲的企业急需资金，怎么筹措？"学生积极发言，为解决张阳父亲经营中的融资问题建言献策。奥苏贝尔强调："假如让我把教育心理学仅归纳为一条原理的话，那么，我将一言

---

① 陈友芳. 情境设计能力与学科核心素养的养成 [J]. 思想政治课教学，2016（9）.
② 陈友芳. 情境设计能力与学科核心素养的养成 [J]. 思想政治课教学，2016（9）.
③ 余文森. 核心素养导向的课堂教学 [M]. 上海：上海教育出版社，2017.

以蔽之：影响学习唯一最重要的因素就是学生已经知道了什么，要探明这一点，并应据此进行教学。"① 只有在生活化的情境中，学生才能明白知识的价值，将知识转化为在情境中分析解决问题的能力，提升其科学精神。

（二）适切情境要体现学科内容

情境创设要紧扣教学内容，凸显学科学习重点和难点。教学情境只有能够体现学科知识在生活中的意义和价值，才能激发学生学习的动力和热情。学科性是教学情境的本质属性。学科情境的创设要为教学目标的实现服务。例如，我在讲授"权力的行使需要监督"时，就是根据海淀区法院行政厅审理的一个真实的案例创设的情境：张阳妈妈因为自己楼下的洗衣店污染了周围环境，她打电话给环保局，但环保局未查封洗衣店。张阳妈妈告海淀环保局不作为。依托这个情境让学生思考为什么要对政府的权力进行监督。我出示判决书复印件：海淀法院判决张阳妈妈败诉，缴纳诉讼费 50 元。学生问："为什么？"我告诉学生事情的真相是："海淀环保局在接到张阳妈妈的电话后已经派工作人员去了干洗店，责令其停止干洗作业。但是因为干洗店房子还没到租期，所以其还收衣服，但是会送到其他地方干洗。我问学生："你如何评价张阳妈妈的行为？"一学生说："张阳妈妈的行为不太理性，她应该调查之后，再去法院起诉。"另一学生说："张阳妈妈敢于行使监督权，勇气可嘉。"通过情境设置和师生对话，书上枯燥的知识就变成了学生生活中的认识，科学精神不断生长。

（三）适切情境要融入情感

"情境"，"情"在"境"先，"境"必须包含情感。因为只有融入情感的情境才能激发学生的内在学习动力。赞可夫强调："教学法一旦触及学生的情绪和意志领域，触及学生的精神需要，这种教学法就能发挥高度有效的作用。"② 例如，我在讲授劳动的意义时引用了《平凡的世界》电视剧中一个片段：孙少平到了煤矿，同宿舍的工友看其寒酸，都瞧不起他。孙少平每日下井挖煤，其工友贪生怕死，又怕吃苦，不愿意下井。后来这些工友不得不把自己的手表、箱子卖给孙少平以解决自己的吃饭问题，而且态度由之前对他的怠慢、鄙夷，变成了尊重崇拜。

---

① 奥苏贝尔. 教育心理学：认知观点 [M]. 佘星南，宋钧，译. 北京：人民教育出版社，1994.
② 赞可夫. 教学与发展 [M]. 杜殿坤，等译. 北京：人民教育出版社，1985.

学生看完这个视频片段，不仅深刻地理解了劳动对人的意义，同时内心也会形成"劳动光荣"的价值取向和道德定力。学习科学研究表明，情感活动和认知活动二者是不可分割的，二者的结合是学习的核心。①

二、提出具有思辨性的问题

创设适切的教学情境是为提出学科问题做铺垫的。好的设问是课堂教学成功的关键。一个教师教学能力的高低最主要体现在其提问的水平上。

"课程标准"在教学实施建议中强调：强化辨析，选择积极价值引领的学习路径。应立足于当今信息化环境下学习的新特点，直面社会思想文化的相互影响、相互交织、相互渗透，学生接受信息的渠道明显增多的新态势；要着眼于学生思想的独立性、选择性、多变性、差异性和高中阶段成长的新特点，引导他们步入开放的、辨析式的学习路径，理性面对不同的观点。只有使学生亲历自主辨识、分析的过程，并做出判断，才能真正实现有效的价值引领。②

有一次上课前，学生都在热议北京红黄蓝幼儿园事件。学生课堂上主动问我："老师，您不是说我国公民享有知情权、参与权、表达权和监督权吗？为什么现在关于红黄蓝幼儿园事件的微信都给屏蔽了呢？"

我说：你问的这个问题很好！谁可以发表一下自己的意见？

同学甲说：国家相关部门就是怕这件事情引起社会不稳定，所以屏蔽相关信息。

我追问：国家这样做是否合理？

同学乙说：不合理，我国宪法规定公民有政治自由，可以自由发表言论。

我追问：我们的政治自由可以不受任何约束吗？

学生陷入沉思。我趁机启发诱导：任何自由都是要受法律法规的约束的，人们在微信上发表言论时是否认真了解了真相？会不会以讹传讹？

学生丙说：老师，我昨晚与我父亲一起探讨了此事。我认为国家之所以屏蔽关于红黄蓝幼儿园事件，是因为此事正在调查中，普通民众在不完全了解信息的

---

① 高文. 学习创新与课程教学改革 [M]. 广州：广东教育出版社，2007.
② 中华人民共和国教育部制定. 普通高中思想政治课程标准 [M]. 北京：人民教育出版社，2020.

情况下，有可能做出误判，说出不利于社会稳定的过激言论。作为国家要立足整体、统筹全局，不能因为这一件事情影响了社会稳定的局面。我们当前的主要矛盾是人们对美好生活的需要同不平衡、不充分发展之间的矛盾。这需要各行各业的人静心做好自己的本职工作。

学生丁说：老师，我家长是中央电视台的，我爸爸告诉我国家相关部门正在严查此事，中央电视台会一直跟踪报道，给公众一个真相。

我趁热打铁说：同学们现在看问题越来越理性，国家做出任何决策都要考虑绝大多数人的利益。我们不要一味指责，而是要学会思考国家这样决策背后的良苦用心。

在这样的师生对话过程中，学生的政治认同和科学精神都得到了涵养和提升。

孔子说"不愤不启，不悱不发"，宋代理学家朱熹解释："愤者，心求通而未得之状也；悱者，口欲言而未能之貌也。启，谓开其意；发，谓达其辞。"要想让学生"心求通、口欲言"就必须提出具有思维含量的问题。古希腊哲学家苏格拉底的"产婆术"，更是通过反问、追问、诘问，让学生通过思考自己得出结论。

这就启示我们，要想涵养学生的理性精神，必须提出具有思辨性的问题。在2017年高三海淀期末政治试题中，有一道十分具有思辨性的问题："有偿学习监督是噱头还是良药？"要求学生运用哲学原理进行说明。上课讲解此题时我与学生进行了如下对话：

师：你认为有偿学习是噱头还是良药？

生：我认为是良药。

师：为什么？难道一个人的发展靠外在监督？

生：一个人的发展，内因是根本，外因是条件。有偿学习监督是外因，可以帮助自制力弱的学生克服惰性。

师：一个自制力弱的学生，购买有偿监督学习服务就可以克服惰性？

生：不是，外因通过内因起作用。每个人内心中都有懒惰和勤奋两个方面，如果有偿监督学习服务能够帮助自觉性不够强的考生战胜惰性，促进矛盾双方的转化，它就是一味对考生发展而言宝贵的"良药"。

学生与我对话后完成了短文。

有偿学习监督是考生的一味"良药"

最近,关于"学习监督"这一产品引起了界内广泛争议。"学习监督"作为一种由他人帮助促进工作学习的工具,对缺乏自制力的考生不失为一味"良药"。

尽管内因是事物发展的根据,但对于购买这款服务的消费者而言,自制力缺乏,内在动力不足,才会借助这个外力。"他山之石,可以攻玉",外因是事物发展的条件,外因对事物发展起着加速的作用,"学习监督"被给予的好评足以证明其作为外因的积极作用。

另外,矛盾是事物发展的源泉和动力,外因通过内因起作用。如果这款有偿监督学习服务能够促进考生解决惰性与上进之间的矛盾,帮助考生战胜惰性,不断上进,促进矛盾双方的转化,它就是一味对考生发展而言宝贵的"良药"。

如果你的生命自觉性还没有完全生长起来,不妨一试此味"良药",让它成为良师益友去深度激发我们心中对知识的热情吧!

另一个学生认为有偿学习监督是噱头,我与她进行了如下对话:
师:你认为有偿学习监督是噱头,为什么还有人购买?
生:因为对有些自觉性不够的人,它还是一种外在督促。
师:外在督促对一个人成长没作用?
生:有,但作用有限。事物发展的根本原因是内因。有偿学习监督服务的宣传夸大了外因的作用,是噱头。
学生与我对话后也修改完善了自己的短文。

有偿"学习监督"只不过是噱头

年末,由于各种考试的临近,考生想取得优异成绩,但是又缺乏克服惰性努力学习的毅力,商家由此发现商机,提供有偿"学习监督"服务。我认为这只不过是"噱头"。

因为每个人的情况不同,我们要具体问题具体分析,对于自制力强的考生，这款服务作用不大，不会去购买。购买这款服务的更多是缺乏自制力的考生。对于那些自制力较差的考生来说，此方法在短期内也许有一些督促作用，然而这毕竟是外因，外因只是事物变化发展的条件，外因要发挥作用，必须通过内因。缺乏自制力的人，有可能接到微信提醒，仍然让惰性主导自己的行为。有偿监督学习的商家和买家也许认为仅靠微信人工提醒就能帮助一个自制力差的人克服惰性，这过于夸大了外因的作用。

一个人要想真正摆脱拖延症、懒散症，唯有充分发挥主观能动性，树立理想信念，才能自强不息。由此看来，有偿"学习监督"只不过是个噱头。

提出具有思辨性的问题，能够有效激发学生思维，让学生学会"自圆其说"。具有思辨性的课堂提问往往蕴含价值冲突，让学生在思考过程中明辨是非，实现价值澄清。学生的理性精神在这种问答中逐渐得到涵养和提升。

三、引导学生三个对话

日本教育家佐藤学提出所谓"学习"，是同客体（教材）的相遇和对话；是同他人（伙伴与教师）的相遇和对话；是同自己的相遇和对话。[①] 要涵养学生的科学精神，必须引导学生展开这三个对话。我们要成为平等中的首席。作为首席我们的重要作用就是引导学生与教材、学生与同伴和教师、学生与自己开展有效对话。

首先，课前给学生发《预习学案》，引导学生先与教材文本对话。学案把教材上的知识变成一系列问题，让学生带着问题与教材对话。在对话的过程中学生对相关知识已经有了一定的了解，而且对自己不懂的问题，有了探索的欲望。"矛盾是事物发展的动力"，教学亦如此。通过这一环节在学生头脑中产生"知"与"不知"之间的矛盾，学生有了学习新知的愿望和动力。

其次，课上依托适切情境，提出思辨性问题，引导学生与他人开展有效对话。例如我在讲"辩证否定观"时，提问："假如你们家最近要买一辆小轿车，你建议父母是买传统能源汽车还是新能源汽车？为什么？"同学甲说："买新能源汽车，

[①] 佐藤学. 学校的挑战创建学习共同体 [M]. 钟启泉, 译. 上海: 华东师范大学出版社, 2015.

因为它更环保。同时因为电价比油价便宜，用车成本更低。"同学乙说："我不主张父母买新能源汽车，因为充电不方便，费时很长，同时它的续航里程也不如传统能源汽车多。"我问全班同学建议买新能源汽车的举手，结果不到三分之一。我反问："新能源汽车是对传统能源汽车的辩证否定，是新事物，为什么新能源汽车还是不如传统能源汽车受到消费者的青睐？"学生丙说："新事物的成长发展有一个过程，会由不完善到完善。"我问："新能源汽车一定会超越传统能源汽车？"学生回答："对，我们要对新能源汽车的未来充满信心。"通过这样的对话学生学会了用辩证唯物主义发展的观点看问题。

最后，课下布置相关练习，或者进行学科实践活动，引导学生自己与自己对话。"理论是灰色的，生活之树常青。"学习最终的目的是运用。学生运用知识有两种途径：一是通过做学科相关练习，把学科知识转化为解决问题的智慧，二是进行学科实践活动，比如我校开展的模拟政协活动，学生在真实的生活问题解决中运用所学的学科知识做出正确的价值判断和行为选择，成为具有理性精神的公民。

康德在《论教育学》一书中强调："人是唯一必须受教育的被造物。""人只有通过教育才能成为人，除了教育在他身上所造就出来的东西外，他什么都不是。"[①] 作为教育者，我们能造就学生什么？也许就是把学科知识转化为学生的人生智慧，正如朱小蔓教授所说："人们在掌握知识时，如果没有理解意义，那么在知识淡忘之后，它就很难留下什么；如果人们在学习知识时理解了它对生活的意义，即使知识已被遗忘，这种意义定可以永远地融合在生命之中。"[②] 运用"情境·思辨·对话"教学法，我们可以帮助学生深度掌握知识，涵养学生的理性精神，帮助学生拥有幸福的人生。

注：《情境·思辨·对话》一文发表在2018年第4期《思想政治课教学》上，2018年第8期人大报刊复印资料《中学政治及其他各科教与学》全文转载，大家可以参阅。

---

① 伊曼努尔·康德. 论教育学 [M]. 赵鹏，何兆武，译. 上海：上海人民出版社，2005.
② 朱小蔓. 教育的问题与挑战：思想的回应 [M]. 南京：南京师范大学出版社，2000.

第二节 "情境·思辨·对话"教学法的理论基础

"情境·思辨·对话"教学法是在充分吸收借鉴了古今中外多位教育家的思想精华并针对当前我国教育发展的需要提出的。

1. 这一教学法的育人价值追求主要是受美国人本主义教育家罗杰斯"以学生为中心"教育教学理论的影响。

罗杰斯认为，情感和认知是人类精神世界中两个不可分割的有机组成部分。罗杰斯的教育理想就是培养心智、情感、精神、心力融为一体的人，他称之为"全人"（whole person）或"功能完善者"（fully functioning person），也就是用情感方式、用认知的方式行事的情知合一的人。用情感行事就是要具备价值理性，要对他人有情感，愿意为他人、为社会付出。用认知行事，就是在认清现实、把握规律的情况下，选择有效的做事方式方法，这就是工具理性。

罗杰斯认为："只有学会如何学习和学会如何适应变化的人，只有意识到没有任何可靠知识，只有寻求知识的过程才是可靠的人，才是真正有价值的人。在现代世界中，变化是唯一可以作为确定教育目标的依据，这种变化取决于过程而不是静止的知识。"[1]

要想培养"全人"，引导学生适应不断变化的世界，就必须引导学生进行"有意义学习"，这种学习不仅仅是一种增长知识的学习，而且是一种与每个人各部分经验都融合在一起的学习，是一种使个体的行为、态度、个性以及在未来选择行动方针时发生重大变化的学习。[2] 罗杰斯认为，教师要扮演"学习的促进者"角色，为学生设置情境，提出问题，引导学生自己思考，将整个心力卷入知识的生产过程中，从而实现学生的自我完善。

罗杰斯重视学生的思考过程，而不是强调学生获得的静止知识，因为在思考的过程中，学生才会理解当时总结提炼出这一知识的人头脑中所蕴含的价值理性和工具理性，在这一过程中，学生的理性精神才会得以涵养。罗杰斯的理论为本

---

[1] 陈琦，刘儒德. 当代教育心理学 [M]. 北京：北京师范大学出版社，2007.
[2] 陈琦，刘儒德. 当代教育心理学 [M]. 北京：北京师范大学出版社，2007.

课题"情境·思辨·对话"教学法研究提供了理论依据。

2. 这一教学法注重"情境"在课堂教学中的作用主要是受陶行知"生活教育理论"的影响。

陶行知说：教育的根本意义是生活之变化。生活无时不变即生活无时不含有教育的意义。陶行知认为，"生活即教育"，"生活教育是生活所原有，生活所自营，生活所必需的教育"。生活与教育是一回事，是同一个过程，教育不能脱离生活，教育要通过生活来进行，无论教育的内容还是教育的方法，都要根据生活的需要安排。他认为书本和文字不过是生活的工具，书本和文字的教育之过在于把书本和文字当成教育本身。把读书当成教育的本身，以为读书之外无教育，是大错特错的。因此，要"用生活来教育"，通过生活来教育。这一理论是"情境·思辨·对话"教学法中"情境"这一环节的理论依据。好的教学情境一定是来源于学生生活，同时可以指导学生未来更好地生活。

3. 这一教学法中"思辨"主要是受苏格拉底"产婆术"的影响。

苏格拉底认为自己的使命就是"教人为善"，他认为人的美德必须通过教育加以训练才能获得。他并不直接把知识告诉学生，而是通过谈话的方法，与学生不断反诘和归纳，引导学生独立思考问题，最后让学生自己得出问题的正确结论。这一教学思想充分重视了学生作为思维主体的作用，老师更多充当一个"助产婆"的角色，让学生自己经过思维活动，获得知识，增长智慧。这一理论是"情境·思辨·对话"教学法中"思辨"这一环节的理论依据。

4. 这一教学法中"对话"主要是受当今日本教育家佐藤学"学习共同体理论"的影响。

日本教育理论家佐藤学教授所提倡的学习共同体构想在国内开始受到重视。学习共同体是为了更好地学习而形成的相互联系、休戚与共的整体。学习共同体强调师生之间、生生之间的密切关系、共同的目标、归属感和认同感。学习共同体的两个核心理念就是平等和倾听。在"情境·思辨·对话"教学法中，我们倡导老师和学生之间、学生和学生之间，在探索世界的过程中是平等的主体，大家针对问题共同思考，分享彼此的观点，在分享的过程中，实现思维的碰撞和交流。这一理论是"情境·思辨·对话"教学法中"对话"这一环节的理论依据。

第三节 "情境·思辨·对话"教学法的教学实施策略

"情境·思辨·对话"对话教学法，引导教师角色定位的转型，过去教师是知识的传授者、问题答案的拥有者，现在要成为教学的设计者、评价量规的制定者、学生思想生产的助产士。

有多年教学经验的教师会发现设计出一堂好课，必须创设出激发学生学习兴趣的情境，同时又要提出能够有效激活学生思维的思辨性问题，同时在课堂上师生之间、生生之间能够开展真诚平等的对话。

策略一　设计"有议味"的教学情境

上学期在我校钱学森班上完最后一节课，当晚一个学生给我发来一条微信。在微信中，学生说："感谢您一年以来的良苦用心。我很敬佩您！作为一个'势利'的理科生，本打算高中不听一节文科课，可是我错了——您的课堂，不容许有不听课的同学，每一节课都富有意义。政治这门学科本来我并不喜欢，自以为只是些背书的东西，而您却赋予它生机，将课堂变活。它早已不是传输书本知识的地方，更多是教育我们'学以成人'之处。"

我在反思，我是如何把课堂变活的，我如何把课堂变成了"育人"处，这主要归功于情境的创设。

情境是"汤"，知识是盐，盐只有溶入可口的汤，才能转化为营养。我们思想政治课教学要想生动，必须创设情境。有了情境，才有学生思维发生处、知识形成处、能力生长处、科学精神涵育处。

情境创设直接关乎一节课的教学效果的好坏。听过多节研究课，我发现只有创设"有议味"的情境，学生的注意力才会集中到课堂，我们才能顺势激活学生的思维，引导学生把学科知识转化为学科素养。

最近听了一位年轻教师的研究课，课堂是这样设计的：老师提前把学生分成三个小组。带着问题，学生进行调研，做成PPT，课上进行展示。作为听课者，能感受到无论是老师还是学生，课下都花了很多工夫，但是课堂教学效果并不是特别好，究其原因，就是课堂上的教学情境缺少了"议味"，所以就缺少了思维的碰撞和灵魂的交流，整堂课很沉闷。听课的老师感觉师生在表演给我们看，缺少了思想交流、灵魂碰撞，也就缺少了政治课应有的灵动。政治课最大的魅力就是让师生充分享受到思想的趣味。

当前还有很多政治教师，因为不知道如何创设这样的情境，课堂无法有效调动学生的学习积极性，而感受不到工作的成就感，更感受不到作为一名政治教师的职业幸福。

"情境"在《辞海》中的解释：一个人在进行某种行动时所处的特定背景，包括本身和外界环境的有关因素。陈友芳老师曾给"情境"下了一个严格的定义：情境是若干条件综合在一起，构成了一个世界，即情境就是若干条件的综合。[①] 只有创设"有议味"的教学情境，我们才能依托情境，激活学生的思维，塑造学生的灵魂，涵养学生的学科素养。

思想政治课"有议味"情境，就是蕴含思想政治学科知识，暗含矛盾冲突的若干条件的综合。"有议味"情境主要有以下两个特征：

第一，"有议味"情境蕴含学科知识。

思想政治学科知识来源于生活。"有议味"情境必须蕴含学科知识，将知识还原到生活中，在这种情境下教师才能引导学生做出价值判断和行为选择，自觉或者不自觉地将知识所承载的能力和品格表现出来。

第二，"有议味"情境暗含矛盾冲突。

"有议味"情境可以帮助我们把思想政治课上得有意思。最近几年，印度电影受到国人的追捧。我认真观看并思考，印度电影之所以成功，就是因为每部电影都通过故事情境反映了印度社会的现实矛盾。通过故事的展开，引导人们思考如何解决这一矛盾，推动社会发展。我们的思想政治课教学也应该学习借鉴印度电影的这一做法，每一次情境的设计，不仅要蕴含学科知识，而且要隐藏矛盾冲突，为之后提出思辨性的问题做铺垫。这样的课堂就会紧紧抓住学生的课堂注意力，激活学生的思维，而学生的科学精神也会在这个过程中逐渐提升。

当下我国教育领域提出素养的概念，就是引导我们一线教育者要转变过去的"育分"思想，而把学生当成发展中的人，而不是"待填满的容器"。这就需要我们充分发挥情境的作用，因为"情境对学生发展核心素养具有至关重要的作用，

---

① 陈友芳. 情境设计能力与学科核心素养的养成 [J]. 思想政治课教学，2016（9）：4.

情境中蕴含着知识的迁移与应用、能力发展、品格内化的触发条件"[①]。创设"有议味"的情境，让学生在教师的引导下体验、探究，来内化知识、发展能力、养成品格。

作为一线政治教师，我们都希望打造有意思的课堂，把学科知识转化为学生的学科素养，让他们未来的人生之路走得更加理性。为什么"有议味"情境可以引导学生走向理性？

第一，"有议味"情境有利于激活学生们的学科学习兴趣。

许多学生之所以不喜欢上政治课，最主要的原因就是课程"枯燥、抽象、乏味"。学生如果不喜欢我们学科，上课时"人在心不在"，那么我们思想政治课的育人目标就根本无法实现。在过程哲学看来，如果教师通过教学活动让学生正当地、合理地"投入"和"眷注"于教学活动，教学就成功了。[②] 学习属于精神生活，精神生活以追求快乐为旨归。要想让学生全身心地投入教学，就必须激发学生的学习兴趣，让学生在学习中获得乐趣。创设吸引学生的情境，是我们的重要手段。

第二，"有议味"情境有利于帮助学生实现"内在学习"。

一堂堂政治课，犹如政治老师烹饪给学生的精神大餐。这精神大餐只有富有营养，才有更多的学生乐于"享用"。过去我们的思想政治课更多属于马斯洛所说的"外在学习"（external learning），这种学习是单纯依赖强化和条件作用的学习，其着眼点在于灌输而不在于理解，属于一种被动的、机械的、传统教育的模式。[③] 马斯洛认为外在学习"学生学到的，顶多不过像在他们口袋里装了几把钥匙和几个铜钱而已，学生所学的一切，对他个人的心智成长，毫无意义"。

我们的思想政治课要让学生"喜闻乐见"，就必须反对外在学习，倡导内在学习。所谓"内在学习"（Internal learning），"就是依靠学生内在驱动，充分开发潜能，达到自我实现的学习。这是一种自觉的、主动的、创造的学习模式。"[④] 我们只有把知识还原到情境中，使知识的丰富内涵生动地呈现在学习者面前，学生的

---

① 蒋永贵. 指向核心素养的学习目标研制[J]. 课程教材教法，2017（9）：33.
② 罗祖兵. 有效教学的过程性阐释[J]. 教育研究，2017（9）：102.
③ 陈琦，刘儒德. 当代教育心理学[M]. 北京：北京师范大学出版社，2007.
④ 陈琦，刘儒德. 当代教育心理学[M]. 北京：北京师范大学出版社，2007.

内在学习才会真正发生。

近年来，我在教学实践中一直探索创设"有议味"情境，让内在学习发生，同时在这个过程中提升学生的理性精神。

为了更好地了解学生的想法，我特地设计了问卷调查，了解学生对情境创设的看法。其中一个问题是：你喜欢什么样的课堂教学情境？

A. 贴近生活　　　　　　　B. 帮助理解重点和难点知识

C. 生动形式呈现　　　　　D. 具有矛盾冲突，引发思考

一共有243个同学作答，形成如下结果：

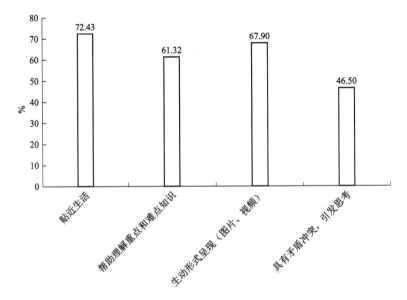

根据上面的调查结果和我对研究课"从共享单车行业的发展看市场配置资源"，我想与大家分享如何创设"有议味"情境的一些看法和做法。

第一，基于生活，创设激发学生兴趣的情境，引导学生走向生活世界。

《经济生活》中"市场配置资源"这部分内容既是全书重点，又是难点。学生只有深刻理解，才能认同我国经济体制改革的目标是建立社会主义市场经济体制。这部分内容比较抽象。我们必须结合学生身边的、生活中的事例，学生才能感兴趣，也才能理解市场调节的利和弊。前年人教社派我去重庆讲这部分内容，我就以"榨菜"行业发展设置不同的情境让学生分析问题、解决问题。因为贴近学生生活，学生在课堂上非常活跃，师生互动非常热烈。听课老师告诉我，这堂课最成功的地方就是情境设置特别贴近学生的生活，所以有效激活了学生的思维。

但对于北京学生,"榨菜"生产离他们比较远。我就果断放弃了现成的教学设计,选择了贴近北京学生生活的"共享单车行业",因为很多同学每天都要骑共享单车上下学。果然,学生对这个话题特别感兴趣,上课一开始我就播放了《焦点访谈》节目"共享单车的潮起潮落",学生的注意力立刻被吸引过来。"好的开始就是成功的一半",美国教育家杜威强调了课堂开头的情境设置的重要性,"教学只要能够立刻吸引人,就不需要问它有什么用处"①。政治课如何生动?带学生走进生活是第一步。

第二,确立重点,创设蕴含学科知识的情境,引导学生走向知识世界。

课堂教学创设情境只是手段,目的还是引导学生内化知识、提升素养,这就要求我们在情境创设中必须把学科知识蕴藏其中。为了让学生理解市场调节的机制和优点,我设置了"共享单车潮起"的情境:"摩拜单车创始人胡玮炜有了'共享单车'的创意,但是投入生产需要资金,假如你们是投资人,是否愿意投资?为什么?"学生在回答过程中,就理解了市场是通过利益机制引导资源配置的。为了突破第二个市场调节的优点这一知识点,我又继续创设情境:胡玮炜募集到了资金,开始投入生产。许多投资者看有利可图,纷纷进入该领域,最多时社会上出现了100多家共享单车企业,我给学生展示了一张全是共享单车 APP 的图片,我问学生:"假如你是摩拜单车 CEO 胡玮炜,你如何让自己的企业具有竞争优势?"学生由摩拜单车的蓝牙开锁技术、防爆实心轮胎,想到要依靠科技改善单车质量、提高服务品质,由摩拜单车推出的"骑行领红包"活动想到依靠科学的管理降低运营成本。这些抽象的知识在情境中变得生动可感。

第三,富有思辨,创设潜藏矛盾冲突的情境,引导学生走向思维世界。

杜威认为:"思维开始于可称为模棱两可的交叉路口的状态,他于进退两难中任选其中之一。如果我们的行动顺畅无阻地从一事物进行到另一事物,如果我们任意想象,在幻想中求得欢乐,那便不需要反省思维。"② 情境只有具有思辨性,才能在学生头脑中引发认知矛盾冲突,进而激活学生的思维,引导学生走向思维世界。

---

① 约翰·杜威. 民主主义与教育 [M]. 北京:人民教育出版社,1990.
② 约翰·杜威. 我们怎样思维·经验与教育 [M]. 姜文闵,译. 北京:人民教育出版社,2005.

纸上得来终觉浅，心中悟出始知深。我在"市场配置资源"这一课创设了"共享单车潮落"情境：2018年冬天，共享单车也迎来冬天，许多共享单车企业倒闭，许多城市出现了共享单车"坟场"。我问学生："这是为什么？"学生回答："因为共享单车投放数量太多。"我就追问："在市场经济条件下，共享单车的数量是否应该由政府控制？"学生争先恐后发言。我为了让学生能够充分理性地表达，在课堂上进行了"优雅辩论"，我告诉学生优雅辩论，不是为了把对方辩倒，而是为了探索问题的真相、寻找共识的辩论。我把学生分为正反两方。正方：共享单车数量应该由政府控制；反方：共享单车数量不应该由政府控制。学生课下做了精心准备，课上正反两方分别表达了自己的观点，双方就自己疑问的方面向对方质询，在辩论最后双方要寻找共识。我明显感受到在学生的一问一答中，在寻找共识的讨论中，他们携手走向了思维世界。在这个思维世界，学生不仅在心中领悟了社会主义市场经济需要将市场调节和宏观调控相结合，而且也学会了用这个观点来分析经济问题，能够对社会问题的解决做出正确的判断、合理的选择和科学的解释。

第四，融入情感，创设触动学生心灵的情境，引导学生走向意义世界。

为什么学生喜欢以生动的形式呈现的情境，比如情景剧、视频、图片等形式，因为这样的"境"饱含"情"。情境＝情＋境。情境的创设必须融入情感因素。赞科夫强调："教学法一旦触及学生的情绪和意志领域，促进学生的精神需要，这种教学法就能发挥高度有效的作用。"[①] 培养具有理性精神的学生需要我们引导学生感悟人生智慧，过有意义的生活，以锐意进取的态度和负责任的行动促进社会和谐。

在"从共享单车行业发展看市场配置资源"的最后环节，我给学生展示了胡玮炜的一段话："我觉得钱就像水一样，很多人只关注水，但是没有去关注和享受那个挖井的过程。想要做什么就去做，找到一个最有热情最愿意去干的事情，你会觉得做这件事在精神层面就非常满足了！"

我深情地告诉学生："本节课我们一起探讨的是市场配置资源问题，其实最为宝贵的资源就是人！每个人来到这个世界上，都是为了让这个社会变得更美好。

---

① 赞可夫. 教学与发展 [M]. 杜殿坤，等译. 北京：人民教育出版社，1985.

如何让这个社会变得更美好？胡玮炜的故事告诉我们，顺应社会发展的需要，把自己这个宝贵的资源配置到最适宜的地方，在那个地方发热发光、贡献力量！"这些话也许触动了学生的心灵，那一刻，教室里安静极了，学生的眼睛里都闪耀着光芒。

"十年之计，莫如树木；终身之计，莫如树人。"其实树人就像"树木"，"树木"要浇根，树人要"浇心"。我们创设"有议味"的情境，才能让学科素养落地生根，让真善美的种子在学生心田发芽生长！

策略二　思辨设问，铸魂育人

我经常听一线教师的研究课，这些研究课让我充分意识到课堂设问是影响我们思想政治课教学质量的"核心科技"。

听过一个年轻高中政治教师执教的研究课，学生被分成五个小组，在课堂上展示他们课下准备的内容。展示后，老师也提出几个问题，但这些问题缺乏思辨性，没有激活学生的思维，所以无人应答，课堂死气沉沉，课堂效果不太好。

听课后我一直在想，作为一线教师，我们的设问如何才能具有思辨性，进而激活思维，帮助我们教师完成筑造灵魂的使命？为此我开始了探索研究的过程。

我利用问卷星设计了调查问卷，在高一年级学生中进行了问卷调查，243个同学填写了问卷。调查表明，超过80%的同学认为课堂提问对教学效果非常重要或者比较重要。

我们可以根据提问的内容和性质将思想政治课的课堂设问分为四种：以记忆为主的问题，以理解为主的问题，以运用为主的问题和以思辨为主的问题。通过问卷调查在思想政治课堂上，老师提出最多的问题是以理解和记忆为主的问题，而高中生具有一定的抽象逻辑思维能力，他们最愿意回答的是既满足他们探索世界的需要同时又能锻炼他们思维能力的思辨性问题。

第7题：
在思想政治课堂上，教师提问最多的是什么问题？　[单选题]

选项	小计	比例
以记忆为主的问题	65	26.75%
以理解为主的问题	91	37.45%
以运用为主的问题	31	12.76%
以思辨为主的问题	56	23.05%
本题有效填写人次	243	

第8题： 你最愿意回答哪类问题 [单选题]

选项	小计	比例
以记忆为主的问题	30	12.35%
以理解为主的问题	70	28.81%
以运用为主的问题	56	23.05%
以思辨为主的问题	87	35.8%
本题有效填写人次	243	

在四个类型的政治课堂设问中,记忆型为主的问题是帮助学生掌握知识的前提,以理解为主的问题是帮助学生内化知识的手段,以运用为主的问题目的就是引导学生学以致用,而以思辨性为主的问题不仅考查学生对知识的内化和运用水平,更能激活学生的思维,考查出学生的思维品质。

美国人本主义教育家罗杰斯曾经说过:"只有学会如何学习和学会如何适应变化的人,只有意识到没有任何可靠的知识,只有寻求知识的过程才是最可靠的人,才是真正有教养的人。在现代世界中,变化是唯一可以作为确立教育目标的依据,这种变化取决于过程而不是静止的知识。"在当今信息化时代,传授给学生静止的知识不是我们作为一线教育者最主要追求的目标,我们应该引导学生学会甄别信息,应对变化,在任何境遇中都能做出理性的抉择,这就需要我们在教学过程中激活学生的思维。激活思维的实质是引发学生思维领域的矛盾冲突。学生思维领域中的矛盾是学生认识发展的动力。

教师是学生发展的外因,学生自身的思维领域的矛盾是其认识发展的内因。外因通过内因起作用。我们教师作为外因如何通过内因起作用,帮助学生思维发展?

这就需要师生之间开展真诚的对话。课堂教学的实质是一种主体间的对话。日本教育家佐藤学在《教师的挑战,宁静的课堂革命》一书中指出:"教室中的学习是通过与对象世界(事物、教材)的相遇与对话,是通过教室中与教师、与伙伴的相遇和对话,是与自身的相遇和对话来实现的。学习就是这三个维度的对话和实践。学习是否能够丰富地展开,就是要看学习是否是以对话的形式来实现的。"由此可见,只有让对话真诚发生,学习才真正发生。

在20多年的教学实践中,我不断反思如何提出好的思辨性问题。这样的问题来自哪里,有何特征,有何作用?

第一,思辨设问来自生活,引导学生反思生活现象。

政治教师要热爱生活、关注生活,要对生活中的现象好奇,同时要做一个善于反思的人,追问其背后的运作机理。这样我们在课堂教学设计中,就可以依据课程标准和教材设置来自生活的适切情境,提出生活中的真实问题。这样的问题,才能真正激活学生思维的兴趣。

比如在讲"市场配置资源"时,我就引导学生思考共享单车为什么"潮起"

又"潮落"。学生发现生活中共享单车数量的多少就是市场这只无形的手在指挥着。我继续引导学生思考市场这只无形的手是如何引导资源配置到共享单车领域，又为何出现倒闭潮。学生就会发现"道不远人"，思想政治教材中的知识所蕴含的道理就发生在我们身边。

思想政治学科就是要引导学生认识经济、政治、文化、社会现象背后的本质和规律。这些本质和规律属于共性。要让学生掌握共性的知识，就必须从个性、从现象出发，通过老师的设问，帮助学生"去粗取精、去伪存真、由此及彼、由表及里"，经历知识的生成过程。只有经历这样的过程，学生才能实现对学科知识的内化。

第二，思辨设问叩问心灵，引导学生反思价值选择。

思想政治学科以"立德树人"为根本任务，帮助学生树立正确的世界观、人生观和价值观。如何实现这一任务，是直接把道德知识讲授给学生听，还是通过设问，让学生自己思考道德要求的实质和价值？我想，肯定是后者。

在讲授"尊重文化多样性"这一内容时，巴黎圣母院着火，我在课堂上播放了新闻视频后，引用一个网友的一段话。（见右图）我问学生："巴黎圣母院着火，作为中国人，我们到底应该幸灾乐祸还是应该悲痛惋惜？"

真的活该，天道好轮回，苍天饶过谁，他们当时火烧圆明园的时候不是很开心，我反正不会惋惜啥的，只能赞叹一句：烧的好

学生在我提出这个问题后陷入沉思。我请一个同学来说，他说，英法联军火烧圆明园，破坏了我们的文化遗产，巴黎圣母院是法国的文化遗产，它被烧，法国人肯定悲痛，作为中国人，我们不应该幸灾乐祸，但是也谈不上悲痛。我继续告诉学生：英法联军火烧圆明园以后，最为愤怒的不是中国人，而是一个法国人。这个人愤然指责自己祖国的军人是一伙强盗，并撰文将英法联军的恶行公布于世。他说："有一天，有两个强盗闯进了圆明园，一个强盗大肆抢劫，另一个强盗纵火焚烧。""在历史面前，这两个强盗：一个叫法兰西，另一个叫英吉利。我希望有朝一日，解放了的干干净净的法兰西把这份战利品还给被掠夺的中国，那才是真正的物主。"这个人就是法国文豪、《巴黎圣母院》的作者维克多·雨果。学生被震撼了！我乘势追问："雨果如何对待别国文化？"学生若有所悟地告诉我："他

真正尊重文化的多样性。"

思想政治学科作为社会科学，其学科知识中一定蕴含价值理性。我们作为一线思想政治教师要善于通过学科教学将知识中蕴含的价值理性挖掘出来，呈现给学生，学生的心灵才能得到滋润。

第三，思辨设问蕴含矛盾，激发学生辩证思维。

思辨性设问最重要的特征是内含矛盾。如果我们提出的问题正好就是学生内心的矛盾点，我们的设问就会立即点燃课堂。

比如在讲传统文化的影响时，我首先引用孟子的一段话："孝子之至，莫大乎尊亲。"和《礼记》中："孝子之养也，乐其心，不违其志。"我问学生很快要选科了，你对政治学科很感兴趣，但父母反对，他们认为学好数理化更重要。孝顺的你是违其志还是不违其志？这一问题立即在班里引发激烈的讨论。其中一个男生主动站起来告诉我："李老师，您说的事就发生在我家。"我问："你是怎么处理的？""我就听父母的了，因为他们肯定也是为我好。"这个同学回答。我问全班同学："听从父母的就是真正的孝顺吗？在未来的人生道路上遇到关键抉择，你们出于孝顺都要以父母的意见为准吗？"学生陷入了沉思。这时王同学举手，我请他回答。他说："老师，我认为孝顺作为一种传统文化也要与时俱进，我认为真正的孝顺并不是唯父母命是从。我在高考志愿选科时也遇到与父母意见不一致的情况。父母希望我依据现在各科考试的分数选择选考科目。我与父母平心静气地沟通，我告诉父母我选科主要是考虑我的兴趣和未来的职业方向，虽然有一些学科成绩不是特别好，但是因为感兴趣，我未来一定会学好。父母就听从了我的意见和建议。"我问同学们："王同学'违了父母之志'是否孝顺？"学生告诉我"孝顺"。我借机反问："孝顺一定就是顺从父母吗？"这时，一个女生举手，她说："我认为孝顺不是故意逆反，也不是一味顺从，而是通过与父母平心静气地沟通，找到解决问题的最好办法！"此时同学们自发鼓掌。

我继续引导学生思考：传统文化是我们的包袱还是财富？学生通过刚才的对话更加明白：我们只有取其精华、去其糟粕，批判继承，古为今用，在继承中发展，在发展中继承，才能将其变成我们宝贵的精神财富，而不是沉重的精神包袱。

思辨性的设问最大的价值就是引导学生辩证地看待问题，让学生学会用联系、发展的眼光审视世界，同时学会具体问题具体分析，不盲从，不偏激。而这个过程，就会促进学生的思维臻于理性。

第四，思辨设问具有开放性，引导学生多角度思考。

好的思辨性设问往往具有开放性，启发学生从多个角度进行思考。在传统教学模式中，我们的设问更多是记忆性和理解型的问题，如下图漫画中左侧的教师，他提的问题，很难激活学生的思维。老师是问题答案的拥有者，学生努力记忆和输出知识，充当知识的容器。而如今，在信息化时代，我们更加需要培养的是学生的思维能力，因为学生获得既有的知识信息很容易。作为教育者，我们最需要做的是像漫画右侧的那个老师一样，提出开放性、思辨性的问题，充分激活学生的思维，让师生享受一起思维、一起探讨世界的乐趣。

我在讲文化环境影响人时，就运用我们学校的"浩然亭"作为情境，我引用了孟子的一段话，"天地有凛然浩然之气，充塞天地，至大至刚，吾善养吾浩然之气"。我问学生："我几次经过'浩然亭'发现咱们班有同学在那里玩手机游戏，这是否有利于你们养浩然之气？我们如何养自己的浩然之气？"

这个班同学关系单纯和谐，学生主动"检举"玩手机游戏的同学，我请他来回答。这个同学有点不好意思地说："我认为这不利于养浩然之气，我以后不会去玩手机游戏了，我会多看书。"同学们都善意地笑了。我说："我们看书有利于养浩然之气，还有什么途径？"这时一学生举手，他说："我们要正直、诚实，这样才能拥有浩然之气。"我说："很好！还有哪些途径呢？"这时一个饱读诗书的同学主动举手回答："我们要多读有关传统文化的书籍，接受中华优秀传统文化的熏染，因为中国传统文化多是讲如何修身养性，养成君子人格。这个过程就是我们养浩然之气的过程。"同学们对他精彩的回答报以掌声,我乘势提升:"中国优秀的传统文化告诉我们做人做事的基本原则,而我们要拥有浩然之气必须有明确的人生理想和坚定的做人做事的原则。"

这样开放性的问题没有标准答案,只要学生言之有理就可以,所以可以有效激活学生的思维。而我们则可以在学生思维被充分激活,在与学生平等沟通、分享中悄然塑造学生的灵魂。

第五,思辨设问富有逻辑性,培养学生论证能力。

通过设问激活思维只是手段,最终的目的是要学生学会有逻辑地思考。因为思考本身也有其规律,只有通过训练,学生才能掌握逻辑思维的规律,提升逻辑思维能力。逻辑思维能力是我们作为教育者重点要培养学生的思维品质。

我在讲"宗教信仰自由政策"时引用了《佛说十善业道经》中的一段话:"人不为己,天诛地灭。"我问学生佛教教人向善,为何又说人不为己天诛地灭?一学生告诉我:"老师,这个为不是'为了'的意思,而是修为的意思,是指一个人不自己修为,不自己提升自己,就会天诛地灭。"同学们听后都点头。我追问:"我们是社会主义国家,坚持马克思主义为指导,马克思主义坚持唯物主义,而所有的宗教都是唯心主义。我们为什么还要坚持宗教信仰自由的政策?"这个问题考查了学生的逻辑思维能力。一个学生经过思考后,做出如下回答:"我国坚持宗教信仰自由的政策是因为宗教信仰作为一种思想意识,有其存在的客观原因。我们人类还没有揭示世界的所有奥秘,这就为相信超自然力量的宗教信仰的存在提供了土壤。宗教信仰教人向善,可以抚慰人心,其存在对社会有一定的积极影响。"这时有一个同学补充:"我国许多少数民族全民族信教,实行宗教信仰自由的政策有利于民族团结。"我反问:"我国实行宗教信仰自由的政策对社会的影响只有积极的一面?"学生这时意识到之前的回答有一定的片面性,一个同学举手,她说:"宗教作为一种唯心主义,而且宣扬命由天定,有其消极的一面。"我追问:"既然有其消极的一面为什么还要实行宗教信仰自由的政策?"学生被我问住了。我启发学生:"凡事皆有利弊,我们在取舍时,就要看利和弊谁是矛盾的主要方面。"学生明白了,我们实行宗教信仰自由的政策是因为其影响利大于弊。我告诉学生以后论证问题时可以使用这样的逻辑:首先一分为二看问题,然后看两个方面哪个是主要方面,进而确定事物的性质和重点要解决的问题。

古希腊哲学家苏格拉底说:"我教不了别人任何东西,我只能促使他们思考。"我们作为学生的"精神助产士",要用心提出思辨性问题,才能像苏格拉底一样不断地促使学生思考,让学生在思考中求得真知。

柏拉图曾说:"教育不是把知识灌输到灵魂里去,就像把视力放进盲人的眼睛里去似的。教育从根本上说只能是诱导的、启发的,而不是灌输的,教育的主要任务不在于注入,而在于引导学生自求真知。"通过设问,我们让学生不仅在思考中理解了知识,更重要的是培养了学生思考的习惯和思考问题的方法。"授人以鱼,不如授人以渔",有了这种思考的习惯和思考的方法,学生就会走上终身学习的道路。在信息化时代,我们就是要培养终身学习的人。

美国教育学者罗伯特·梅逊曾说:"由于一个真正受过教育的人把那些永恒的标准运用于特定的情境,所以他表现出和谐、自制和文明。由于他具智慧,所以他控制情境。由于真理指导着他的生活,所以他是一个高尚的人。"我们教师通过思辨设问,才能让学生深刻理解知识背后的价值理性,塑造学生的善美灵魂。

思辨设问就如一颗石子投入水中,可以激起课堂的层层涟漪;思辨设问就如一只火把,可以点燃学生智慧的火花。今日,我们一线教师在教育实践的田野中,通过思辨设问,默默耕耘学生的心田,让真善美的种子在学生心中不断生长、发芽、开花!

策略三 开展真诚平等对话

如何让学生在对问题的深入分析中,不仅深刻理解知识,而且提升思维品质?提出思辨性的问题只是一个前提,最重要的是学生和学生之间、教师和学生之间的对话交流过程。

过去以教师为中心的课堂,我们忽略了一个宝贵的资源——学生!生本教育论的提出者郭思乐教授认为:"我们今天进行的所有改革的指向,其实都是使学生这一过去的被忽视的资源获得开发,能量得以发挥。"

学生之间的差异,他们对一个问题的不同理解、不同看法和不同思路是课堂教学宝贵的资源,只有通过师生对话、生生对话,才能把这些资源转化为学生成长的精神营养。

在高中哲学"实现人生价值"一课教学中,师生进行了如下的对话:

教师:在梦想实现的过程中,我们会遇到挫折,付出没有回报时,我们该如何抉择？我想只有两个选择，一个选择继续坚持，另一个就选择调整方向。你支持哪一个观点，为什么？

学生1：我认为付出没有回报就要及时止损，调整方向。个人发展与国家发展一样，当我们发现努力了，没有回报，有可能选错了道路，比如我国发展经济，当年计划经济体制无法促进生产力的发展，我们就通过改革，走上了建立社会主义市场经济体制的道路。人的发展也如此，我们付出没有回报，矛盾就有特殊性，每个人的天赋不同，有可能是因为这个位置不是我们最适合的，我们在这里无法成为最优秀的自己，我们就应该及时调整，找到我们在这个世界上最适合的位置，在那个位置上，不断精进，积淀自信，成为最优秀的自己！

学生2：追逐梦想的过程其实就是我们实现人生价值的过程，人生价值的实现需要我们充分发挥主观能动性，遇到挫折和失败，需要我们发挥顽强拼搏、自强不息的精神，有坚定的理想信念。因为事物发展的方向是前进的，但是道路是曲折的。事物的发展是由量变到质变的，如果付出还没有看到回报，就表明我们的量变积累得还不够，还需要继续积累，才能实现质变，看到我们期望的结果。"一万小时定律"说的就是这个道理，所以，付出没有回报，我们要继续坚持！

教师：同学们运用所学哲理非常有逻辑、有条理地论证了自己的观点。两位同学都说得很有道理，我们到底在付出没有回报时该选择坚持还是选择调整方向呢？大家是能够寻找到共识。

学生3：在付出没有回报时，我们应该考虑自己做的事情是否符合自己的兴趣、天赋和需要。如果不符合，就应该果断放弃；如果符合，即使一时没有回报，我们也要坚持，因为方向对了，就不怕路途遥远。

教师：我们在选择时只考虑自己的兴趣和需要？

学生4：我们还得考虑社会发展的需要。如果我们做的事情符合社会发展的潮流和需要就需要坚持，如果不符合就应该放弃，因为一个人的价值，在于对社会的责任和贡献。

在上述师生对话、生生对话的过程中，学生通过主体性思维活动，完成了对学科知识的深度学习。

生本教育论认为，"讨论是普遍地让学生投入学习活动中去的一种良好方式"。对话、讨论帮助学生从多个角度完成对学科问题的感悟，形成学习者自身的感悟是深度学习要实现的目标。正如郭思乐教授所言:"不通过感悟,外界的东西对主体始终是没有意义的,而逐步深入的感悟,则可以使被感悟物消化成为主体精神世界的一部分。"我曾经对学生说:"最喜欢看到课堂上出现的不自觉地点头,或者轻轻发出'哦'的声音,因为那是你们经过自己思考感悟后精神收获时的自然表达。"

教学活动本身是严肃紧张的,如何让更多的学生参与到课堂讨论和对话中?

我认为我们要重塑师生关系,教师要把自己当成"平等的首席"。叶澜教授在"新基础教育"理论中提出:在教学过程中,学生的角色"不仅是接受者、听者、答者、学习者,而且是发现者,参与者,问者,讨论者,主动活动的策划者、践行者,自控互控和自评互评者";与之相对应,教师的角色"不仅是授者、述者、问者、主导者、控制者、评价者,而且是学生信息的捕捉者、发现者、接受者、听者、答者、合作者、反馈者、组织者与策划者"。[1]

当我们一线教师不再"霸占"课堂,把时间、空间、表达的机会还给学生时,学生作为学习主体的作用才能充分发挥出来。第斯多惠曾说:"发展与培养不能给予人或传播给人,谁要享有发展和培养,必须用自己内部的活动和努力来获得。"[2] 我们要深刻明白一个道理——知识不是我们给学生讲明白的;而是学生"悟"明白的,学生的能力提升,不是我们给予的,而是学生通过自己的主体性活动发展起来的。我们其实不是学生"灵魂的塑造者",是学生自己塑造了自己的灵魂。我们只是在学生塑造自己灵魂的过程中起了帮助的作用。

杜威曾说,"一个人要改变别人的心理,唯一的方法就是利用天然或人为的条件,引出别人某种应答性的活动"。[3] 素养时代已经到来,我们一线教师要做的就是课前精心设计教学环节,不断打磨自己的课堂设问,提升课堂问题质量;在课堂上,引导学生全身心投入"应答性的活动"中,在真诚对话中实现深度学习,化知识为素养,实现精神生命的不断生长。

附:2021年9月受邀参加第六届全国教育科学研究优秀成果颁奖大会暨2021

---

[1] 叶澜."新基础教育"论:关于当代中国学校变革的探究与认识 [M]. 北京:教育科学出版社,2006.

[2] 第斯多惠. 德国教师培养指南 [M]. 袁安,译. 北京:人民教育出版社,1990.

[3] 杜威. 民主主义与教育 [M]. 王承绪,译. 北京:人民教育出版社,2001.

年中国教育科学论坛。

第四节 运用"情境·思辨·对话"教学法，让学生享受"心流"

习近平总书记强调，青少年阶段是人生的"拔节孕穗期"，最需精心引导和培育。然而有许多青少年因为沉迷于网络游戏，荒废了学业，耽误了前程，这让我们教育工作者扼腕叹息。

作为一名一线教师，我一直在想，我们的课堂能否像网络游戏一样紧紧吸引学生，也让学生沉浸其中，欲罢不能？探索多年，最近读完美国心理学家米哈里·契克森米哈赖写的《心流：最优体验心理学》一书后，我仿佛找到了问题的答案，也深刻感受到"情境·思辨·对话"教学法的育人价值。

心流是指人们着手与自己能力匹配的事情时，全神贯注、全情投入并享受其中而体验到的一种宁静愉悦充实的心理状态。米哈里认为进入"心流"状态时，人们"念头专一""注意力高度集中"，是最优心理体验。如何达到这种状态？米哈里认为必须具备三个条件：

第一，清晰的目标。当事人在进入活动之前，对自己要完成的任务及具体的要求十分明确，这让当事人在完成任务过程中能够集中"心力"，全副身心投入。**清晰目标是"心流"得以产生的前提。**

第二，适度的挑战。只有提供与当事人能力相匹配的挑战，当事人才会产生适度紧张感，全神贯注，迎接挑战，解决问题，这时"心流"就会逐渐形成。如右图所示，如果挑战远高于技能，就会引起当事人"焦虑"。很多学生之所以

"厌学"就是因为在学习过程中,挑战任务超越了其能力,他们备受煎熬,被焦虑、沮丧等负面情绪困扰。如果挑战远低于技能,当事人就会感觉无聊,这是部分优秀学生课堂"走神"现象发生的重要原因。由此可见**适度的挑战是心流产生的关键**。

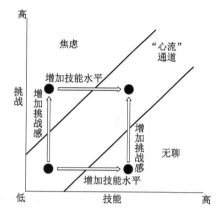

第三,及时的反馈。米哈里认为,及时的反馈,可以让当事人的注意力长时间被紧紧抓住,"心流"状态得以保持并加以强化。许多网络游戏之所以让玩家痴迷,就是因为设计者将游戏设计成一级一级的,一旦玩家专注投入,他们就可以获得及时反馈,得以升级奖励。**及时的反馈,是"心流"保持并得到强化的重要手段**。

习近平总书记在学校思政理论教师座谈会上强调,思政课是落实立德树人根本任务的关键课程,办好思政课的关键在教师,关键在发挥教师的积极性、主动性和创造性。我们如何在思政课教学实践中,发挥我们思政教师的主动性和创造性,把学生带入"心流"这种最优心理体验之中?

"好的开始是成功的一半",课堂教学亦如此。一堂引人入胜的思政课,必须在开始就能紧紧抓住学生的注意力。高中思想政治课的教学内容与生活紧密联系。我们要善于将生动鲜活的生活素材转化为思政课教学的情境。教育部制定的《普通高中思想政治课程标准》明确指出:"本课程力求构建学科逻辑和实践逻辑、理论知识和生活关切相结合的活动型学科课程。"[①] 思政课可以通过设置贴近生活的情境,引导学生关心社会,将学科理论知识蕴含的智慧运用于分析解决生活中真实的问题。

米哈里认为:"所有心流活动,不论涉及竞争、投机还是其他形式的体验,都有一个共同点:它带来一种发现感、一种创造感,把当事人带入新的现实。它促使一个人有更好的表现,使意识到达过去连做梦也想不到的境界。简单地说,它把自我变得更复杂,自我因而成长,这就是心流活动的关键。"[②] 如何让当事人有

---

① 教育部. 普通高中思想政治课程标准 [M]. 北京:人民教育出版社,2020.
② 米哈里·契克森米哈赖. 心流:最优体验心理学 [M]. 张定绮,译. 北京:中信出版社,2017.

新发现、新创造，让他们在思维活动中获得成长？马克思主义哲学认为矛盾是事物发展的动力。学生思维的发展需要引发思想上的矛盾冲突。

如何有效激发学生思想上的矛盾冲突？经过教学实践，我发现行之有效的做法是提出富有思辨的开放型设问。如果我们的设问只是停留于"是不是""对不对"浅表式设问，或者只是让学生简单地复述或者运用，学生就会产生厌烦心理。设问的难度要在学生的最近发展区，如果超过学生的最近发展区，学生会感到焦虑，而焦虑的结果就是学生注意力的游离。

如何让我们的设问吸引更多学生参与思考，而不让他们产生"厌烦"和焦虑？我认为提出富有思辨的开放型设问同样是一个好方法。相对于有固定的答案的封闭式问题，没有固定答案的开放型设问更能激活学生的思维，因为学生不担心自己答错，同时在回答这样的设问时，他感觉到自己是问题的探索者、他们作为思维者的主体作用被充分调动起来。"思辨"型的开放式设问最受学生欢迎，因为思辨性问题自身就存在矛盾冲突，更加激发学生探索的欲望。

我曾经提出过这样几个思辨设问，取得了比较好的教学效果：在讲"实现人生价值"时让学生讨论："付出没有收获，我们是否还要坚持？"在讲李嘉图劳动价值论时让学生探讨："没有中间商，商品价格一定会更低吗？为什么？"在讲马克思劳动价值论时让学生思考："疫情期间出现的'共享员工'现象是权宜之计，还是大势所趋？"对这样的问题学生可以有不同的观点，但是必须运用学科知识有逻辑地论证自己的观点。这个过程，学生的思维被充分启动，他们不仅在运用学科知识的过程中提升了学科能力，而且也享受到投入思考带给他们的最优体验——"心流"。产生"心流"的关键就是要让学生真正成为思维活动的主体，让他们体会到思维的乐趣。

如何让"心流"产生以后保持较长的时间？开展"启思善诱"的真诚对话是一个好做法。"启思"就是要继承发扬孔子的"启发式"教学，在与学生的对话中，不能把现成的问题答案直接呈现在学生眼前，而要做到"不愤不启，不悱不发"，让学生自己经历一遍知识的生产过程。"善诱"是指我们同时还要学习借鉴苏格拉底的"产婆术"。我们通过不断地反问、追问、诘问，让学生自己反思自己的思想是否正确，引导学生通过独立思考，自己寻找到问题的正确答案，不断深化对问题的认识。

我在讲《经济生活》"价值规律"这一内容时，提出了这样一个问题："有人认为'优胜劣汰'会导致工人失业，政府应该尽量帮助企业生存下来。你认同吗，为什么？"然后师生进行了如下对话：

学生甲：这个观点有合理性，就业是民生之本。政府应该解决就业问题。

教师反问：那你认为为了保就业，企业在即将遭到淘汰时，政府应该积极出手帮助？

学生甲：对，你看政府在疫情期间为很多企业免税，缓交社保基金，不就是希望企业能够活下来，不让工人失业吗？

学生乙：这是特殊时期的特殊政策。在正常情况下，政府不应该帮在竞争中遭到淘汰的企业生存下来。

教师追问：为什么？

学生乙：我国现在已经建立了市场经济，就要尊重价值规律。优胜劣汰是价值规律发挥作用的必然结果。

教师诘问：那政府就像亚当·斯密所说："一切都交给市场吧！"失业的事可以不管？

学生：市场能够带来效率，但是不能不考虑公平。

教师：如何考虑公平？

学生：就是要保证社会成员的基本生活需要，建立完善的社会保障制度，给失业人员发放失业保险金。

教师启发诱导：有没有更好的做法？

学生：政府应该加大对劳动者的职业技能培训，让他们实现再就业，政府还应优化公共服务，为企业的发展创造更好的环境。

在真诚的对话过程中学生不仅深刻地理解了价值规律，而且对在市场经济条件下政府如何处理好与市场的关系，政府如何处理好效率和公平的关系有了更深的认识。"真诚"是指师生的对话不是"居高临下"的，而是平等的，教师作为平等中的首席与学生携手一同探索未知的世界，这样的课堂才有"亲和力"。师生之间真诚的对话是对彼此思考过程的及时反馈，这种反馈使"心流"状态得以保持,并得到加强。

打造"心流"涌动的思政课堂像极了"酿米酒"。"酿米酒"需要新鲜糯米等食材,然后将其蒸熟。我们打造"心流"涌动的思政课堂也需要依托新鲜的时政素材将其加工成学科教学的适切情境;"酿米酒"的关键是要把握好温度,将酒曲拌入糯米中。提出富有思辨的开放型设问,就像在适切的情境中"拌入酒曲"。开展"启思善诱"的真诚对话过程就像米酒发酵的过程,在这个过程中师生之间、生生之间的思维碰撞、交流,产生出智慧,这就像糯米和酒曲经过一系列化学反应变成"金浆玉醴"。

让我们一起努力,将一堂堂思政课酿成"金浆玉醴",让师生在"心流"中沉醉不已!

注:可以参阅论文《心流,思想课可以有》,发表于《中学政治教学参考》2020年第12期。

第五节 "情境·思辨·对话"教学法的教学案例

教学案例一 "劳动,让生活更美好"课堂实录及专家点评

(一)教育教学目标

1. 结合《平凡的世界》视频分析"劳动之意"和"劳动之美",在这个过程中潜移默化地帮助学生树立尊重劳动、热爱劳动的态度和劳动光荣的价值观。

2. 通过分析"劳动之要"中个人要努力提升自己的综合素质,帮助学生提高生命的自觉性,唤醒学生自己发展自己的内在需要。

(二)教学重点和难点

1. 劳动对个人和社会的意义。

2. 个人如何提高自身的综合素质?

3. 教学方法:讲授式、启发式、谈话法、小组合作讨论。

4. 教学过程:

设置情境 导入新课:

先请同学们欣赏几幅咱们学校的照片:

教师：咱们校园美不美？

学生：美。

一零一中学坐落在美丽的圆明园之中，给同学看圆明园 3D 复原图之"正大光明"。"正大光明"是皇帝在园内举行朝会、接见外使的行政区域。另一幅是大水法。其实就是大喷泉的意思。喷水池中心有一只铜梅花鹿，从鹿角喷水八道；两边有十只铜狗，从口中喷出水柱，直射鹿身，溅起层层水花，甚是壮观。

教师：这些壮美的建筑和风景是如何创造出来的呢？

学生：劳动者的智慧和汗水，即劳动。

今天我们就来一同探讨一个主题——劳动让生活更美好，共同洞悉劳动之意、感悟劳动之美、思索劳动之要。

环节一　洞悉劳动之意

教师：什么是劳动？

学生：劳动是劳动者脑力和体力的支出，是物质财富和精神财富的创造活动，是人类文明进步的源泉。

教师：我们通过第二单元的学习，知道社会再生产包括四个环节：生产、分配、交换、消费。请问劳动属于其中哪个环节?

学生:生产环节。

教师追问:生产环节在社会再生产中的地位是什么?

学生:生产是起决定性作用的环节,生产出物质财富和精神财富,人们才可以进行分配、交换和消费。

环节二 感悟劳动之美

朱永新教授说,"一个人的精神发育史就是他的阅读史"。有一本书在老师精神成长中起着至关重要的作用,这本书让我深刻理解了劳动对人生的意义,知道了人如何生活在这个世界上才能无怨无悔地离开。这本书就是我国著名作家路遥写的《平凡的世界》,后来拍成了电视剧。下面请同学们欣赏这一段。边看边思考:劳动为什么可以让个人的生活变得更美好?

播放《平凡的世界》1视频

(视频内容简介:孙少平坚持下煤矿挖煤,收入逐渐提高,生活日益改善;孙少平的工友怕吃苦和危险,不愿下井挖煤。他们没有收入,只能把自己值钱的东西卖给孙少平,以勉强糊口。)

教师:孙少平的生活为什么越来越好?

学生:因为他通过劳动获得工资,他用工资购买了自己需要的各种商品。

教师:他的工友的生活为什么变得越来越窘迫?

学生:因为他们不愿下矿劳动,没有工资,只能把自己的东西卖给孙少平以换来钱果腹。

教师提升:劳动对于我们每个人的意义仅仅就是获得工资满足自己的物质需求吗?劳动对于我们每个人还有什么更深的意义?

学生:劳动有利于丰富精神生活,提高精神境界,促进人的全面发展,实现人生的价值。

有一个同学在班级日志中写道:我们现在努力学习、未来努力工作就是为了钱,我们家很有钱,我还用努力吗?你怎么看?假如你是老师,你如何回答这个同学的疑问?

学生甲回答:不行,有钱不努力,生活会空虚。

学生乙回答:请同学们看教材23页易卜生的话:钱能买来熟人,却买不来朋友、钱能买来奉承，却带不来信赖……没钱是不行的，但钱不是万能的。你家的钱是父母辛苦挣来的，不是你自己挣来的，如果有一天，你父母离开人世，你如何生活？你花父母挣来的钱是无法获得别人对你发自内心的尊重的！

教师总结提升：美国著名心理学家、教育家马斯洛提出人有五种需要：生理需要、安全的需要、爱与归属的需要、尊重的需要、自我实现的需要。如果低级的需要得到满足，人就会产生较高级的需要。人们只有通过劳动才能获得钱，用钱买来食物和衣服满足自己生理的需要、买来房子满足自己安全的需要。爱与归属的需要、尊重的需要，尤其是自我实现的需要，是无法拿钱来满足的。这就需要我们完善自己，用自己为社会的劳动获得做人的尊严，在劳动中实现自身的价值。

劳动对社会有何意义？从 2010 年到 2021 年我国 GDP 逐年增长，第一、二、三产业产值不断增加，这些财富是如何增加的？

学生回答：是劳动人民创造的社会财富。只有通过劳动才能生产出更多的物质财富和精神财富，满足人民日益增长的物质文化需要。

教师提升：从经济上说，人类的一切活动在本质上都是不同形式的价值的转化、循环、增值的过程。

人类要想生存必须消费各种生活资料的使用价值，只有这样才能维持劳动潜能。

人类只有通过劳动才能把劳动潜能释放出来转化为劳动价值。

劳动者的劳动价值与生产资料相结合，作用于劳动对象，使劳动对象的品质特性更好地满足人类的需要，这个过程就是劳动价值向新的使用价值转化的过程。

古今中外许多智者也在思考劳动对于人生、对于社会的意义。咱们一起来分享。

多媒体展示：

民生在勤，勤则不匮。

——《左传》

劳动是世界上一切欢乐和一切美好事情的源泉。

——［苏联］高尔基

说到这句话让我想起咱们学校高中办公楼打扫卫生的大姐，她每天都面带笑容扫地、墩地、擦玻璃。她总是在快乐中劳动。今天她打扫我们办公室外面的雪时，还堆起了一个雪人。她说，劳动让她充实，老师们在干净的环境中工作，让她内心充满喜悦。她也许明白了高尔基这句话的真谛，做到了在快乐中劳动，在劳动中快乐。

　　劳动是社会中每个人不可避免的义务。　　　　——［法国］卢梭

　　我国宪法第四十二条规定：在我国劳动不仅是每个公民的义务，也是每个公民的权利。

　　如何保障公民劳动的权利呢？

环节三　思索劳动之要

　　就业是民生之本，要贯彻劳动者自主就业、市场调节就业、政府促进就业和鼓励创业的方针，实行就业优先战略和更加积极的就业政策。

　　教师：我们未来的就业由市场来调节，我们如何在激烈的劳动力市场竞争中胜出，获得一份可以实现自己价值的工作？"人生为一件大事而来！"我们每个人的时间和精力是有限的，我们只能选择一个既适合自己又感兴趣的专业。同学们运用咱们所学的经济学知识想一想：我们为什么要制定自己的职业理想？

　　学生回答：制定职业理想我们才能及早明确未来的就业方向。

　　教师提升：职业是依据分工划分的，随着社会的发展，分工越来越细。分工使得不同劳动者的劳动对象、生产工具以及劳动的具体形式各不相同，这就使得生产出来的产品的使用价值各不相同。就因为不同生产者生产的产品的使用价值不同，我们才有必要进行交换。所以人与人在经济上的关系就是相互交换劳动的关系。

　　有了职业理想，我们就能在未来社会中立足吗？

　　小游戏：提前准备一个空的布袋子，请同学上讲台想方设法让它立起来。

　　学生走上讲台，向同学们借书，将其装进袋子，袋子填满，学生将其立在讲台上。

　　教师提问：把这个袋子当成一个人，这个游戏给予我们什么人生启示？

　　学生甲：要在社会上立足就要不断学习知识，充实自己的头脑。

　　学生乙：要在社会上立足，就要不断把外在经历转化为内在财富，拥有强大的内心！

教师总结提升：同学们回答得很有道理。我们要想在社会上立足就必须提高自己的综合素质。要提高自己哪些素质呢？

学生回答：思想道德素质，首先做人要正！

教师追问：一个人价值观很正确，人很善良，但是没有专业知识，也没有什么专业技术，能立足吗？

学生回答：还需要不断学习提高自己的科学文化素质。

教师提升：好！只有掌握科学文化素质，我们才能把握事物的本质和规律，才能通过发挥主观能动性，取得预期的成果。"庖丁解牛，游刃有余""揠苗助长，人累苗死"不就是说明这一道理吗？

如果一个人具备良好的思想道德素质和科学文化素质，但是身体不行，经常去医院，他能在社会上很好地立足吗？

学生回答：不行，还需要提高自己的身体素质。

教师：所以同学们以后每天都要坚持锻炼，把锻炼身体当成与吃饭、睡觉一样重要的事情。

前后呼应　情感升华：

多媒体展示：

之前给同学看的是"正大光明"的3D复原图，这是现在的样子；大水法的

壮观景象也成为历史，现在看李老师拍的照片，只剩下断壁残垣！

有一天傍晚，李老师一个人走进圆明园，看到只剩下地基和断壁残垣的遗址，沉思很久。圆明园把壮丽留给了过去，隐痛留给了后人。那些断壁残垣分明在告诉我们一个朴素的道理："落后就会挨打！"我们要让悲剧不再上演，就应该增强国力，实现伟大的中国梦。

中国梦包括两个百年目标：在中国共产党成立 100 年时全面建成小康社会，这个目标还有 5 年就会实现。第二个宏伟目标是在中华人民共和国成立 100 年时建成富强民主文明和谐的社会主义现代化国家，这个目标就要靠你们来实现。2049 年你们应该是在 50 岁左右，正是年富力强的时候！

咱们都是为实现伟大中国梦添砖加瓦的劳动者，所以最后李老师用一段话与各位同学共勉：

生命如花，要努力光荣绽放；

生命如树，要努力向上生长；

生命要向太阳，释放自己全部的能量！

【课后反思】

1. 立足学生终身发展的需要，打造生态智慧课堂。生态智慧课堂强调课堂是师生生命成长的地方，要尊重生命、唤醒生命、激励生命。本堂课是在讲完《经济生活》生产理论之后，引导学生思考劳动之意、劳动之美、劳动之要，就是想唤醒学生的生命自觉性，提示其现在努力学习，提高自身素质，未来实现人生价值。

智慧课堂要求学生将所学知识转化成自己的生活智慧。本节课尝试使学生运用所学知识分析劳动对于劳动者和社会的意义，阐释制定职业规划的原因，就是想让学生把已经学习的知识变成自己人生的智慧。

2. 注重立德树人。通过本节课的学习，引导学生意识到劳动对社会的价值，树立热爱劳动的观念；圆明园前后图景的对比，激发唤醒学生的爱国热情，引导学生认识到自己作为青年学生应该为实现中国梦贡献自己的力量，将爱国热情转化为实际行动。

3. 注重培养学生理性精神。本堂课试图引导学生运用逻辑推理、因果联系思考劳动对人生、对社会的意义，作为青年学生应该如何做才能实现自己的人生价值，为中国梦的实现贡献力量，所以运用了马斯洛需求层次理论、价值的转化理论。在引导学生思考为什么作为青年学生要树立职业理想时，运用了分工理论。运用这些理论目的就是想引导学生探究一个观点背后的逻辑推理是什么，做到以理服人。在这个教学过程中潜移默化地培养学生在生活中不迷信、不盲从，而是依靠自己的独立思考决定自己所秉持的观点、信念和价值观。我相信，这样的教学能慢慢涵养出学生的理性精神，培养出有思想的人。

【专家点评】（人民教育出版社张广宇老师）

其一，一节好课一定是有"学生声音"的课。这里的学生不是容器，不是工具，而是有需求、有思想的活生生的个体。学生对劳动的认识是什么？学生的思维水平如何？如何针对学生困惑，引导学生去思考，真正打动学生心灵？李老师为此在课前做了认真调查研究，让学生在预习本上谈对劳动的真实想法。有的学生就谈到，劳动只是穷人的无奈选择，富二代就不需要劳动。为了澄清学生认识误区，李老师在课上引进了马斯洛的需要层次理论，引进了价值增值理论，引进了电视剧《平凡的世界》第47集劳动给孙少平及其工友们带来的变化那段视频。"小题大做"，充分展开，深入剖析。我想这样做，一定能达到李老师自己所说的"虽然不奢望学生对劳动的认识会有根本改变，但至少能对学生的思想有所触动"的效果。

其二，一节好课一定是有"教师在场"的课。这里的教师不是传声筒，不是复印机，而是有追求、有思想的教育工作者。教材对这个问题的解读是什么？能不能解决现实中的问题，能不能实现我想实现的教学意图？在找到学生的困惑之后，李老师也对教材做了认真分析和拓展。我们发现，教材对劳动意义的阐释是站在国家、社会发展甚至人类文明进步的角度来谈的，很宏大，但是我们每个人可不可以不劳动？劳动对个体的意义到底是什么？教材并没有说，只有一句孤零零的话："劳动是光荣的，光荣属于劳动者。"很苍白，很无力，因而也就无法真正得到学生认同。而李老师在课上通过引导学生对这个问题进行深入探讨，使学生认识到，劳动不仅仅使我们获得物质财富，而且获得人格的独立和尊严，实现人生的价值。只有通过劳动，我们才能真正获得独立、尊重和自由。在课上，有学生就引用教材前面23页易卜生的话和视频中的观点表达自己的内心感受："钱能买来熟人，却买不来朋友，钱能买来奉承，却带不来信赖……只有劳动才能使人在生活中强大，不论什么人，最终还是要崇尚那些能用双手创造生活的劳动者。"

其三，一节好课一定是有"真实生活"的课。这里的生活不是抽象的假设，不是想当然，而是真实具体的现实世界，更是学生自己的生活。只有这样的生活，才能让学生有知有感、可亲可近，因而也才能使老师的教育有说服力和感召力。在这节课上，李老师首先展示一零一校园美景的几幅照片和圆明园的3D复原图，这一下就让学生有了亲切感。在课堂中间，为了让学生能对"劳动让生活更美好"有更真切的认识，特意展示了一组在课前拍摄的学校员工清理校园积雪，以及积雪清理完后校园干净清爽的图片，用事实说话。在课程的结尾，李老师又由圆明园说开来，讲到中国近年来国力的提升，讲到中国梦的实现，再次升华主题，点明"劳动，让生活更美好，劳动，让国家更强大"！

其四，一节好课一定是有"文化内涵"的课。这里的文化不是课本知识的堆砌，不是纯粹理论的推演，而是文以载道，以文化人，用脍炙人口的名篇佳句激浊扬清，陶冶情操，传承中华文化，学习西方文明。本节课，在学生对劳动的意义已经有了一定认识之后，李老师进一步列举古今中外关于劳动的名人名言，与学生共享共读，力图在潜移默化中净化学生心灵，启迪学生思想，点亮学生智慧，使学生更深刻地"洞悉劳动之意，感悟劳动之美"。在这里，我们聆听到《左传》中"民生在勤，勤则不匮"的教导，也感受到高尔基"劳动是世界上一切欢乐和一切美好事情的源泉"那话语中对劳动的真诚赞美。同时，老师极富文学和思辨色彩的即时小结提升，也为课堂增添了更多的文化意蕴。

其五，一节好课一定是有"人文情怀"的课。这里的情怀不是标签，不是口号，而且对自己所宣扬的理论发自内心的信奉，有真情，有自信，有视野。作为一名政治教师，一定要明了自己的身份，有职业人意识，有角色，有担当，有信仰，有操守，能够在自己的课上理直气壮地宣扬马克思主义世界观、人生观、价值观。本节课，李老师一直高扬马克思主义政治经济理论旗帜，多次运用马克思劳动价值理论引导学生感受劳动价值，使学生明白人类只有通过劳动才能把劳动潜能释放出来转化为劳动价值，只有通过劳动才能使劳动对象的品质特性更好地满足人类的需要，实现劳动价值向新的使用价值转化。使学生充分地感受到马克思劳动价值理论的理论魅力和逻辑魅力。在当下中国，西方经济学俨然成为主流，然而正如高中思想政治教材评审专家、北京师范大学教授白暴力所言，以效用和均衡价格理论为支撑的西方经济理论，不过是行进到半途的"泥足巨人"，有其自身不可克服的理论缺陷。唯有马克思主义政治经济学才能透过纷繁复杂的现象，看到问题的本质。我们应该有这个自信，有这个坚守，这是我们的阵地！

注：这一课堂教学实录发表于2016年第2期《思想政治课教学》。

此堂课为2015年上的一节区级研究课。教研员任兴来老师给予了悉心指导。他当时对我说的一句话对我后来提出表现性学习产生了很大影响。他说："李老师，这堂课，你是明星，何时你的课让学生成为真正的明星，你就找到了育人的规律。"

为此，我开始了艰辛的探索。在探索的过程中，得到了北师大李晓东教授、人民教育出版社张广宇老师、浙江大学教育学院肖龙海教授、华南师大陈友芳教授、北京教育学院陈红老师、十一学校刘梅老师的悉心指导，高中教研组的苗红梅、殷卫霞、石玉美、李茜、曹莉等老师提供了宝贵的意见和建议。这里一并表示衷心的感谢！

教学案例二 "从榨菜行业发展看市场配置资源"课堂实录及专家点评

（一）教学目标

1. 政治认同。通过比较计划经济体制和市场经济体制，认同我国发展市场经济体制更符合我国的生产力发展需要，更有利于实现资源的优化合理配置，更有利于满足人们日益增长的物质文化需要。

2. 理性精神。

（1）工具理性：理解市场经济更加符合价值规律，而计划经济违背了价值规律，从而树立尊重价值规律、尊重市场规律发展经济的意识。

（2）价值理性：理解市场经济的健康发展离不开诚信和规则，自觉树立规则意识和诚信的观念。理解市场经济是竞争经济，树立竞争意识。

3. 法治意识。市场经济是法治经济，市场经济的发展需要公平公正的市场秩序，良好市场秩序的建立需要法律的规范和约束。引导学生认识到法律是保护公平竞争、维护最广大人民公共利益的手段，从而帮助其树立法律意识，在生活中自觉学法、懂法、守法、用法。

4. 公共参与。通过介绍模拟政协活动，引导学生关心社会、关心政治，主动参与政治生活，为社会发展建言献策。

（二）教学重点

1. 市场配置资源的机制以及其优点。

2. 市场失灵。

（三）教学难点

如何建立公平公正的市场秩序？

（四）教学方法

讲授法、启发式、角色扮演法。

（五）教学过程

话说榨菜　导入新课

拿出事先准备好的榨菜，问同学们：你们爱吃榨菜吗？

李克强总理在视察灾区时就着榨菜喝粥，郎平教练在里约奥运会期间就着榨菜吃方便面，李老师在家也经常买榨菜煮汤炒菜。

重庆是榨菜的主要生产地，我们今天就从榨菜行业的过去、现在和未来谈市场如何配置资源。

李老师的课上有一个主人公，这个主人公就是高一的学生张阳，张阳同学生活在重庆，他和同学们对榨菜行业的发展问题很感兴趣。为此他们开展了社会调研。

环节一　榨菜行业的过去

张阳的姥爷原来在一个榨菜企业当工人，张阳为此来到姥爷家，听姥爷讲榨菜行业过去的故事。

姥爷告诉张阳：他20世纪60年代在一个国营榨菜企业工作，工资与干好干坏、干多干少没啥关系，按着级别走，生产多少榨菜由国家下达计划决定，生产榨菜的原料——盐、辣椒、青菜头都由国家统一调拨，生产出来的榨菜由国家统一定价、统一调配，他们厂子生产的榨菜主要供应给军队。

教师：任何经济主体在从事经济活动的过程中必须思考三个问题：生产什么？

如何生产？为谁生产？请问张阳姥爷所在的国营榨菜企业生产多少榨菜？如何生产榨菜？为谁生产榨菜？这三个问题由谁来决定？

学生：国家。

教师：由国家统一定价、资源由国家统一调拨，产品由国家统一分配的经济就是计划经济。

教师：生产什么？如何生产？为谁生产？经济学家认为这三个问题的实质就是资源配置问题。计划经济就是政府决定资源的配置。什么是资源，什么是资源配置，为什么要配置资源？请同学们看书第78页。

学生回答：（略）。

教师总结：资源是一国或者一个地区内拥有的人力、物力和财力等生产要素的总称。资源配置就是人类对资源（人、财、物等生产要素）做出安排、分配、选择或取舍的过程。资源配置的原因是相对于人的无限需要而言资源总是稀缺的。如何用有限的资源去满足人们无限的需要就需要我们去合理配置资源。

教师：资源配置有两种基本的手段。一种就是依靠政府计划，我们称之为计划经济。市场在资源配置中起决定性作用的经济就是市场经济。在市场经济中，商品的价格不再是由政府定，而是交给市场决定。市场主体生产什么、如何生产、为谁生产都由企业根据市场价格信号决定。

市场经济体制建立以后，姥爷所在的国营榨菜企业因为技术陈旧、管理落后，积重难返，濒临倒闭。大舅大学毕业后在大城市下海经商赚了第一桶金。他不忍许多工人下岗失业，与朋友们贷款一起买下了榨菜企业。这几年大舅的榨菜企业产值不断上升，还创立了自己的品牌。为此张阳来找大舅，了解榨菜行业的现在。

环节二 榨菜行业的现在

大舅告诉张阳，市场经济就是好，因为重庆有生产榨菜的传统，有适宜青菜头（榨菜的主要原料）生长的土壤和气候，所以重庆榨菜企业如雨后春笋般冒出，有重庆万州区生产的鱼泉榨菜，还有辣妹子、懒妹子榨菜，吉香居榨菜，他们生产的涪陵榨菜，更是成为榨菜企业中的龙头老大。

说到涪陵榨菜，张阳舅舅问张阳是否听说过榨菜指数这个词？张阳摇摇头。

播放"榨菜指数"视频。

一叶落，而知天下秋。榨菜虽小，却能反映中国经济发展的态势。四川重庆榨菜主要销往华南地区，因为受美国金融危机的影响，在华南地区销售的份额由2007年的49%逐年下降，到2011年为29.99%，也就是说下降了19个百分点，从半壁江山滑落到30%以下。假如榨菜销量大幅下降，供给不变，请问价格会如何变化？

学生：下降。

教师：榨菜价格下降，生产成本却上升，假如你是张阳的舅舅，你将如何做出决策？

学生回答：我准备转产或者停产。

教师总结提升：我能理解你的选择。市场抉择首要的原则就是减少损失。既然价格下降、成本上升，没有利润，企业就是以利润作为其经营的直接目的的，没有利润，企业自然就没有了继续经营下去的动力。生产缩小，资源流出。市场上榨菜的供给减少，而价格下降会刺激需求，这时榨菜行业就会出现供不应求。如果商品供不应求，买者与买者之间的竞争会更加激烈，这时价格就会上升。价格上升，企业有利可图就会扩大生产，这时人力、物力和财力就会流入榨菜行业。然后又可能供过于求，出现新的一轮循环。呈现PPT，见右图。

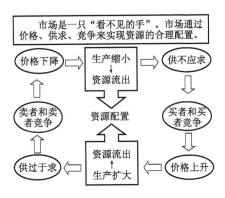

教师提问：这种循环出现的原因是什么？

学生：企业追求利润，根据价格信号调节生产，消费者根据价格信号决定消费。

教师总结提升：也就是说价格和供求相互影响。这就是市场调节的价格机制和供求机制。这两大机制相互起作用的一个前提是什么？

学生：是因为存在市场竞争。

教师：太棒了。只有在竞争中形成的价格才能反映供求关系，只有反映供求关系的价格才能引导资源配置到社会需要的行业中去。看书79页："市场能够通过价格涨落及时、准确、灵敏地反映供求关系的变化、传递供求信息，实现资源配置。"这是市场调节的第一个优点，简单来说就是有利于实现资源的横向优化合理配置。

学生：面对价格下降、成本上升的危机，我是张阳的舅舅，就会改进技术、改善管理，引进先进的生产设备。

教师总结提升：厉以宁教授9月2日到一零一中学做讲座，他说："企业家小富靠勤劳、中富靠机遇、大富靠智慧！"你就是有大智慧的，未来你走向社会，说不定就能成为知名的企业家。

张阳的大舅是有智慧的企业家，他引进了1 700米的无菌流水生产线，还研发出低盐无防腐剂榨菜技术，他还购买了液氮包装生产线，保证了榨菜的质量。他的榨菜企业销量不降反升。另一个濒临破产的榨菜企业主动上门找大舅希望被兼并。

呈现PPT：

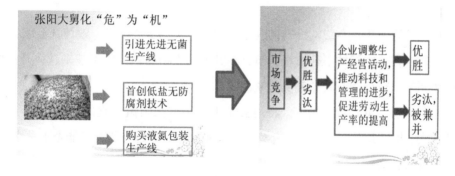

面对市场竞争，商品生产者在利益杠杆的作用下，积极调整生产经营活动，从而推动科技和管理的进步，促进劳动生产率的提高和资源的有效利用。

也就是说竞争机制会引导资源向效益好的企业配置，这有利于资源的纵向优化合理配置。

由此看来是市场调节的三大机制——价格机制、供求机制和竞争机制让其具备了两个优点，这两个优点用一句话来说就是有利于资源的优化合理配置。

既然市场有如此魅力，咱们能否把一切都交给市场调节？

放暑假了，张阳去看在乡下的二舅和舅妈。二舅和舅妈很勤劳，他们种了十几亩[①]地，这几年主要生产做榨菜用的青菜头。他们村地处偏僻，许多榨菜企业因

[①] 1亩≈666.67平方米。

为路难走，不愿到他们村收购青菜头。二舅想动员村民修一条公路，通向镇里。沿线村子的村民也可以用这条公路。

教师提问：你认为村民愿意出钱修公路吗？为什么？

学生回答：（略）。

教师：就因为公共物品的非竞争性，一个人消费该物品不会减少其他人对这种物品的消费，而且要阻止别人免费享用该物品的代价非常大，所以在市场经济条件下，追逐个人利益的"经济人"不愿意出资购买，也就是说市场不能调节。在国防、治安、消防等公共物品市场调节出现失灵。

在公共物品领域市场调节失灵，而在有些领域市场调节，国家却坚决打击，同学们知道是什么领域吗？

学生：枪支、危险品、麻醉品。

教师：为什么？

学生：因为这些会影响社会的安定，危害公民的身心健康，败坏社会风气。

教师：在这些领域不让市场调节，在其他私人物品领域国家越来越放开价格，让市场调节。市场调节就是完美无缺的吗？

张阳来了，舅妈特别热情，特地去镇里买菜给张阳做好吃的。她发现今年大蒜特别贵，8元1斤，而刚卖的青菜头才1元1斤。舅妈与舅舅想能否不种青菜头了，改种大蒜呢？

二舅听说张阳上高中开始学经济了，就向张阳询问：二舅应该继续种青菜头还是改种大蒜呢？

教师：假如你是张阳，你准备给二舅什么建议？主张二舅种大蒜的同学请举手，请说明你提出这样的主张的理由。

学生：我主张二舅种大蒜，因为种大蒜可以赚更多的钱。

教师：种大蒜一定可以挣更多的钱吗？

学生：不一定，如果大家都种大蒜，明年大蒜就会很便宜，二舅不仅不会挣钱，有可能还会亏本。

教师：为什么呢？

学生：因为大家看大蒜价格高都去种大蒜，明年大蒜就会严重地供过于求，价格就会下降。

教师：生产者根据价格变化调整生产，价格上升，一哄而上，价格下降，一哄而退。因为生产者不可能完全掌握市场各方面的信息，也无法控制变化趋势，因而就会出现决策失误，造成资源浪费。这体现了市场调节具有盲目性。（板书）

教师：为什么根据价格信号做出的生产决策，没有实现资源的优化合理配置呢？

学生：（略）。

教师：因为市场调节还具有滞后性，从价格形成、价格信号的传递，再到商品的生产调整有一定的时间差。如果没有时间差，价格信号绝对可以引导资源得到优化合理的配置，就是前面讲的市场调节的第一个优点。

这种时间差会导致什么问题？

学生回答，教师归纳：资源浪费、经济波动、收入分配不公。

大舅听说二舅正在为这事犯难，特地回到老家为乡亲们吃了一颗"定心丸"。当年大舅和朋友们之所以收购榨菜厂，其中还有一个原因就是帮助三峡库区的农民脱贫致富。为了让二舅及其他村民们有稳定的收入，他特地与二舅及村民们签订了青菜头收购合同，到农忙时，大舅还组织工人前去帮忙。

张阳特别佩服大舅，觉得大舅简直就是自己的偶像。可是有一天他去大舅家，大舅眉头紧皱。张阳问大舅发生了什么事，大舅告诉张阳：一家黑作坊假冒大舅企业生产的榨菜，因为价格更低廉，导致大舅企业生产的榨菜销量下降，还严重影响了大舅企业榨菜的品牌形象。

教师：这家黑作坊为什么假冒别人的品牌？

学生：为了自己的利益。

教师：在市场经济条件下，西方经济学之父亚当·斯密在其《国富论》提出每个经济主体都是"经济人"，也就是追求自己的经济利益。就因为追求自己的经济利益，他们要考虑他人的需要，生产社会所需要的商品，所以他们在实现自己利益的同时，也增进了公共利益。斯密的另一本著作《道德情操论》告诉人们：人在追求物质利益的同时，要受道德观念的约束，不要去伤害别人，而是要帮助别人，这种"利他"的道德情操永远地种植在人的心灵里，这样市场经济才能获得健康发展。中国的市场经济体制从建立到今天一共24年，还不健全，有一些市场主体为了自己的利益，不惜损害别人的利益，这就是市场调节的自发性。

张阳把这件事告诉了一起参加模拟政协的同学们，同学们发现这种现象不是个案，有许多小厂冒充知名企业的榨菜，严重扰乱了榨菜行业的市场秩序。同学们一致决定把提案的名称就定为《关于进一步规范榨菜行业市场秩序的建议》。

教师：为什么我们要建立公平公正的市场秩序？

学生1：因为市场调节具有自发性，有生产者为了自己的利益扰乱市场秩序

学生2：只有建立公平公正的市场秩序，在充分竞争的基础上形成的商品的价格信号才能充分反映其供求关系，这样的价格才有利于引导资源的优化合理配置。

教师总结提升：良好的市场秩序是市场在资源配置中起决定性作用的基础，是市场经济健康发展的必然要求。

如何建立公平公正的市场秩序，让重庆榨菜行业健康发展？没有调查就没有发言权。张阳和同学们走访了许多榨菜企业，了解到榨菜行业发展中存在的问题。针对问题，咱们分成三个小组，同学们一起探讨，集思广益解决问题。

环节三　榨菜行业的未来

将同学们分成三个组，抽签决定要解决的问题：

问题1：有些榨菜企业卫生条件不合格，产品质量没保证，却把产品销往市场。

学生回答：（略）。

教师：良好的市场秩序依赖公平开放透明的市场规则来维护。市场规则是以法律、法规、行业规范、市场道德规范等形式对市场主体的经济行为做出规范。

市场规则包括市场准入规则，重庆市榨菜行业贯彻《食品生产加工企业质量安全监督管理实施细则（试行）》第五章第四十七条规定："实施食品质量安全市场准入制度的食品，出厂前必须在其包装或者标识上加印（贴）QS标志。没有QS标志的，不得出厂销售。"

问题2：有些地方为保护本地的榨菜企业，不允许其他地方的榨菜进入本地市场。

学生回答：（略）。

教师：建立市场竞争规则，反对垄断和地方保护主义，维护公平竞争。只有形成统一开放竞争有序的市场，价格信号才能反映整个市场的供求关系，生产者在这样的价格信号下组织生产，才有利于实现资源在更广范围内的优化合理配置。

问题3：有些榨菜企业假冒知名企业的包装和品牌，牟取非法利益，影响了知名企业产品的销量，破坏了其形象。

学生回答：（略）。

教师：假冒知名企业的包装和品牌把生产的质量不合格的榨菜充当品质优良的榨菜卖给消费者，违背了市场交易原则。市场交易原则有哪些？自愿、平等、公平、诚实守信。

教师：以次充好，假冒伪劣违背了什么原则？

学生：诚实守信。

教师：非常好！诚实守信是现代市场经济正常运行必不可少的条件。如果诚信缺失，在榨菜行业假冒伪劣商品泛滥，同学们设想一下会出现什么后果？

学生：重庆榨菜的优势企业经营受影响，品牌价值下降，人们不再相信重庆榨菜的品质，无人购买，销量下滑，导致企业减产倒闭，工人失业。

教师：为了让这一可怕的后果不出现，我们必须下猛药！找到规范市场秩序的治本之策，这一治本之策是什么呢？

学生：建立企业的信用制度，并且在网上公布。

教师：形成以道德为支撑、法律为保障的社会信用制度，是规范市场秩序的治本之策。任何主体的行为都离不开外在行为规范——法律、内在行为规范——道德的规范和引导。

市场经济是法治经济，法律代表的是人们的共同利益，每个经济活动的参加者都要学法、尊法、守法、用法，既保证自己的经济活动符合法律规范，又能够运用法律维护自己的合法权益。

在当今中国市场经济的舞台上，之所以还有一些演员扮演坑蒙拐骗的丑角，就是因为他们还不明白这个道理，其实早在西汉时期，大思想家董仲舒就有一段精彩的文字阐释了"义"和"利"对人生的意义。董仲舒在《春秋繁露》一书中说："天之生人也，使人生义与利。利以养其体，义以养其心。心不得义不能乐，体不得利不能安。义者心之养也，利者体之养也。体莫贵于心，故养莫重于义，义之养生人大于利。"

希望我国市场经济的舞台上再也没有见利忘义的丑角，大家争当大国的工匠。在这些人身上就体现了工匠精神。习近平主席 G20 杭州峰会的讲话为世界经济发展提供"中国方案",方案的核心就是中国将更追求经济发展的质量,而不是简单地追求增长速度。如何提高经济发展的质量?我们需要更多企业家像张阳大舅那样不断推进创新,更需要普通的劳动者像榨菜企业工人那样具有工匠精神。什么是工匠精神?

学生回答:工匠精神是指工匠对自己的产品精雕细琢、精益求精的精神理念。

教师提升:工匠在义和利之间,更在乎义,他们把做产品的过程当成提升自我、修炼自己心性的过程。

榨菜犹如食物中的先哲,摒弃了世间太多的杂味,只留下最紧要最基本的味道,眷顾着世人!一碟榨菜品匠心,匠心助我中华民族伟大复兴!

【专家点评】(张广宇,人民教育出版社编辑)

李杰老师为人民教育出版社举办的"国培计划"(2016)——一线优秀教师培训技能提升研修项目(高中思想政治教研员)班讲"市场配置资源"一课。我听了这堂课,李老师依托一系列故事情境,通过精心设问、师生对话,激发学生的思维,取得了非常好的教学效果。我认为这堂课大气、霸气、有灵气!

一是大气。本堂课的设计有大视野大情怀。所谓大视野,即有理论的深度和广度,立足全书,乃至学科,纵横捭阖,一切为我所用。李老师引导学生关心社会,将小课堂与大社会有机结合起来,将学生的视野引向广阔社会天地,充分领略学科魅力和价值。所谓大情怀,教师始终以富有激情的语言引领课堂,将社会主义核心价值观教育元素融入课堂,用中华优秀传统文化浸染学生心灵。兼济天下的社会责任感教育、董仲舒的义利观教育、工匠精神教育等,一切都是那么的自然、和谐。也使人更加清醒地认识到,德育视野下的高中思想政治学科的基本价值功能,就是对学生进行正确价值观念的教育,立德树人是学科的永恒追求。

二是霸气。这种霸气不是霸道,而是多年学科钻研、磨砺下积淀的高度理论自信、道路自信。正是这种自信,方能从容不迫、敢于放手,让学生充分地动起来,思维高度运转起来,不惧学生回答的万千变化,皆应付自如。

三是灵气。这种灵气不仅表现在课前设计的独具匠心,更表现在对学生生成问题的敏锐把握。早在100多年前,杜威就说过,教育即生活,教育即对话。这也是我们课堂教学追求的最高境界。这种对话,不是一问一答式的"对语",而是心灵的沟通、思维的互动,不是课前预设的推演,而是一种动态的、对课堂问题的及时把握和回应。这种对话,不是一种漫无目的、不着边际的聊天,而是有广度、有深度的思想交锋过程,不断地碰撞,逐步地深入,通过教师巧妙地追问、反问,学生不断地纠正、丰富自己的认识,直达真理。

李老师的这堂课故事情节设计巧妙,她在设问中非常注意引导学生反思生活,寻找到合理解决生活问题的途径,推进事物向前发展。这充分体现了李老师关注学生批判性思维能力的培养。

培养学生的思政学科核心素养需要以涵养学生的理性精神为前提。培养学生的理性精神,就需要不断提升学生的批判性思维能力。李杰老师本堂课在这方面做出了积极探索。

注:2016年10月,人民教育出版社国培办公室组织各省教研员来到北京一零一中,我为大家讲了研究课"市场配置资源",并针对如何在高中思想政治课教学中提升学生理性精神与各位省教研员做了研讨交流。

教学案例三 "疫情下的国际关系"课堂对话录

疫情正在世界肆虐,各个国家面对疫情做出了不同的选择。这些不同的选择不仅体现了它们之间的国际关系,更体现了国际社会不同主体的价值观。什么是国际关系?国际关系有哪些形式?我们应该如何处理与其他国家的关系?

环节一 美国与世界卫生组织

情境:(视频展示时政)美国当地时间4月14日,美国总统特朗普在白宫新冠肺炎疫情简报会上宣布:美国政府将暂停向世界卫生组织拨款。特朗普指责世卫组织没有及时分享疫情信息和提供防疫建议,从而导致全球疫情蔓延。特朗普表示不仅要确保世卫组织,而且要确保每一个拿了美国纳税人钱的国际组织为美国利益服务。4月15日,权威医学杂志《柳叶刀》主编理查德·霍顿表示,美国政府暂停向世卫组织资助是对全人类的犯罪,呼吁每一位科学家、医务工作者和普通人士共同抵制反对,"这是对全球团结的背叛行为"。

思辨:你认为特朗普"断供"世界卫生组织的行为对美国利益一定有利吗?为什么?

对话：

教师：什么是国际关系？

学生：国家与国家之间、国际组织之间，国家与国际组织之间的关系。

教师：国际关系的基本形式是什么？

学生：竞争、合作和冲突。

教师：美国"断供"世界卫生组织，体现了二者是什么关系？

学生：冲突。

教师：为什么二者会发生冲突？

学生：总统特朗普称新冠病毒为"中国病毒"，遭到世界卫生组织的批评，世卫组织表示不要把病毒与种族联系起来。世界卫生组织夸赞中国防疫工作有成效。这有利于提升中国的国际影响力，这不是正想遏制中国的美国总统特朗普愿意看到的。现在美国感染人数逐渐增多，他需要推卸责任，就指责世卫组织工作不力。

教师：很好，也就是说世界卫生组织没有充当美国的"工具"，美国就决定"断供"。这让我想起特朗普曾说的"美国优先"的战略。大家怎么看？

学生：这是一种只考虑自己利益、不考虑他国利益的狭隘思想。

教师：美国"断供"世卫组织体现了美国当今的价值观。请同学们想一想，美国"断供"世界卫生组织的行为，对美国一定有利吗？

学生：短期内他少交了会费，看似有利，但是世界各国是普遍联系的，冠状病毒如果没有从世界上消失，美国就不会绝对安全。现在美国国内疫情越来越严重，就是明证。

教师：也就是说美国的行为十分短视，只考虑局部利益，不考虑整体利益，不仅损害了美国的国际形象，对美国长远利益也不利。面对疫情，我们中国是如何做的呢？

环节二　中国与世界卫生组织

情境：（视频展示时政）4月15日的外交部例行记者会上，中国外交部发言人赵立坚表示，中国已经向世卫组织捐款2 000万美元，并将继续提供力所能及的援助。中方将一如既往地支持世卫组织推动国际公共卫生事业。

思辨：中国抗击疫情已经耗费了巨额财政资金，我国经济因为疫情受到严重影响，财政收入也会下降。在此情形下，中国除了正常缴纳会费还额外向世界卫生组织捐款 2 000 万美元。为什么不把这些钱用于国内抗击疫情或者发展经济呢？

对话：

教师：你们认同我国捐助世界卫生组织的做法吗？

学生：不太认同。

教师：为什么？

学生：对于当下中国，做好国内抗疫是主要矛盾，援助国外是次要矛盾。把这些钱应该花在解决主要矛盾上。

教师：大家都这样认为吗？

学生：不是，我认同国家的做法。对外援助与国内抗疫不是相互对立的，而且还能相辅相成、相互促进，使人类命运共同体的理念进一步造福世界。

首先，世卫组织作为联合国系统内卫生问题的指导和协调机构，其宗旨是使全世界人民获得尽可能高水平的健康。面对一些西方国家罔顾事实，企图将本国的抗疫不力归咎于世卫组织，甚至威胁暂停向世卫组织缴纳会费的现实，中国却采取了向世卫组织捐款的行动，为什么呢？因为中国始终坚定支持世界卫生组织在抗击疫情中发挥的领导协调作用，其始终推动着各国在疫情防控中团结一致、形成合力。

其次，世界是一个各国普遍联系的有机整体。面对新冠病毒这一人类共同的敌人，没有哪一个国家可以置身事外，世界各国都必须竭尽全力遏制疫情蔓延。而世卫组织所付出的努力正是当前世界所急需的，支持世卫组织的工作，对于全球战胜疫情至关重要。中国向世卫组织捐款便体现了用联系的观点看问题，将本国抗击疫情与世界抗击疫情联系在一起，坚定支持世卫组织发挥领导作用，从而推进各国疫情防控工作的开展。

最后，依托世界卫生组织，团结合作才能取得抗击疫情的最终胜利。最终打赢疫情防控全球阻击战符合世界各国人民的共同利益，共同利益是国际合作的基础。我国捐款给世界卫生组织，是为了更好地发挥其推动世界各国合作抗疫的作用。世界安全了，中国才最终安全。

所以我认为国家给世界卫生组织捐款做得对！

同学们刚才的争论让我意识到国际关系的实质就是一种利益关系。我们每个人生活在世界上都要处理自己和他人的关系，一个国家走进国际社会，也得处理与其他国家和国际组织的关系。价值观不同,我们的选择就会不同。中美对待世界卫生组织的做法不同,也正是因为中美的价值观不同。

情境:

下面请同学们完成问卷星上老师的两个问题,做个小调查。

第一个问题:我们如何处理与他人的关系?

第1题: 我们如何处理与他人的关系 [单选题]

选项	小计	比例
自己利益优先	7	10%
他人利益优先	0	0%
兼顾自己和他人利益	39	55.71%
在成全他人利益时实现自己利益	24	34.29%
本题有效填写人次	70	

饼状　圆环　柱状　条形　隐藏零

第二个问题:我们如何处理我国与他国之间的关系?

第2题:

我们如何处理我国与他国之间的关系 [单选题]

选项	小计	比例
本国利益优先	19	27.14%
他国利益优先	0	0%
兼顾本国和他国利益	29	41.43%
在帮助他国发展中实现本国利益	22	31.43%
本题有效填写人次	70	

通过同学们的选择,我们看出选择兼顾自己和他人利益,兼顾我国和他国利

益的最多。选择在成全他人利益时实现自己利益和在帮助其他国家发展中实现本国利益的较多。两项加起来超过70%。所以请同学们看教材97页最后一段:"我国在维护自身利益的同时,兼顾他国合理关切,在谋求本国发展中促进各国共同发展。"大家看来与教材上的观点比较一致。

教材上还有两句话:维护国家利益是主权国家对外活动的出发点和落脚点。在当代国际社会中,中国坚定地维护自己的国家利益。维护我国的国家利益,就是维护广大人民的根本利益,是完全正当的正义的。

思辨:我们在国际社会中应该考虑本国利益还是不应该考虑本国利益呢?我们先来感悟一下前人的智慧。

环节三　感悟前人智慧

情境:

春秋战国时期墨家思想与儒家思想是两大显学。主张"兼爱非攻"的墨子对这个问题有何高见呢?

PPT展示:

"视人之国,若视其国。视人之家,若视其家。视人之身,若视其身。是故诸侯相爱,则不野战。……天下之人皆相爱,强不执弱,众不劫寡,富不侮贫,贵不敖贱,诈不欺愚。则天下祸篡怨恨,可使毋起者,以相爱生也。"——《墨子》兼爱篇

思辨:墨子主张看待别人身体就如看待自己的身体,看待别人的家就如看待自己的家,看待别人的国家就如同看待自己的国家,这样就不会有战争怨恨。你认同墨子的思想吗?为什么?

对话:

学生:不认同,自己与别人还是不一样,人具有自然属性,亚当·斯密认为每个人都是"经济人",在经济上肯定是追逐自己利益的。如果我们把别人看成与自己一样,就否定了这一点,是不符合人性的,也不现实。

教师:大家都不认同墨子的看法吗?思考一下墨子为什么在战国时期提出这样的兼爱思想?

学生：墨子的思想有一定的先进性，他是针对当时诸侯战乱的社会"病症"给出的"解药"，因为各个国家的国君只考虑自己的利益，不顾他国老百姓的死活，总是攻伐不断，造成民不聊生。墨子代表当时小生产者的利益，希望天下太平，人民能够安心从事生产。

教师：在当今时代墨子思想过时了吗？

学生：没有过时，其实我们提出"一带一路"倡议，构建人类命运共同体的思想就是对墨子思想的一种传承和发扬。

教师：很有道理。大家知道吗，世界卫生组织是联合国的一个机构。我国恢复在联合国的席位，其实离不开非洲兄弟们的帮助和支持。我国曾经帮助非洲修建"坦赞铁路"。当时发生过这样一段故事。

下面咱们就看电视剧《海棠依旧》的一段视频。

视频片段内容：

毛泽东：你们修建这条坦赞铁路只有1 800公里，投资需要1亿英镑。我们中国承担得起。

坦桑尼亚大使：我和尼雷尔总统深入讨论过，我们准备拒绝西方国家的"所谓忠告"。我们准备接受中国的援助，请贵国帮我们修建这条铁路。但中华人民共和国成立不久，你们也不是特别富裕，花这么多人力物力帮我们建这条铁路，我们真是十分感激。我们应该如何回报你们？

请同学扮演毛泽东和周恩来回答。

同学小赵扮演毛泽东：（学着毛泽东的语调）我们都是第三世界国家的兄弟，相互帮助是应该的嘛。如果说报答，咱们可以加强经贸往来嘛！

同学小关扮演周恩来：（学着周恩来的语调）我们现在还没有恢复联合国的席位，你们可以在联合国提出一个议案，把国民党当局驱逐出去，恢复我们的合法席位。

同学们时刻不忘在国际交往中维护本国利益。你们用实际行动践行了书上的一句话：维护国家利益是主权国家对外活动的出发点和落脚点。

你们想知道当时毛泽东和周恩来是如何回答的吗？继续播放视频：

毛泽东：先独立的国家有义务帮助后独立的国家。你们独立才两年半，我们已经独立十几年了，兄弟之间的帮助那是义不容辞的呀！

坦桑尼亚大使：主席说的让我们更加感动了。我不知如何表达自己此刻激动的心情。

周恩来：你们可以帮助非洲地区其他国家的自由战士，帮助他们尽早地获得独立。

毛泽东：共产党人的老祖宗马克思曾说过：我们只有解放全人类才能最终解放自己。全世界不解放，中国就无法获得彻底的解放，你们也无法彻底解放自己。

教师：同学们你们听了二位伟人的回答有何感触？

学生：伟人果然就是"伟人"，他们以天下人的解放为己任。他们的大格局、大境界让我们震撼！

教师：伟人把天下人的利益放在第一位，而我们教材又说：维护国家利益是主权国家对外活动的出发点和落脚点。那么在处理国际关系时，我们就要考虑本国利益，还是不能就考虑本国利益呢？下面咱们在课堂内展开一场"优雅辩论"。优雅辩论不以输赢为目的，而是为了探讨真理，达成共识。

环节四　优雅辩论

为了便于组织咱们就按照性别来安排观点：男生选择正方，女生选择反方。

正方：处理国际关系，就要考虑自己利益。

反方：处理国际关系，不能就考虑自己利益。

程序及规则如下：

①正方立论1分钟，反方立论1分钟。（2分钟）

②自由辩论。（4分钟）

③正方总结1分钟，反方总结1分钟，总结辩论后本组达成的共识。（2分钟）

正方立论：

我方认为：在国际社会，更要考虑自己的利益。接下来，我方从必要性和重要性两个方面论述。

从必要性上看，首先，本国利益正是主权国家对外活动的出发点和落脚点，是首先需要维护的。其次，从国际社会的组成上看，世界上有193个国家、2 000多个民族，国际社会的组成纷繁复杂，各有特点。除本国利益外，考虑的因素不是1+1或1+2，而是1+正无穷。在世界大家庭中，公说公有理，婆说婆有理。正所谓众口难调，大家试想一下在一个n世同堂的家族中，与其考虑每一个成员的口味，不如每人都亲自下厨做自己最喜欢吃的菜。

从重要性上看，经济学上有一个概念叫"人都是理性经济人"，意思就是说每个人在经济活动中都会理性地追求自己的利益，亚当·斯密"看不见的手"原理告诉我们每个人追逐自己的利益反而有利于增进社会的整体利益。在经济全球化的今天，在国际社会中也是这个道理。要想世界整体利益最大化，就应该让每个国家追逐自己的利益，用部分的发展带动整体的发展。

综上，我方认为，处理国际关系就要考虑自己利益。

反方立论：

我们身处国际社会，与外界势必有着千丝万缕的联系，这种联系是普遍和多样的。如果单单只考虑自己的利益，忽略了人类之间的联系，势必无法构成发展，也达不到最大效果的系统优化，共同发展。此外，在关注自身合理利益时，兼顾他国利益，更有利于整体的发展，放眼全球，目光长远，唯有人类命运共同体的发展才能更好地带动每一个国家的发展，维护自己的利益。假使所有国家只顾自己的利益，看不到联系，最终只能纷争不止，战乱不断。覆巢之下，焉有完卵？只有各国在共同利益的基础上夯实合作，才能实现互利共赢。

首先，从历史的视角来看，新航路开辟，世界市场逐步形成，人类一步步走向发展进步，走向开放融合，逐渐形成利益、命运、责任共同体。这是经济规律使然，也符合人类社会发展的必然规律。从未来看，各个国家依存关系更强，人类势必要团结在一起，成为一个合作更加深化、共同利益更加多元的共同体，共同发展，携手进步。

其次，放眼全球，挣脱各国之间利益对立的视角，我们清楚地看到，国际关系和合作从来不是零和博弈，零和思维忽视了人类社会的开放性和利益偏好的多样性，从长远上来看既损害他国利益，又损害本国利益。在流行病、全球变暖等全球问题上，人类是一个整体，共同面对挑战，没有胜负之分。每个国家都不是一座孤岛，一切远方和人们都与我们有关。只有放眼全球视角，才更有利于国家的长远利益。

最后，从精神层面来看，趋利避害是动物的本性，而人类作为一种有良知、有道德的生物，是超越动物性而怀有对生命的敬畏和一种德性的。只有抛弃对其他生命的疏远性，与周围的生命休戚与共，才能守护国际道义，尊重和保护人权。

中国践行联合国宗旨和原则,多次派出维和部队,积极参与有利于世界和平的工作,也正是践行人道主义精神和大国担当的体现。

面对时代和平与发展的主题,唯有为人类命运共同体着想,求同存异,相互尊重,才能构成和平。也只有和平的外部环境,才更能为国家利益的维护和发展形成外部基础;唯有兼顾他国利益的合理关切,才能做到真正地共同发展,从而推动维护自己国家的利益。这是一个永不停息的正循环。

因此,我方认为在国际社会处理国际关系,不能就考虑自己。只有摒弃零和思维,建立共赢思维,我们才能早日建成人类命运共同体。

自由辩论:

反方:我们当年无私帮助非洲修建坦赞铁路,难道就是从自己利益考虑吗?

正方:我们就是因为帮助非洲国家修建基础设施,他们才把我们抬进联合国。恢复在联合国的合法席位,难道不是我们的利益吗?

反方:我国恢复在联合国的合法席位是我们国家的利益。但是我们当时并不是把这个作为援建的条件,是非洲兄弟们出于对我们的感激的自发的行为。我们是联合国成员国中派维和部队最多的国家。请问对方辩友,我们为何要派维和部队维护其他国家的和平和安全,如果就从本国利益出发,这些维和部队的战士完全可以不走出国门,到那么危险的地方去,有些维和人员还牺牲了自己的生命。请问对方辩友如何解释?

正方:中国作为联合国安理会常任理事国,有责任派维和部队践行联合国维护国际和平与安全的宗旨。这样做有利于树立我国有担当负责任的大国形象,不是对我国国家利益有利吗?

反方:一个国家就考虑自己利益不考虑他国利益、国际社会的整体利益,哪有形象可言?就如现在美国在疫情如此严重的时候,居然"断供"世界卫生组织,遭到了包括美国在内的世界各国有识之士的批评,更有甚者,说它"犯下了反人类罪"!

正方:美国的行为不恰恰证明处理国际关系就要考虑自己利益吗?特朗普不是用行动证明了这一点吗?

反方:这样做一定就对美国有利吗?世界疫情不结束,美国也不安全。

教师:双方辩手唇枪舌剑,观点交锋很激烈,但优雅辩论强调的不是"输

赢",而是针对令人深思的问题,以开放的心态讨论,最终达成妥协,形成共识。下面给双方各一分钟,谈你经过争论后形成的共识:

正方:我们认为一个国家处理国际关系,应该考虑自己的利益,但不能只考虑自己的利益,也应该考虑其他国家的利益。因为这样才能寻找到共同利益,加强合作,实现共同发展。

反方:我们认为一个国家处理国际关系,不应该只考虑自己的利益,我们并不是否认考虑自己利益的一方面,但是我们要坚持两点论、两分法,全面地看问题,我们作为世界地球村的一分子,不得不考虑其他"村民"的利益,因为世界是普遍联系的,就像这次疫情,我们之所以帮助各国抗击疫情,就是因为邻居患病,我们也危险。所以我国提出来构建人类命运共同体的思想,这一思想就告诉我们,在国际社会不能只考虑自己利益,还要考虑他国利益、人类的整体利益。

教师总结:同学们经过辩论果然更加理性,对问题认识更加深刻了。

国际关系的决定因素是国家利益。丘吉尔也曾说:"世界上没有永远的朋友,也没有永远的敌人,只有永远的利益。"这并不告诉我们处理与他人关系,处理与他国的关系只考虑自己的利益。我们还得考虑他国利益、人类整体的利益。这样做也许才是真正地维护自己的利益,因为正如孟子所说:"得道多助,失道寡助。"

最后用墨子的话与各位共勉:"仁人之所以为事者,必兴天下之利,除天下之害。"

注:这一教学实录发表于《中学生时事报》2020年第4期。

教学案例四 "理想·信念·幸福"教学实录及专家点评

(一)指导思想和教学理论

1. 关注学生生活。陶行知提出的"生活教育理论"启发我们要将教学与学生生活相结合,引导学生的生活向好的方向变化。新课程标准在理念部分强调"本课程关注思想政治课核心素养的培育,着眼于学生的真实生活和长远发展,使理论观点与生活经验有机结合,让学生在社会实践活动的历练中,在自主辨析的思考中感悟真理的力量"。高二学生已经选科,但是在学习过程中已经遇到了困难,他们不知是放弃还是调整方向。本课教学设计针对学生生活中这一真实困惑的问题引申开来，引导学生思考：在人生道路上我们付出没有收获，是否放弃？进而深入思考理想信念对人生幸福的意义。

2. 贯彻学科德育。现代教育之父，德国教育家赫尔巴特认为："教学如果没有进行道德教育，只是一种没有目的的手段，道德教育如果没有教学，就是一种失去了手段的目的。"本课教学设计在"理想篇"引导学生树立"家国情怀"，将个人理想的实现与国家发展需要相结合；在"信念篇"引导从哲学角度思考坚持的价值，培养其意志品质，思考树立正确价值观的意义，引导其崇德向善；在"幸福篇"中，思考如何拥有幸福人生，将哲学知识转化为其拥有幸福人生的智慧。

（二）教学背景分析

1. 教学内容。这节课是依据《哲学与文化》第六课"价值的创造与实现"而设计的。这一课内容要求学生理解价值观对人的行为的导向作用，探寻实现人生价值的条件和途径，引导学生树立理想信念，坚定信仰，成为担当复兴大任的时代新人。

2. 学生情况。高二年级选考政治的学生，已经基本掌握马克思主义哲学的基础知识，但是灵活运用马克思主义哲学辩证唯物主义和历史唯物主义知识分析真实生活问题的能力有待提高。进入高二学习，部分同学面对学业压力，面对困难和挑战，缺乏足够的毅力，他们对树立理和信念的重要性缺乏深入的思考和深刻的认识。

3. 教学方式：议题式教学、探究式教学、阅读式教学。

4. 教学手段：多媒体、学案。

（三）教学目标

1. 通过分析"我的梦"和"中国梦"的关系，培养学生解释与论证的能力，同时引导学生认识到个人和社会、个人和国家的关系，主动把个人理想的实现与中华民族的伟大复兴相结合，将爱国主义情怀转化为具体的行动。

2. 通过探讨在未来人生道路上，"付出没有收获，我们是否要继续坚持"这一问题，引导学生深入思考：什么是信念？为什么我们要有理想信念？在这个过程中不仅提高了学生预测与选择的能力、解释与论证的能力，而且帮助学生意识到价值观的导向作用和坚持理想信念对于理想实现的重要性。

3. 通过引导学生思考什么是幸福、如何实现幸福，帮助学生把哲学知识转为人生智慧。

4. 通过哲学小论文"信念使幸福真实"培养学生综合运用哲学知识解释与论证观点的能力。

（四）课堂教学实录

环节一　理想篇

教师：国家的发展需要有梦，"中国梦"引导中国人民前行。同学们知道"中国梦"的具体内容吗？

学生：国家富强、民族振兴、人民幸福。

教师：中共十九大提出了"新三步走"战略目标。2020年，全面建成小康社会，2021年同学们就要考大学了，你准备考入哪所大学？学什么专业？从2020年到本世纪中叶分两个阶段：第一个阶段是从2020年到2035年，在全面建成小康社会的基础上再奋斗15年，基本实现社会主义现代化。2035年大家都过了而立之年，你期望当时自己的人生状态是怎样的？第二个阶段是从2035年到本世纪中叶，在基本实现现代化的基础上，再奋斗15年，把我国建成富强民主文明和谐美丽的社会主义现代化强国。那时大家应该47岁左右，正年富力强，你期望当时你的人生是怎样的状态？

学生1回答：我希望2021年考入外交学院，将来成为一名外交官，在2035年成为中国驻外国的大使，在2050年时，我希望自己有一定的影响力，能够为国家的发展、世界的和平贡献自己的智慧和力量。

学生2回答：我希望2021年考入对外经贸大学，将来从事经贸工作，在2035年希望自己能够创业成功，在2050年时事业有所成就，买一处大房子，把父母接到自己身边照顾。

教师：从同学们的回答中老师不仅能够感受到大家对未来美好的憧憬，而且能感受到大家浓浓的家国情怀。请同学们运用本学期所学知识思考：我们每个人的梦和"中国梦"是什么关系？

学生："中国梦"和"个人梦"是整体和部分的关系。整体由部分构成，"中国梦"是由中华民族儿女的每个人的梦组成的。部分影响整体，"中国梦"的实现需要每个中国人的努力，每个中国人实现自己的梦有利于伟大"中国梦"的实现。整体也影响部分:"中国梦"的顺利实现可以为我们每个人的梦想实现提供环境和机遇。

教师:同学们最近正在准备"一二·九"合唱比赛,一首大合唱是由多个声部组成的,每个声部只有融汇在乐曲中,才能成就华美的乐章。如果说"中国梦"是华美乐章,我们每个人的"声部"如何才能有机融入?

学生1:在树立人生理想、未来选择职业时,要把国家的发展需要作为自己考虑的重要因素。

学生2:在未来的学习工作中,以自己的努力促进国家的发展。

教师:同学们的回答,让老师甚为欣喜,老师坚信你们未来就是国家富强、民族振兴的栋梁。成为栋梁的过程也就是大家追逐人生梦想的过程。我们每个人追逐自己梦想的过程会一帆风顺吗?

学生(摇头):不会。

教师:大家说得对,人生逐梦的过程肯定会遇到困难、挫折和失败。下面就请同学们观看视频,看这三个青年的故事。

播放视频《不负此生》前半部分讲述三个青年的成长故事。

故事一:李娜,辞去稳定工作,当翼装飞行运动员,父母反对,运动生涯遭受挫折。

故事二:赵晶晶,留学,放弃国外高薪,回国做生物制药科研主管,研制抗癌药,做实验经历上千次失败。

故事三:张家宇,大学生"村官",不被村民理解,想修水库,但因部分村民反对,未果。

教师:在梦想实现的过程中,我们会遇到挫折,当付出没有回报时,我们该如何选择?

我想只有两个选择,一个选择继续坚持,另一个就选择调整方向。你支持哪一个观点?这个问题是不是有点难以定夺?同学们,在你们未来人生道路上遇到困惑时要学会求助书籍,那里有智慧。请同学们阅读周国平的《最合宜的位置》《成为你自己》,在学案上选择你支持的观点,并论证你的理由,然后分小组讨论交流，推荐小组代表发言。

　　学生1：我认为付出没有回报就要及时止损，调整方向。个人发展与国家发展一样，当我们发现努力了，没有回报，就有可能选错了道路，比如我国发展经济，当年计划经济体制无法促进生产力的发展，我们就通过改革，走上了建立社会主义市场经济体制的道路。人的发展也如此，我们付出没有回报，矛盾就有特殊性，每个人的天赋不同，有可能是因为这个位置不是我们最适合的，我们在这里无法成为最优秀的自己，这时就应该及时调整，找到自己在这个世界上最适合的位置，在那个位置上，不断精进，积淀自信，成为最优秀的自己！

　　学生2：追逐梦想的过程其实就是我们实现人生价值的过程，人生价值的实现需要我们充分发挥主观能动性，遇到挫折和失败，需要我们发挥顽强拼搏、自强不息的精神，有坚定的理想信念。因为事物发展的方向是前进的，但是道路是曲折的。事物的发展是由量变到质变的，如果付出还没有看到回报，就表明我们的量变积累得还不够，还需要继续积累，才能实现质变，看到我们期望的结果。"一万小时定律"说的就是这个道理，所以，付出没有回报，我们要继续坚持！

　　教师：太棒了！同学们在论证自己的观点时都非常恰当地运用了所学的哲理，进行了非常有逻辑的论证。其实无论选择坚持，还是选择放弃，我们都必须坚持自己的信念。刚才给大家看的视频都是根据真实人物故事改编的，大家想知道他们的选择吗？播放视频《不负此生》后半部分，介绍三个青年的选择。

　　　　故事一（续）：李娜，不放弃，刻苦训练，当上我国第一名女性翼装飞行运动员。
　　　　故事二（续）：赵晶晶，抗癌药研制成功，中国患者再也不用买国外昂贵的药了。
　　　　故事三（续）：张家宇，终于被村民接纳，带领村民修好水库。

　　教师：请大家思考为什么他们都选择了不放弃。
　　学生们回答：是因为价值观，是因为实现人生价值，是因为理想信念……
　　教师：同学们回答得很对，是因为理想信念！

环节二　信念篇

教师：印度诗人泰戈尔曾写出这样一句诗："信念是鸟儿，它在黎明之前最黑暗之际感觉到了光明，唱出了歌。"什么是信念？请同学们结合刚才三个故事谈一谈我们在人生逐梦路上为什么需要信念的支撑。

学生分小组讨论，回答：

学生1：信念是一种正确的价值观，价值观对人们的行为具有导向作用。赵晶晶之所以能够坚持下来，是因为她不愿意看到我国癌症病人还用国外昂贵的抗癌药；张家宇之所以作为大学生"村官"，没有选择调离，是因为他想帮助当地村民摆脱贫困，带领村民走上致富道路。

学生2：信念是一种坚持，只有坚持，量变才能引起质变，梦想才能成真。李娜，不放弃，刻苦训练，她才能在蓝天自由翱翔；赵晶晶，作为抗癌药研制团队的主管，她带领团队日夜攻关做实验，才研制出抗癌药；张家宇每天帮助村民解决生活中的困难：修电视、辅导孩子功课，才获得村民的接纳和认可。

教师：同学们的回答很有见地，我很认同，信念就是一种在正确价值观指导下的坚持。我坚信：有了信念，我们的生命之舟才会破浪前行。正如周国平所说："一个人不论天赋高低，只要能够意识到自我的独特性并勇于承担起对它的责任，就可以活得不平庸。"

环节三　幸福篇

我们每个人活在世上都在追求幸福。大家看这三个年轻人在梦想实现时是不是特别幸福？到底什么是幸福？请大家先认真阅读《哲学史上的幸福观》，告诉老师哪句话对你理解幸福很有启发。

学生1：伊壁鸠鲁说：快乐就是身体的无痛苦和灵魂的无烦恼。

学生2：苏格拉底提出一个公式：智慧＝美德＝幸福。

学生3：儒家认为：道德上的自我完善，安贫乐道就是幸福。

教师：你们心中的幸福人生是什么样子的？

学生：家庭幸福、事业成功、实现人生理想、实现人生价值……

教师追问：我们如何才能拥有幸福人生？请大家接龙回答吧，一个同学说一句话。告诉同学们一个秘密：你们几乎可以运用所有学过的哲学知识。

学生1：我们未来做出人生选择时要做到一切从实际出发，实事求是，不能犯主观主义错误。

学生2：我们要学习科学文化知识，因为科学揭示了规律，我们只有理解规律，按客观规律办事，才能心想事成，拥有幸福。

学生3：我们要立足实践，在实践中不断增长才干。

学生4：我们要学会用联系的观点看问题，他山之石，可以攻玉。

学生5：我们要通过实践，建立新的联系，满足人的需要。

学生6：我们要学会用系统优化的方法，用最省力的法子解决问题。

学生7：我们要对未来乐观，用发展眼光看问题。

学生8：我们即使遇到挫折，也不要灰心，相信前途是光明的，道路是曲折的，没成功，意味着积累还不够。

学生9：失败是成功之母，矛盾双方在一定条件下相互转化，保持好心态最重要。

学生10：凡事多从自己找原因，因为内因是事物变化发展的根据。

学生11：要学会辩证否定，不固执己见。

学生12：要有创新意识，因为创新是发展的第一动力。

学生13：要不怕事，矛盾是事物发展的动力，要承认矛盾、解决矛盾。

学生14：我们要知道自己要什么，学会抓主要矛盾。

学生15：看待事物不偏激，分清主流和支流。

学生16：要有正确的价值观，做出任何选择都自觉站在最广大人民的立场上，相信"得道多助"！

教师：通过大家的回答，同学们一定感受到了哲学是一门给人智慧、使人聪明的学问，而智慧正是我们通向幸福人生的最佳途径！

环节四　情感升华　课后作业

最后李老师想用一首小诗《信念》与大家共勉，咱们一起有感情地朗诵：

假如你还有失败的心理，那么你有足够理由对自己说："我的确拼搏过、搏击过，尽管在蓝天的最高处没能留下我翅膀的痕迹，然而我毕竟没有折断双翅，蓝天还依然属于我。我仍然要努力搏击，在蓝天的深处留下我深刻的痕迹！"

课后作业：法国哲学家蒙田认为，"只有信念使快乐真实"。哲学家们大多认为幸福是一种快乐。请以"信念使幸福真实"为主题写一篇哲学小论文。

要求：综合运用所学哲理，有条理、有逻辑论证。200字左右。

【专家点评】（刘梅，北京十一学校　特级教师，正高级教师）

从教学内容和课程标准实施的角度来看，"单元综合探究"设置的功能主要是综合和强化，即围绕一个主题，把本单元重要观点和实践问题进行系统的探究学习。在活动探究中达成学科核心知识的理解运用、关键能力和必备品质的提升，实现学科的育人价值。如何设计探究任务，如何整合学习资源，如何在探究活动中实现学科核心素养和学科育人目标，这是一线教师在设计综合探究教学内容时要着重要思考的内容。李杰老师设计的"理想·信念·幸福"这节综合探究课给我们提供了很多有益的借鉴与思考。

1. **目标设计体现学科能力与素养的达成**。教学目标的设计单元探究活动设计的出发点和归宿，对课堂教学起着统领作用。李杰老师的教学目标设计理念是关注学生生活，解决学生真实问题，贯彻学科育人价值。在"理想篇"引导学生树立"家国情怀"，将个人理想的实现与国家发展需要相结合；在"信念篇"引导学生从哲学角度思考坚持的价值，培养其意志品质，思考树立正确价值观的意义，引导学生崇德向善；在"幸福篇"引导学生思考如何拥有幸福人生，将哲学知识转化为其拥有幸福人生的智慧。本堂课教学目标设计清晰可操作，着力点立在能力与素养立意上，尤其是在解释与论证、预测与选择关键能力上下了很大功夫。

2. **主题设计注重实效**。本单元教材的探究活动主题是"树立崇高的理想，努力实现人生价值，铸就人生辉煌"。教学中如何帮助学生将宏大的探究主题内化于心、外化于行，需要精心选择突破点。李杰老师在基于教材主题的基础上，以理想、信念、幸福三个关键词作为活动探究主题，细化了探究内容，搭起了学生真实生活经历与思想理论教育的桥梁，为实现单元探究目标打下坚实的基础，使探究活动能够有效地实施，并达到非常好的教育效果。

3. **探究任务自带动力，驱动学生真探究**。李老师在"理想篇"中设计了系列的探究问题，形成问题链，一步步引领学生进入真正的思考。尤其是探究在梦想实现的过程中，我们会遇到挫折，付出没有回报时，我们该如何抉择？在探究过程中强化辨析，凸显价值引领的意义。这一问题来源于学生真实的困惑。高二学生已经选科，但是在学习过程中已经遇到了困难，他们不知是放弃还是调整方向。本单元探究设计针对学生生活中这一真实困惑的问题引申开来，引导学生思考：

在人生道路上我们付出没有收获，是否放弃？进而深入思考理想信念对人生幸福的意义。这个探究问题具有开放性的特点，让学生能有话可说，有观点可论辩表达。这个探究问题着眼于学生的真实生活和长远发展，使理论观点与生活经验有机结合，让学生在自主辨析的思考中感悟真理的力量。

4. 选择真实案例情境，进行真合作探究、解决真问题，形成真正的理解与领悟。教学案例情境的选择与运用是综合探究课教学很重要的环节，通过教学情境引导学生去感知教材，主动发现、分析、探究问题，从而提高观察问题、分析问题、解决问题的能力，增强课堂教学实效性。李杰老师选择的案例情境有两类，一是学生自己的真实梦想、真实困惑，二是依据真实故事改编的三个青年的成长故事。这样的案例情境选择特别有说服力，能够解决学生在梦想、理想、信仰实现过程中遇到的问题。

一首小诗《信念》使学生的情感得到提升，助力目标的实现，助力问题的理解与领悟。整节课让学生有比较充分的交流、解释和表达机会，生生互动、师生互动，形成自然和谐的教学生态。

5. 设计学科任务导向型评价作业助力目标的实现。李杰老师设计以"信念使幸福真实"为主题的哲学小论文的课后作业非常及时有效地起到评价的功能。这个设计不同于传统的学科知识本位的评价，而是指向学生在真实生活情境中运用学科知识分析问题、解决问题的能力和品格。这样的作业有利于提升学生将学科知识迁移到真实生活情境的能力，进而提升其学科素养。

总之，这节课从学生真实困惑出发，选择真实的案例情境，用"理想篇""信念篇""幸福篇"细化单元主题，围绕目标开展真正的合作探究，很好地在探究活动中落实学科育人目标，引导学生真学真懂真信真用马克思主义理论。

注：这一教学实录发表在《思想政治课教学》2020年第8期上。

教学案例五　"人民为什么拥护共产党"课堂实录及专家点评

（一）教学内容分析

《普通高中思想政治课程标准》提出："我国公民的政治认同，就是拥护中国共产党的领导……"本节课是在讲完"中国特色社会主义"第一、二、三课后的一节复习课。本节课通过引导学生分析中国共产党进行的历次土地改革的原因和意义，帮助学生认识到中国共产党不断遵循人类社会发展客观规律，坚持以人民为中心，不断调整上层建筑，使其巩固经济基础，不断调整生产关系，使其适应生产力水平，从而不断解放和发展生产力，让老百姓过上好生活，进而获得老百姓的拥护和支持。

（二）学情分析

高一学生经过初中的学习，对于中国共产党有了一定的感性认识。2021年是建党百年，学生通过新闻媒体对中国共产党的历史有一定的了解，但是他们对人民为什么拥护共产党缺乏深度的理性思考。这节课就是以土地改革为载体，从历史维度出发，引导学生通过思考、体验中国共产党开展三次土地改革，运用前三课相关知识以及《习近平新时代中国特色社会主义思想读本》第四讲的相关理论，理性认识人民拥护中国共产党背后的深层次原因。

（三）教学目标

课程标准学业质量是学生在完成本学科课程学习后的学业成就表现。针对这部分教学内容，学业质量标准要求学生能够结合典型事例说明中国共产党是中国特色社会主义事业的领导核心，并能够结合具体事例阐明中国共产党的执政理念，说明坚持和改善党的领导的意义。根据学业质量标准制定本课教学目标：

1. 通过设置系列化情境，引导学生思考中国共产党为什么进行土地革命、推进家庭联产承包责任制改革，实行土地三权分置。在这个过程中帮助学生认识到，人民拥护共产党是因为中国共产党自觉遵循了人类社会发展的规律，促进了生产力的进步和社会的发展。

2. 通过设置系列化情境，引导学生体验到中国共产历次土地改革的出发点，是为了让人民过上更好的生活。在这个过程中帮助学生认识到中国共产党始终坚持人民群众的主体地位，坚持以人民为中心的发展思想，不忘初心和使命，从而赢得了人民的衷心拥护。

通过三个子议题深度分析，引导学生认识到人民拥护共产党是因为共产党始终坚持和发展马克思主义理论，在这个过程中涵养学生的政治认同意识。

（四）教学重点难点

1. **教学重点**：人民为什么拥护中国共产党？

2. 教学难点：理解："中国共产党为什么能、中国特色社会主义为什么好，归根到底是因为马克思主义行！"

（五）教学过程

【课前准备】

1. 复习"中国特色社会主义"前三课内容，巩固基础知识。

2. 阅读《习近平新时代中国特色社会主义读本》第四讲，对中国共产党坚持以人民为中心的理念有一定的理解。

3. 学生自主阅读议学案的材料，思考探究问题，为课上讨论做好准备。

【议题导入】

过去100年，中国共产党带领中国人民站起来、富起来，到强起来，取得的光辉成就。取得这些光辉成就背后离不开广大人民的拥护和支持，人民为什么拥护和支持共产党？习近平总书记曾说，"百年党史是了解中国共产党最好的教材"。中国从一个贫穷的农业国家到当今一个经济总量居世界第二的经济大国，离不开中国共产党的英明领导。今天我们就依托中国共产党开展土地改革这条主线，回望过去发展的历史，来共同寻找这背后的答案。

设计意图：以中国共产党开展土地改革为话题，引入"人民为什么拥护共产党"这个总议题。

子议题一　共产党为什么要推行土改？

【情境】中华人民共和国成立前我国处在封建社会，85%的人口在农村，地主占人口不到5%却占有中国一半以上的土地。农民为了生计，不得不租种地主的土地，农民辛苦耕作，70%的收成要作为地租交给地主。中华人民共和国成立后第一个引起轰动的电影《白毛女》就反映了中国人民当时生活的现状。

播放《白毛女》经典片段：地主黄世仁的管家穆仁智逼农民交地租，还高利贷，否则就要收回地契。

【思辨】提出学科任务1：中华人民共和国成立前中国农民为什么辛苦耕作，却生活困苦？

【对话】

学生1：因为农民没有土地，不得不租种地主的土地。因为租种地主土地，就不得不缴纳地租。

教师追问：你认为这种生产关系符合广大人民的利益吗？

学生2：不符合，这种生产关系让少数地主残酷剥削压迫农民。

【情境】1947年中国共产党颁布《中国土地法大纲》，废除一切地主土地所有权，实行耕者有其田的土地制度。

【思辨】提出学科任务2：中国共产党为什么要实行耕者有其田的土地制度？

【对话】

学生1：中国共产党实行耕者有其田的土地制度，可以让农民拥有自己的土地，不用给地主缴纳地租，从而过上好生活。

教师追问：这个制度的实行对社会还会有什么影响？

学生2：可以调动农民的生产积极性，促进农村生产力的发展。

学生3：有利于赢得农民阶级对共产党的拥护，推翻国民党反动派的统治，建立中华人民共和国。

【情境】电影《决胜时刻》片段：毛泽东的警卫员田二乔主动要求参加渡江战役，在战场牺牲，牺牲时紧紧握住红旗。

【思辨】提出学科任务3：田二乔为什么主动要求参加渡江战役？

【对话】

学生1：因为田二乔家经过土改过上了好日子，他希望更多中国老百姓过上好日子。

教师追问：田二乔认为如何才能让更多老百姓过上好日子？

学生2：支持中国共产党打败国民党反动派。

教师总结：田二乔只是一个缩影，淮海战役、平津战役、辽沈战役、渡江战役，这些战役之所以取得成功离不开广大人民的支持，是老百姓帮助共产党打下了江山。

【情境】抗战时期，4万多知识分子纷纷来到延安。1942年河南大饥荒，饿死2 000万人。日军进攻香港，孔祥熙的夫人宋霭龄把飞机上的中国人都赶下去，因为她要运自己的狗。蒋宋孔陈四大家族宴请宾客要从香港空运食材和厨师。史学家陈垣先生引用《诗经》之《硕鼠》来解释国民党失去民心的原因："硕鼠硕鼠，无食我黍！三岁贯女，莫我肯顾。逝将去女，适彼乐土。"他说：民心者人民心里之向背也，人民心里之向背，大抵以政治之善恶为依归。

【思辨】提出学科任务 4：

(1) "硕鼠"这里指的是谁？"乐土"指的是什么？

(2) 如何理解政治之善恶？

【对话】

学生1："硕鼠"这里指国民党，国民党代表的是买办阶级、大资产阶级的利益。国民党内部腐败严重。"乐土"指的是共产党领导的区域。

学生2：政治之善是指党政机关要为人民利益着想，制定的政策要符合最广大人民的利益，这样的政权会得到人民的拥护和支持。

政治之恶是指党政机关只考虑一小部分统治阶级的利益，而根本不顾人民群众的死活。这样的政权会被人民抛弃！

教师总结提升：由此可见人民拥护共产党打败国民党是因为中国共产党施行善政，制定符合社会发展规律、符合最广大人民利益的政策，因而赢得了"民心"。

设计意图：通过序列化的四个学科任务，引导学生认识到，中国共产党开展土地改革改变了封建社会农民被地主剥削的悲惨境遇，让农民有了自己的土地，调动了农民的生产积极性，促进了生产力的发展；同时认识到人民支持共产党打败国民党，是因为中国共产党坚持善政，赢得了民心。

子议题二 共产党为什么要推行家庭联产承包责任制？

教师过渡：中国共产党领导中国人民推翻了三座大山，建立了中华人民共和国，让中国人民站起来了。中华人民共和国成立后，我们经过农业的社会主义改造，建立了农村土地集体所有制，参照苏联集体农庄模式，开展人民公社化运动。人民公社化运动充分发挥了社会主义集中力量办大事的优势，修整土地，兴修水利，在初期客观上也促进了当时生产力的发展。但是随着生产力的进一步发展，人民公社化弊端日益凸显。

【情境】播放电视剧《平凡的世界》视频片段：孙少安带领村民找到村支书田福堂要求分田到户，实行单干，但福堂支书不同意。

【思辨】提出学科任务 1：假如你是福堂支书，你怎么回应少安？

请同学分别扮演孙少安和田福堂开展对话。

孙少安：你想一下，福堂叔，现在农民为什么不爱自己的土地了？自己家的土地为什么种不好庄稼？刚解放土改分田到户时，家里分到一头牛，牛死了，一家人哭天抹泪儿，现在，队里死了一头牛，大家欢天喜地等着分牛肉吃。这叫什么呀？你说是不是这个道理？

田福堂：分田到户，人民公社怎么办？我们还要不要坚持土地集体所有制？

教师追问：同学们能否运用前面所学的知识分析这一问题？

学生：生产力决定生产关系，生产关系反作用于生产力，当生产关系适应生产力时会促进生产力的发展，反之，会阻碍生产力的发展。人民公社这种生产关系不适应当时的生产力，阻碍了生产力的发展。

教师：出现这种情况，是因为在中国这样一个半殖民地半封建社会建立起来的社会主义国家，如何发展社会主义，我们缺乏经验，不得不摸着石头过河……

【情境】继续播放电视剧《平凡世界》片段，徐主任通知要搞家庭联产承包责任制，孙少安听说要搞家庭联产承包责任制，兴奋不已。

【思辨】提出学科任务2：中国共产党为什么要在农村推行家庭联产承包责任制？

【对话】

学生1：为了调动农民的生产积极性，自觉遵循社会发展的客观规律。

学生2：为了调整上层建筑，巩固农村土地集体所有制这个经济基础，同时调整了生产关系，促进农村生产力的发展。

教师总结提升：中国共产党实行家庭联产承包责任制的初心还是坚持以人民为中心，希望老百姓能够过上好日子。同时中国共产党也在不断探索共产党执政规律、社会主义建设规律，自觉遵循人类社会发展规律，科学执政，不断提高执政水平。

设计意图：通过电视剧《平凡的世界》的片段，把学生带入是否实行家庭联产承包责任制的两难情境，让学生深刻感悟体验中国共产党在中国坚持和发展社会主义、推动经济社会发展面临的挑战和困难；同时引导学生分析中国共产党为什么要在农村推行家庭联产承包责任制，引导学生认识到中国共产党始终坚持以人民为中心，敢于创新，在实践中坚持和发展了马克思主义。

子议题三　共产党为什么要实行土地"三权分置"？

教师过渡：在农村实行家庭联产承包责任制拉开了中国改革开放的序幕。改革开放40多年来，我国经济快速发展，人民生活水平得到很大的改善。但是因为地理环境、人口素质等主客观原因，有些地区发展还是慢了一些。

【情境】在国务院扶贫办的指导下，李老师与几位党员同事走进四川大凉山支教。在昭觉中学上完课后，碰到当地彝族大妈，与她聊起家常：

李老师：大妈，你们现在生活好吗？

彝族大妈：比以前好多了。

李老师：以前你们靠什么生活？

彝族大妈：主要就是种土豆，也卖不了多少钱。

李老师：现在收入怎么样？

彝族大妈：现在土地流转给了苦荞合作社，他们每年会给我们几千元钱。

李老师：苦荞合作社是谁办的？

彝族大妈：广东佛山来的企业，他们还帮我们建了苦荞茶厂。我儿子就在厂里上班，每个月有 3 000 多元。

【思辨】提出学科任务：中国共产党进一步深化土地改革，推行"土地三权分置"有何意义？

【对话】

学生1：有利于帮助农民就业，增加农民收入。

学生2：有利于发展规模经济，提高农业的科技水平，促进农村生产力的发展。

学生3：有利于优化农村产业结构，实现乡村振兴，促进共同富裕。

设计意图：通过设计有德育教育意义的情境，让学生感受到中国共产党坚持推进促进协调发展、共享发展，实现共同富裕；通过引导学生思考中国共产党推行"土地三权分置"的意义，帮助学生认识到中国共产党不断探索农村经济发展规律，调整生产关系使其适应生产力，从而促进乡村振兴，实现共同富裕。

回归总议题：课堂小结，情感升华

我们回顾了过去100年中国共产党关于土地的改革：中华人民共和国成立前进行了"土地革命"；中华人民共和国成立后发现人民公社化不符合中国国情，继而推行了家庭联产承包责任制；2014年又探索实行土地"三权分置"。请同学们结合中国共产党这三次土地改革，运用"中国特色社会主义"前三课的知识和《习近平新时代中国特色社会主义读本》第四讲的相关知识阐述：人民为什么拥护共产党？

学生1：因为中国共产党始终坚持以人民为中心的发展思想，不忘为中国人民谋幸福，为中华民族复兴的初心和使命。

学生2：因为中国共产党不断调整上层建筑巩固了经济基础，调整生产关系促进生产力的发展。

学生3：因为中国共产党在领导中国革命和建设中不断坚持和发展马克思主义。

教师总结提升：同学们的回答，正好印证了习近平总书记在建党100周年时的讲话："中国共产党为什么能，中国特色社会主义为什么好，归根到底是因为马克思主义行！"

设计意图：通过三个子议题的研究引导学生回归总议题，帮助学生深刻认识人民拥护共产党的原因，同时体会到中国共产党为什么能，中国特色社会主义的好，归根到底是因为马克思主义行。这有利于增强学生的道路自信、理论自信、制度自信、文化自信。只有增强这四个自信，我们学科的政治认同素养才能有效达成。

（六）教学反思

本节课以中国共产党开展历次土地改革为话题，引导学生思考"人民为什么拥护共产党"这一议题。选择这个议题有两个用意：一是为了达成政治认同素养，二是为了让学生深刻体悟人民拥护共产党的原因是中国共产党遵循规律，坚持人民主体地位，实现了价值理性和工具理性的统一。在这个过程中提升学生的理性精神，实现思想政治学科立德树人的目标。

为了开展活动型学科课程，充分发挥学生作为学习主体的作用，让真正的学习发生，本节课教学设计采用了"情境·思辨·对话"教学法。情境设计力求激发学生学习兴趣；学科任务的设计力求具有思辨性、开放性，有效激活学生的思维；在师生对话中力求通过追问诱导学生思考深入。

因为本节课提出的有些学科任务具有开放性，属于素养表现性学科任务，这就需要提供评价量规。评价量规可以作为"脚手架"指导学生完成学习任务，又可以帮助教师对学生的素养表现进行评价，贯彻教学评一体化的策略，这是本节课有待完善的地方，也是未来我在课堂教学中需要研究探索的方向。

【专家点评】（任兴来　北京市海淀区政治学科教研员　中学高级教师）

习近平总书记在党史学习教育动员大会上强调，"要在全社会广泛开展党史、新中国史、改革开放史、社会主义发展史宣传教育，普及党史知识，推动党史学习教育深入群众、深入基层、深入人心"。

"人民为什么拥护共产党"这节课是在讲完《高中思想政治必修1》"中国特色社会主义"前三课之后的一节专题复习课，内容契合中国共产党奋斗历程和"四史"教育，并且有机融入了《习近平新时代中国特色社会主义思想读本》的相关内容，是一节围绕议题展开、以案例为载体，学生深度参与，体现真学真懂真信真用的思政课。

具体来说，本节课具有以下几个亮点。

1. 议题式教学，启人入"道"。《高中思想政治课程标准》指出："教学设计能否反映活动型学科课程实施的思路，关键在于确定开展活动的议题。"本节课的议题"人民为什么拥护共产党"，既包含学科课程的具体内容，又展示价值判断的基本观点；既有贯通性、引领性，又有充分的可讨论空间。三个子议题"中国共产党为什么实行'耕者有其田'政策""为什么推行家庭联产承包责任制"，以及"为什么实行土地'三权分置'"，目标明确，线索清晰，有效引导学生在合作学习和探究学习中深化认识，增强政治认同。

2. 故事法教学，让人悟"道"。"天边不如身边，道理不如故事。"在思政课教学中，"讲故事、讲好故事十分重要"。本节课的教学设计既有讲理论，也有讲历史、讲故事。透过有益、有用、有趣的不同历史时期的土地改革故事和成就，既提高了学生参与课堂的积极性与热情，又有助于学生深入的理论思考与提升。本节课让学生扮演电视剧《平凡的世界》中的孙少安和福堂支书，对是否分田到户进行对话。这样的教学设计，有利于帮助学生"身临其境"地体验中国共产党在决策时的"心路历程"。这样的教学不仅入脑，更能入心，有利于有效达成政治认同素养目标。

3. 综合性教学，使人通"道"。本节课的教学设计采用综合性教学形式，情境创设围绕土地制度改革，指导、组织学生围绕议题开展富有成效的活动，时间涉及中国共产党领导人民进行新民主主义革命、社会主义革命和建设、改革开放和社会主义现代化建设，以及新时代中国特色社会主义四个历史时期，内容综合

"必修一""必修三"和《习近平新时代中国特色社会主义思想读本》的相关内容，真正实现了以培养学生学科素养为目标，有效整合教材内容，实现了从教教材到用教材教的转变。这样的课堂教学使学生开悟、生智、增慧，有效提升了学生的学科核心素养。

注：2019年有幸参加了海淀区名师工作站，2021年10月18日做了一节区级研究课"人民为什么拥护共产党"，这节课的教学设计得到了名师工作站导师刘梅老师、戴颖老师、任兴来老师的悉心指导。

教学案例六 综合探究"在党的领导下实现人民当家做主"教学设计

（一）教学内容分析

"在党的领导下实现人民当家做主"是人教版高中《思想政治》"必修三""政治与法治"第二单元综合探究的内容。这一内容是对第二单元"人民当家做主"的总结，也是对第一单元内容的升华。探究活动要引导学生观察和分析国家政治生活和社会公共生活中的现象，感悟民主的价值，理解中国特色社会主义人大制度和政党制度的基本内容和优势，深化对我国发展社会主义民主政治的认识，提高学生有序参与国家政治生活和社会公共生活的能力。

（二）学情分析

高一学生对我国政治制度有一定认识，但是对我国政治制度如何体现了民主、中国共产党为什么要不断发展社会主义民主政治缺乏深刻的认识。

高中生有了一定的公共参与意识，但对于如何理性参与政治生活还缺乏体悟。

(三)学习目标

1. 在模拟议政的活动中,扮演角色解决癌症药价格过高问题,感悟民主的价值。

2. 通过"窑洞对",邓小平、习近平总书记关于发展社会主义民主政治的论断,领悟中国共产党重视发展社会主义民主政治的深刻原因。

3. 通过模拟政协撰写提案活动,体悟高中生如何理性参与政治生活。

(四)教学重点难点

1. 我国人大制度和政党制度如何保证人民当家做主?

2. 中国共产党为什么要发展社会主义民主政治?

3. 高中生如何理性参与政治生活?

(五)教学过程

【新课导入】

第一单元我们学习了坚持党的领导,第二单元我们学习了人民当家做主。这两个单元之间有什么内在联系呢?带着这个问题我们今天一起来学习第二单元的综合探究"在党的领导下实现人民当家做主"。

环节一 体悟民主价值

社会主义核心价值观在国家层面,我们追求的是富强、民主、文明、和谐,其中民主就是我国政治文明的追求,民主为什么是我国政治文明的追求呢?我们第一个环节先一起来体悟民主的价值。

新冠疫情还在肆虐,让我们愈发感受到健康的珍贵。但是"人吃五谷杂粮,哪有不生病的",尤其是在中国老龄化日益严重的背景下,中国的癌症患者不断增加,一年新发癌症患者高达457万例。

科技在不断发展,人们研发出药物帮助癌症患者减轻病痛,延长生命,然而很多患者曾经因为抗癌药价格过高而吃不起,2018年7月6日在中国上映的《我不是药神》就是反映这一社会现实的。请同学们观看这个电影的视频片段:

白血病患者的希望是药贩子程勇,他走私印度仿制药格列宁,相对便宜的价钱让患者重燃活下去的希望。警察打击假药,老百姓不愿意供出他的名字。

模拟议政

分成四个小组:人大代表组、政协委员组、国家医疗保障局组、财政部组。

课前小组讨论，上课时分角色发言：

1. 市场经济条件下，政府是否应该控制抗癌药的价格？
2. 我国如何解决抗癌药价格过高的问题？

要求：代入角色，运用学科知识，提出解决问题方案。

学生回答，教师理答。

教师：其实在现实生活中，人大代表真的就抗癌药价格过高问题提出过议案，请同学们看：

国家医疗保障局对十三届全国人大四次会议第5485号议案答复函
（摘编）

翁国星等7位代表：

你们提出的"关于扩大城镇居民（新农合）医保报销比例及大病覆盖范围的建议"收悉，现答复如下：

为最大限度减轻患者医疗费用负担，我们开展了以下工作：

一是建立了医保药品目录动态调整机制，开展了多次大规模的医保目录调整工作。其中，在恶性肿瘤镇痛药方面，已基本覆盖三阶梯治疗的药品；在癌症治疗用药方面，放疗、化疗、靶向药和免疫制剂等类别的药品基本均在目录范围之中，能够基本满足患者用药需求。

二是继续推进药品耗材集中带量采购。目前已开展五批国家组织药品集中带量采购，共覆盖218种药品，中选药品平均降价54%，涵盖了肺癌、胰腺癌等恶性肿瘤用药。

思辨：人大代表解决抗癌药价格过高问题是如何体现我国民主的？

学生：人大代表密切联系人民群众，行使提案权，将议案提交给全国人大，全国人大行使决定权，交给国家医疗保障局办理，实现了人民的利益，这体现了我国的选举民主。

教师：人大制度体现了我国的选举民主，是保证人民当家做主的根本政治制度。

国家医疗保障局关于政协十三届全国委员会第四次会议
第 2844 号提案答复函（摘编）

谢茹委员：

您提出的《关于健全城乡居民医疗保障体系的提案》收悉，经商中国银保监会，现答复如下：

关于您提出的"药品及耗材集中带量采购"，按照党中央国务院的部署，国家医保局会同有关部门，坚持招采合一、量价挂钩，开展医药集中带量采购，挤出了药品耗材价格虚高水分，有效降低了患者看病的负担。

思辨：政协委员解决抗癌药价格过高问题是如何体现我国民主的？

学生：政协委员针对抗癌药价格过高问题撰写提案，积极履行参政议政的职能，发挥人民政协专门协商机构的作用，体现了中国共产党领导的多党合作和政治协商制度，发扬了协商民主。

教师：政党制度体现了协商民主，是保证人民当家做主的基本政治制度。

人大代表提出的议案和政协委员的提案引起了党和国家相关部门的重视。国务院办公厅印发《关于推动药品集中带量采购常态化制度化开展的意见》，明确推动药品集中带量采购工作的常态化制度化，引导药品价格回归合理水平，减轻人民群众的用药负担。

> 马克思认为政治是"在一定的经济基础上，人们围绕特定利益，借助社会公共权力来规定和实现特定权利的一种社会关系"。
>
> ——王浦劬主编《政治学基础》，北京大学出版社 1995 年版，第一章第一节

思辨：民主为什么是政治文明的价值追求？

学生：人大代表针对抗癌药价格过高的问题提出了议案，政协委员针对抗癌药价格过高的问题提出了提案，这些提案和议案促使国家医保局把抗癌药纳入医保目录，并进行抗癌药的集中带量采购，这就解决了癌症患者吃不起药的社会问题，保障了人民的生命健康权。

教师总结提升：只有发扬选举民主和协商民主，才能使党和国家的政策反映

广大人民的利益诉求，使公权服务于私权，实现好、维护好、发展好最广大人民的利益。

> 环节一 设计意图：
>
> 通过让学生体验人大代表履职以解决抗癌药价格过高的问题，让学生感悟人民代表大会制度是保证人民当家做主的根本政治制度，是中国共产党领导下发扬社会主义选举民主的重要制度载体；通过让学生体验政协委员履职以解决抗癌药价格过高的问题，让学生体会到我国政党制度的特色和协商民主的价值。在此基础上，让学生结合抗癌药进入集中带量采购的历程阐述民主为什么是政治文明的价值追求，让学生意识到只有民主，才能让公权机关制定符合人民利益的政策，保证公民的合法权利，进而实现最广大人民的根本利益。

环节二 领悟党的追求

过渡：通过环节一的分析，我们发现民主真是个好东西。邓小平曾说："没有民主就没有社会主义，就没有社会主义的现代化。"习近平同志说："民主是全人类共同的价值，是中国共产党和中国人民始终不渝坚持的重要理念。"

中国共产党在中华人民共和国成立之前就意识到了民主的价值。请同学观看视频《窑洞对》的片段，边看边思考：中国共产党为什么要大力发展社会主义民主政治，追求民主？

材料一：1945年7月，抗日战争胜利前夕，为促使国共恢复商谈，黄炎培等6名国民参政会参政员访问延安。在即将回重庆的晚上黄炎培与毛泽东在窑洞中开展了对话：

毛泽东问：任之先生，这几天通过你的所见所闻，感觉如何？

黄炎培直言相答：我生60余年，耳闻的不说，所亲眼见到的，真所谓"其兴也勃焉，其亡也忽焉"，一人、一家、一团体、一地方，乃至一国，不少单位都没有能跳出这周期率的支配力。

毛泽东庄重地答道：我们已经找到新路，我们能跳出这周期率。这条新路，就是民主。只有让人民来监督政府，政府才不敢松懈。只有人人起来负责，才不会人亡政息。

思辨：中国共产党为什么大力发展社会主义民主政治？

对话：

学生：民主是相对于专制而言，发扬民主才能使党和国家的决策科学化、民主化，中国共产党才能做到科学执政、民主执政，只有做到科学执政、民主执政，中国共产党才能做到全心全意为人民服务，做到立党为公、执政为民，更好地践行为中国人民谋幸福、为中华民族谋复兴的初心和使命。

讲到这里大家是不是对第一单元"坚持中国共产党的领导"和第二单元"人民当家做主"的内在关系有自己的认识了？

为了帮助同学们厘清思路，老师为同学们做了一个"脚手架"，请同学们顺着这个"脚手架"来阐述党的领导和人民当家做主的关系。

PPT 展示下图：

学生回答，教师及时进行评价。

环节二设计意图：

这个环节是在环节一的基础上，让学生进一步思考中国共产党为什么要发展社会主义民主，保证人民当家做主，通过《窑洞对》让学生感悟到中国共产党坚信只有发扬民主，"让人民来监督政府，政府才不敢松懈，人人起来负责，才不会人亡政息"。通过让学生阐述中国共产党为什么要发展社会主义民主政治，让学生领悟到这与中国共产党的性质、宗旨、执政理念相符，有利于中国共产党更好地完成其初心和使命。

环节三　体悟民主参与

我国发展社会主义民主政治就是保证人民当家做主，之所以要保证人民当家做主，也与我国的国体有关。我国是人民民主专政的社会主义国家，人民是国家的主人，你是否真的有主人翁意识、有公民意识？

模拟政协社团的学长们用行动给出了他们的答案。

人不仅有生病的时候，还有衰老的时候，中国老龄化日益严重，很多老人选择居家养老，儿女白天上班，他们生活难以自理。儿女如果不在身边，去医院看病，也是一个麻烦事。

他们听说了这样一个故事：有一个偏瘫老人，一次摔倒在地，照顾他的儿子儿媳有急事外出，他在地上挣扎了两三个小时没有起来，后来他用拐杖敲击洗脸盆，引来邻居的关注，才被从冰冷的水泥地上扶起来。

北京一零一中学模拟政协社团同学开始了行动，他们提出了"依托社区建立养老驿站的建议"，这个建议被我校校长、海淀区政协委员陆云泉带到海淀区政协，成为海淀区政协的提案；同时也被我校人大代表陈默作为建议案带到海淀区人大，这有力地推动了海淀区养老驿站的建设。请同学们观看他们的调研视频，边看边思考：

作为新时代青年，我们应该如何理性参与政治生活？

学生1：我们应该关注社会痛点，"无尽的远方与无数的人们与我有关"。

学生2：我们应该对社会问题进行调研，提出自己的意见和建议。

学生3：我们应该遵守宪法和法律。

学生4：我们应该通过合法的途径，采用理性的方式参与政治生活。

教师：同学们说得很好。我们只有树立公民意识，做新时代的理性公民，才能更好地助力中华民族的伟大复兴！

环节三设计意图：

这一环节，把民主的宏大主题落实到学生的微观主体。通过观看高二模拟政协社团学生的调研视频，让学生思考作为青年一代学生应该如何理性参与政治生活，帮助他们树立公民意识，提高参与社会公共生活的能力。

课堂小结　情感升华

习近平总书记曾说，"青年一代有理想、有本领、有担当，国家就有前途、民族就有希望"，未来祖国的发展需要你我共同努力！

下面用几句话咱们师生共勉：

道阻且长，行则将至；

行而不辍，未来可期；

岁月带伤，亦有光芒；

眼中有山河万里，心中有信仰担当；

我们坚信：中华民族伟大复兴，就在不远前方！

注：2022年4月受北京画室教育科学研究院邀请参加全国不同风格与流派课改名家论坛暨第九届"牛栏山杯"——基于"双减"背景下的自主课堂研究成果研讨会。为研讨会录制了一节研究课"在党的领导下实现人民当家做主"。

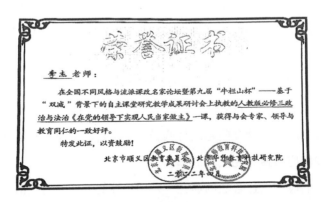

附：学生对"情境·思辨·对话"教学法的评价。

我有幸在高中三年都上的是李杰老师的政治课，在三年的时间里充分浸泡在这种教学方式下，下面想浅谈一下我的感受。

李杰老师的课堂很重视培养我们独立思考和思辨的能力。在课本已有的知识之外，常常会创设和我们生活有密切关联的情境，带领我们身临其境地思考，我记忆最深的是在"经济生活"学习时，李老师让我们思考"某二手车交易平台的没有中间商赚差价是好事吗？"的问题。我在第一次听到时想当然地觉得自然是，但李老师又问："没有中间商，消费者一定能买到物美价廉的商品吗？"这马上启发我想到了斯密的分工理论和李嘉图的"新价值产生和旧价值的转移"的学说，有了更深入和全面的思考。我们之间也常常开玩笑，要是考试的时候旁边能有李老师一直提问我们就好了。的确，这种方法能打开我们思考的局限，让思维像"水一样流动"。我们最后也学会在做题时、在生活中和自己对话，这样身临其境地去思考并运用学科知识，不仅让我们在课堂上走回了生活，也让我们把知识带进了生活。

在高三学习的过程中，给我留下最深印象的就是李杰老师经常提到的"两个理性"——价值理性和工具理性。一开始我们觉得是在答题时很好用的角度，但在这种知识学习之外，我越来越不自觉地把这种智慧带进了生活。在面对很多重大的决定时，我都会用这两个理性作为尺度来衡量，包括我选择的现在的大学和所就读的专业。每当我想起这些，也总会觉得李老师就陪在我们身边。

"教育的对象是人，教育的目的是人的全面发展。"我觉得我三年上的政治课是最能代表这句话的，我们从课堂上学到的不仅是知识、不仅是能够应对高考这张答卷的答题方法，还有更多是政治学科的学科精神，是指引我们如何答好人生这张大答卷的智慧。很有幸能够在这样的课堂上学习三年，也希望能有更多的学弟学妹在课堂上收获知识和人生的智慧。

——2021届北京一零一中学选考三班　王妍婷

王妍婷：高考政治赋分100，考入北京大学医学部。

李老师在政治课堂上运用了"情境·思辨·对话"教学法，让我们把自己代入实际的生活情境中，去思考具有思辨性的问题并尝试运用学科知识进行解决，通过苏格拉底式的对话和追问引导我们的思考不断深入。这一教学法一方面可以帮助我们更加有效地理解并掌握教材上的知识，在应对灵活性和思辨性较强的题目时更加游刃有余；另一方面，通过情境将政治学科知识运用到日常生活中，使学科逻辑与生活逻辑相结合，可以让我们实现由"做题"到"做事"的转变。马克思指出："哲学家们只是用不同的方式解释世界，问题在于改变世界。"我们的政治学科知识也不能仅仅停留在试卷上"坐而论道"的层面，更应该成为我们解决生活中实际问题的工具，最终内化为指导我们更好地处理和他人、和社会关系的智慧，帮助我们成长为具有理性精神的合格公民。

——2021届北京一零一中学选考三班　赵宇轩

赵宇轩：高考政治赋分94，考入清华大学未央学院材料专业。

李老师的课堂让我至今记忆犹新！两年来的参与让我体会到李老师"情境·思辨·对话"的教学方法，不仅增加了师生互动、大大提高了学生在课堂上的参与度，鲜活的实例更是将抽象的概念具象化，让零碎的知识有了记忆点。课堂上学生思绪飞扬，同一个问题由于学生们的视角不同，时常能涌现出"百家争鸣"之势，这在拓宽学生思路上大有裨益。学生对知识的理解深刻，运用起来自然游刃有余，在应试包括生活中可以充分调动知识，这样的课堂真正做到了"让书本活起来"。

——2021届北京一零一中学选考三班　李凌艺

李凌艺：高考政治赋分100，考入北京工业大学英语专业。

李老师"情境·思辨·对话"的教学方法让思政课堂不再仅仅局限于课本内容，而是将学科知识与现实生活相结合，例如播放关于沙县小吃的成功经营案例，让我们用《经济生活》的知识加以解读，从而使我们在具体情境中加深了对课本的理解。之后老师组织全班讨论，同学们的思想相互碰撞，精彩的"对话教学"让我们领略到他人的闪光之处，思考、学习其思维模式，可谓"联系构成发展"。

——2021届北京一零一中学选考三班　柳欣雨

柳欣雨：高考政治赋分100，考入中国人民大学人力资源管理专业。

"情境·思辨·对话"这一教学方法将书本上刻板的知识融汇到丰富多彩的现实生活中，在增加课堂趣味性的同时，加深了我们对每个知识点的理解，明晰了知识点之间的逻辑。在每一个鲜活的情景下，李老师会带领我们代入情境中的角色中，彼时的我们不再是一个个坐在书桌前努力记下知识点的学生，而仿佛真的成了"为社区居民争取权益的居委会成员"或是"为公司寻求可持续发展的大企业家"，抑或是"'一带一路'的文化宣传志愿者"，我们和身边的"同行们"探讨方法，解决问题。我们在历史与未来中穿梭，在东方与西方荡漾，在思考与对话中碰撞出思维的火花。与此同时，课本上的知识正在潜移默化地扎根在我们心底，成为我们解决情境问题的工具。这让我们在学会运用知识的同时，更完善自己思考问题的角度与逻辑，增强了综合思辨能力。

——2021届北京一零一中学选考一班　押以欣

押以欣：高考政治赋分100，考入香港大学金融会计专业。

我认为"情境·思辨·对话"教学法对我的帮助可以分别体现在学习上与生活上，在学习上，这一教学法可以帮助我更好地理解知识，通过建立情境，与老师、同学进行对话的方法将原本晦涩的知识点变得简单易懂，同时深化对知识点的理解，能够帮助我们更好地在做题时找到与题目相匹配的知识点。

也正是因为这一教学方法能够帮助我们理解一些知识的内核，我们在生活中有时也能够运用到这些知识。同时，这一教学方法培养了我们多角度思考的思维模式和批判性思维，让我们在生活中能够更加全面地看问题。

——2021届北京一零一中学高三选考一班　柴雨萱

柴雨萱，高考政治赋分100，考入北京外国语大学法学专业。

高中时期"情境·思辨·对话"教学法对我的学习与生活都产生了很大的影响。在高二刚刚进入李老师班级时我的基础比较薄弱，但通过李老师课堂上生动的情境创设、苏格拉底式的提问引导以及同学与老师思想的交融碰撞，我逐渐对身边的事物有了学科专家式的思考，知识也不再是书本上冷冰冰的文字。北京高考政治学科转向对学生思维品质以及人文关怀的考查，李老师的"情境·思辨·对话"教学法让我在高考时面对种种思辨的问题也不会畏惧，而是运用理性的思考让知识流淌出来。

非常感激李老师平日里对我们思维品质的训练，我在高考时政治成绩很好。李老师的理念不局限在高中的政治学科，这种教学方法让我成为对身边的人与事更具有感知力、在精神上更加完整的人，也希望这种教学方法可以影响更多人。

——2021届北京一零一中学高三政治选考三班　苏楷晰

苏楷晰，高考政治赋分100，考入华东师范大学中文系。

在情境下思考对我来说从来不是什么轻松的活动，一是因为缺乏生活经验，导致这些情境相对比较陌生，二是因为要在短时间内做出回答，由于过于紧张导致脑子一片空白。因此，频繁地设置情境，让我参与其中确实锻炼了我应对新的实际问题的能力，它逼迫我在脑子空白的情况下冷静下来，去努力回忆所学的知识并试图建立起它们和现实情境之间的链接，它逼迫我正向思考之后总是再反向思考，学会思辨而不是一根筋。此外，听一听老师和其他善于思考的同学们的发言也未尝不是一件乐事，因为我可以从他们的观点中理解他们思考的方式，寻找他们和我的不同，从而提高我的认知水平。

——2021届北京一零一中学高三政治选考三班　田康乐

田康乐，高考政治赋分88，考入北京航空航天大学中法工程师专业。

在上老师第一节政治课的时候，我就深深地被"情境·思辨·对话"的教学方式吸引。这种教学方式能将理论学习和现实生活相结合，让学生第一次接触到某个知识的时候就对其有深刻的理解。情境设置总能引起同学们的思考兴趣，同时让知识跳出课本更加鲜活地展示在同学们面前；思辨环节则保证同学们对知识的理解并不囿于表面现象，而是积极探寻其本质的规律；而对话环节是一个同学们可以各抒己见、交流观点的平台，同时也是老师进行进一步引导或者提问的机会。

整个教学方式完整连贯，当我全神投入其中时都感觉不到时间流逝，往往不知不觉中就下课了。"理论是灰色的，但生命之树常青"，"情境·思辨·对话"教学方法正是那个能将灰色理论变得富有生命力的妙招。

——2021届北京一零一中学高三政治选考一班饶明达

饶明达，高考政治赋分97，考入同济大学智慧交通专业。

情境教学可以让学生跳出看似刻板的知识点与题目，从实际问题出发，思考课本上的知识是如何与现实生活产生联系的。

师生间的对话是一种思想上的"交换"，双方可以碰撞出思维的火花。同时，双方还可以探讨为什么会出现意见分歧或者是否遗漏了某一方面，从而相互促进，教学相长，共同提高。

这样的教学方法才能让学生真正理解、运用知识，达到关联结构甚至抽象拓展结构的层次，从而切实提升学生的政治学科核心素养，使其面对现在越来越"难"、越来越"活"、深刻考查学科素养的试题时，依然可以得心应手、游刃有余。

——2021届北京一零一中学高三政治选考三班　王安骏

王安骏，高考政治赋分100，考入北京师范大学法学专业。

我觉得"情境·思辨·对话"教学方法让我对课本内容有了更深的感性和理性的认识，对我在政治学习、考试甚至日后的运用中都起到了很重大的作用。李老师在上课的时候总是会为重要的知识点创设情境，让抽象的知识点与生活建立联结。然后，我们通过思辨的方式来思考、运用这一知识解决问题，同时运用对话的方式将自己思考的成果有条理地表达出来，这样感性的认识便被整理成了理性的认识。李老师通过这样的方法让知识点内化进我们的思维里，让考试成为自然而然的思想输出，对我们的学习和思想的成长很有帮助。

——2021届北京一零一中学高三政治选考一班　冯雅琳

冯雅琳，高考政治赋分97，考入北京外国语大学与中国政法大学联合培养涉外法治专业。

在高中思政课授课过程中，李老师采用了"情境·思辨·对话"教学法，充分结合了国内外政治、经济、文化领域的要闻实事创设情境，提出开放性、思辨性问题，且不会给出标准化、确定性的答案，而是鼓励同学们打通全书思考，以小组形式讨论，与老师充分交流对话，对社会问题进行深度思辨，从而深化对知识灵活运用迁移能力的培养。

在这一教学模式下，我明显发觉自己面对新的试题设问，乃至生活中层出不穷的新问题新现象，能够本能地体系化调动所学知识进行分析，并从"是什么""为什么""怎么办"角度阐述思路，真正将所学化为所用，将学科知识化为生活智慧。

——2021届北京一零一中学高三政治选考一班　许海同

许海同，高考政治赋分97分，考入北京大学元培班。

第 3 章

高中思想政治课生态智慧教学之学法

"表现性学习理论"及实践探索

曾有人感慨,为什么我读了那么多书,仍然过不好这一生?那是因为读书之人把书读死了,而生态智慧教育要引导学生把"死书"读成"活书"。

如何把"死书"读成"活书"?这就要求学生要学会学以致用,将知识运用到活色生香的生活中。

表现性学习,就是要在这个方面做出尝试和努力。

2016 年至今,我一直在指导我校模拟政协活动,我发现一个现象,就是许多参加模拟政协活动的学生选考了政治学科。我很好奇,问学生为什么会选考政治,他们告诉我,因为参加模拟政协活动,发现高中思想政治学科知识对于解决生活中的问题特别有用。

这就给我一个启示,我们的教学必须得让学生感受到学科知识在生活中的用处,学生才会感受到这个学科的价值,才能激发学生学习的真正兴趣。

为此,我开始了新的探索。

2021 年 6 月学校要召开教育年会,学校领导安排生物教研组长安军老师和我负责"教学评一体化"论坛。我开始大量阅读相关文献。我发现在强调学科素养培养的背景下,人们开始重视形成性评价。

如何开展形成性评价?

这个形成,应该是素养形成。我们一线教师要对学生的素养形成状况进行评价,就必须将学生的学科素养可视化。

如何将学生的学科素养可视化？

我为此又开始大量阅读相关文献，忽然发现浙江大学肖龙海教授提出的"表现性学习"。我如获至宝。2022年一个寒假沉浸在肖龙海教授的关于表现性学习的论文书籍之中。

我发现，肖教授的"表现性学习理论"为我们一线教师提供了一条素养化教学之路。表现性学习让学生真正成为教学的主体。

第一节　开展表现性学习，是时代对教育的呼唤

北京师范大学中国教育创新研究院院长、中国基础教育质量监测协同创新首席专家刘坚老师在一次论坛发言中指出："这一轮教育改革创新，是中华民族崛起的最后一次机会，也是我们这代人报效祖国最后的机会！"他的话可谓振聋发聩！

他说我国过去的教育存在"学业过剩陷阱"，这一陷阱让中小学生缺乏家国情怀、审辨思维、创新精神和实践能力，他还指出：中国的孩子吃苦耐劳，但是愿意未来从事科研的比例远低于国际平均线。

作为一个基础教育工作者，我在想这个时代到底希望我们培养什么样的人？

我国当前国内经济面临艰难转型，国际社会出现逆经济全球化潮流，这时我们如何实现经济的高质量发展？高质量发展的关键是创新。

时代呼唤我们教育培养更多有创新精神，敢于突破、勇于实践的创新型人才！

如何培养创新型人才？创新型人才首先要继承人类文明已有的成果。如果说"情境·思辨·对话"教学法更多是帮助学生理解内化人类已有的文明，体验知识生产的过程，进而深度理解知识的内涵，那么表现性学习就要引导学生学以致用，运用学科知识蕴含的智慧解决人们生活和当今这个时代发展中面临的真实问题。

2019年习近平总书记亲自主持召开了学校思想政治理论课教师座谈会，会上习总书记指出思想政治理论课是落实立德树人根本任务的关键课程。办好思想政治理论课的关键在教师，关键在发挥教师的积极性、主动性和创造性。

过去传授式、刷题式的教育是无法培养出创新性人才的。这就需要我们一线教师发挥积极性、主动性、创造性变革教学方式。

余文森在其课题"能力导向的课堂有效教学研究"提出：学是教学的出发点、

落脚点，教学的中心、重心在学而不在教，教学应该围绕"学"来组织、设计、展开。陈佑清教授提出学习中心教学论，他认为"学"是教学的中心，基于学生学习的教学不仅是教学本质的体现，也是学生形成学科素养的必然要求。为此，教学改革和研究必须从学的角度来推进。

如何从学的角度推动教学方式的变革？

表现性学习为我们提供了思路。

什么是表现性学习？表现性学习是指在"教学评一体化"理念的指导下，教师确立学习目标，设置适切教学情境，提出表现性学习任务，学生在完成任务中灵活迁移和运用学科知识以提升其理性认识世界和改造世界能力的学习方式。

高中思想政治课程中的政治认同、科学精神、法治意识和公共参与素养的提升需要学生将学科知识转化为学科智慧。我们开展表现性学习就是要引导学生"学以致用"，让学生在运用学科知识解决真实情境中的真实问题中形成学科智慧，提升学科素养。

习近平总书记在学校思想政治理论课教师座谈会上指出："思想政治课教学是一项非常有创造性的工作，要创新课堂教学，给学生深刻的学习体验。"表现性学习就是要让学生真正成为学习的主体，通过完成现实情境中的真实任务进行学科实践，获得学科体验，在体验中感受学科知识的价值和意义，这有利于改变教师们传统的过于强调教师主导作用的"讲授式""灌输式"教学范式，引导教师们在进行教学设计和教学实践时考虑学生作为学习主体的需要，不断创新课堂教学的内容和形式，进而提升课堂教学效益。

《普通高中思想政治课程标准》提出：学科内容采取思维活动和社会实践活动等方式呈现，即通过一系列活动及结构化的设计，实现"课程内容活动化""活动内容课程化"，让学生在实践活动的历练中，在自主辨析的思考中感悟真理的力量。本课题研究的智慧表现性学习是要在学科课程目标的指引下，设计学科任务和评价量规，在学生完成学科任务的过程中，教师将引导学生依据评价量规及时反思自己对问题的理解，反思自己任务完成的情况，这有利于培养学生的批判性思维品质，帮助学生学会在反思中不断改进，提升自己。

中国传统文化强调"内秀""内敛"，俗语中"枪打出头鸟""出头的橼子先烂""木秀于林，风必摧之"，这些思想严重影响我国创新型人才的培养和成长。

我国要建立创新型国家,要突破当今发展中的各种困境,在百年之未有大变局中实现中华民族的伟大复兴就必须培养创新型人才。开展智慧表现性学习,就是鼓励学生在分析解决问题时以新颖而独特的方式展示自己的所学所获,只有鼓励他们敢于与众不同、标新立异,才能不断增强学生的创新意愿与能力,成为社会需要的创新型人才。

当前我国处在实现中华民族伟大复兴的关键时期。国家的发展、各行各业的发展都需要我们攻坚克难,这就需要涌现出一大批有担当的、敢于出头的、敢于挑战的创新型人才。

表现性学习对培养这样的人才有着重要作用,所以开展表现性学习,是时代对教育的呼唤。

第二节 国内外关于开展表现性学习的研究

一、国外研究

国际著名认知科学家季清华教授经过几十年的实验研究,2009年提出了"主动学习理论",2014年总结出ICAP学习方式分类学框架。ICAP学习方式分类学将学习分为被动学习、主动学习、建构学习和交互学习。每种学习类型的心理机制不同,得到的学习结果就不同。建构学习和交互学习是深度学习,能够达到自我生成和协同创新的高度。只有这种学习才能真正引起学生的投入和参与,使学生沉浸其中,这样学生的能力和素养才有可能提升。表现性学习,就是要引导学生开展建构学习和交互学习,进而提升学生的学科素养。

关于如何开展表现性学习,做出最为系统研究的是美国哈佛大学教育学博士格兰特·威金斯。他在《追求理解的教学设计》中系统阐述了其研究成果。他指出"教师是培养学生用表现展示理解的能力的指导者,而不是将自己的理解告知学生的讲述者"。为此,他提出了基于学习目标的逆向教学设计:确定预期结果、确定合适的评估证据、设计学习体验和教学。

表现性学习要围绕学科大概念进行设计,美国学者杰伊·迈克泰在《为深度学习而教》一书中指出:现代世界的快速变化和不可预测性要求学习者能够进行学习迁移,死记硬背的事实性信息并不能使学习者将其有效地运用于新的情境中。

要实现知识的迁移就需要帮助学生构建学科大概念，而帮助学生建构学科大概念就必须提供"表现性任务"，让其以真实和有意义的方式将其运用到具体情境的任务中，从而帮助学生实现深度学习。

如何设计表现性任务？美国学者特雷西·K.希尔在《设计与运用表现性任务——促进学生学习与评估》一书中指出：表现性任务是"现实世界的产品或表现"，它"需要学生运用正在学习的知识、技能及理解"。对表现性任务进行及时评估，可以促进学生达成学习目标，同时促进高阶思维的发展。

美国教育学者迪伦·威廉在《融于教学的形成性评价》中指出：评价是教与学之间的桥梁。他认为形成性评价是教师、学习者引出的关于学生学习成就的证据，有了此证据，做出下一步教学决策，这个决策比缺乏证据做出的决策更可靠，更加能促使学习过程转化为学习目标。

二、国内研究

我国春秋时代的教育家孔子曾说，"学而时习之，不亦说乎"，这里的"习"就是指的练习、践习，孔子意识到了学习需要践行，在践习中感受知识的价值，在践习中进一步深化对知识的理解，这样的学习才能带来深层次精神的愉悦。由此可见，我国强调在实践中学习，自古有之。

明朝著名思想家、教育家王阳明在其《传习录》中提出，"知是行之始，行是知之成""知之真切笃实处即是行，行之明觉精察处即是知，知行功夫本不可离"。这就启示我们要让学生获得真知，就必须让学生"行"，即开展表现性学习。

近代教育家陶行知的思想好像是对王阳明的思想的否定，但其实二者的精神实质是一样的。陶行知认为"行是知之始，知是行之成"，进而提出了"教学做合一"的思想，主张"在劳力上劳心"。陶行知认为"在劳力上劳心"是一切发明之母，事事在劳力上劳心，便可得事物之真理。表现性学习就是要在劳力上劳心，让学生在做的过程中发现事物之真理。

国内当代开展表现性学习研究发轫于21世纪初，最早在国内提出"表现性学习"概念的是浙江大学教育学院肖龙海教授。盛群力、肖龙海在2001年第九期《课程·教材·教法》发表《论倡导学会表现》一文。文中提出提升学生善于表现的能力和乐于表现的意愿有利于培养学生的创新型人格，向教育界发起了开展表现性学习的倡议。

2004 年至今肖教授在核心期刊发表《表现性课堂教学：特征、结构与策略》《表现性学习圈：基于学生发展核心素养的教学范式》《新课堂：表现性学习与评估一体化》等多篇论文。论文介绍了表现性学习的内涵，提出其结构是以问题（任务）为中心，包括获取、释义、生成、表现、评价五个基本阶段，同时提出了创设表现性任务、构建评价量表、鼓励合作探究是表现性学习与评估一体化的实践策略。

2019 年华东师范大学周文叶教授在《促进深度学习的表现性评价与实践》一文中提出"评价驱动着教育"，我们要以表现性评价改变过去浅表化和被动式的学习，促进深度学习。

国内关于在高中思想政治课程开展表现性学习实践的研究较少，通过知网查询，仅有两篇。

杨洋阳在论文《指向核心素养培育的表现性学习设计》提出表现性学习在思想政治活动型学科课程建设和实施中有着独特作用，是培育学生学科素养，落实立德树人的重要课堂学习形式。这一文章对于如何在高中开展表现性学习进行了可贵的探索，但是对于如何在表现性学习中实施教学评一体化策略没有述及。

朱丽萍老师发现了开展表现性学习对实施表现性评价的价值，她在论文《以表现性评价促进思政课深度学习的实践研究》中提出要进行表现性评价必须创设真实情境开展实践，然后设计评价工具进行评价。这篇论文看到了表现性评价对于提高学生学科素养的宝贵价值，但是对于如何开展表现性学习，如何依据学生表现性学习的过程开展形成性评价，没有详细论及，这正是本课题需要研究的领域。

第三节　开展表现性学习，提高课堂教学效益

我国著名教育家陶行知曾说："先生的责任不在教，而在于教学，是在教学生如何学。"作为一线教师我们希望自己精心准备的每堂课犹如美味又有营养的食物，促进学生智识的生长。然而在现实生活中我们却看到了这样的现象：老师课

前做了精美的课件，准备了翔实的内容，课堂上老师滔滔不绝地讲，学生却心不在焉地听。老师虽然也提问，但是问题大都停留在浅表层级，一堂课下来，学生的内心没有起过涟漪，更没有产生激烈的认知冲突，深度学习没有发生。这样的课堂教师很"累"，学生很"苦"，学生学科素养几乎没有提升，课堂效益很低……

一、"教学评一体化"要求开展表现性学习

北大哲学系孙熙国教授在对一线教师进行新教材培训时曾说："如果我讲的内容，你们都知道，你们就没有收获；如果我讲的内容你只有一部分知道，你比较有收获；如果我讲的内容，你都不知道，你就收获最大，不过你水平有点太低了……"这段话虽然是玩笑话，却给我们教学一个启示：我们要提升课堂教学效益就要找出学生"不知道"的内容，然后通过教学过程帮助学生把"不知道"变成"知道"。

如何找出学生不知道的内容？这就要求我们践行当前教学评一体化的教学组织和实施策略。"教学评一体化"是指教师基于学生的学习目标，提出表现性学科任务，同时设计量规，引导学生开展表现性学习活动，根据量规适时开展教学评估，以此做出最佳教学决策，有效帮助学生实现学习目标，从而不断提升课堂教学效益的教学组织实施策略。

美国教育家格兰特·威金斯和杰伊·麦克泰格合著的《基于理解的教学设计》中，提出了学生"理解"学科知识就是能够智慧地综合运用学科知识和技能解决情境中的任务和问题，其核心就是表现性能力。我们教师是引导学生用表现展示其对学科知识的理解水平的指导者，而不是将自己的理解直接告知学生的讲述者。为此他提出了逆向教学设计三个阶段：确定预期结果，确定合适评估证据，设计学习体验和教学。

这就给我们如何在教学实践中贯彻"教学评一体化"提供了思路，我们可以这样实施：

第一步：基于课程标准和教材内容确立适切的学科大概念。

第二步：在学科大概念统摄下，根据课程标准学业质量要求和学生发展的需要确立清晰可操作的学习目标。

第三步：基于学习目标设计符合学生认知规律，能够激发学生学习兴趣，有

效激活学生思维的有逻辑系列化表现性学科任务。

第四步：针对学科任务提供简洁易懂的评估量规，指导学生完成学科任务。

第五步：教师在学生完成学科任务的过程中及时进行形成性评估，并根据评估做出最佳教学决策；教师还可以引导学生自己、学生之间根据量规进行评估，通过评估帮助学生反思自己学科任务完成情况与学习目标之间的差距，进而明确努力方向，促进学科素养有效提升。

网上曾流传一个段子："有一种冷，是妈妈觉得你冷。"我们的课堂教学很多时候是"有一种不知道，是老师觉得你不知道"。而通过以上教学设计与实施过程我们就可以保证我们教的行为可以有效帮助学生学习目标的实现，提高课堂教学效益。

哈佛大学教育心理学家戴维·珀金斯提出要引导学生开展真正有价值的学习，就需要我们老师"为未知而教"，学生为"未来而学"。大力倡导深度学习的郭华教授认为，我们当前的教育被卡在了过去。封建社会，教育强调知识的记忆，"讲经式"教学就能满足学生考取功名的需要；工业化社会，强调知识技能的简单运用，"灌输式"教学就能为社会培养做重复工作的工人；在信息化社会，我们需要培养创造性人才，培养学生能够综合运用学科知识技能创造性地解决真实情境中真实问题的能力。这就要求我们必须变革我们的教学，因为正如约翰·杜威所说："如果我们仍用昨天的教育培养今天的儿童，那么我们就是在剥夺他们的明天。"

如何变革我们的教学？我们必须摒弃过去的灌输式、浅表化的"讲经式"教学，走向以学生学习为中心的深度教学。这就要求我们一线教师在教学实践中在探索开展表现性课堂教学，引导学生进行表现性学习。

二、开展表现性学习对提升学科素养的价值

"表现性学习"（performance-based learning）是将学习的结果以及个体内在良好的素质充分地外化展示出来，亦即"学以致表"（from knowing to showing）。本文所指的表现性学习是指学生在学习目标的指引下，通过完成教学情境中表现性学科任务，表现出学科素养的一种学习方式。

表现性学习继承和发展了我国优秀的教学文化。孔子曾说："温故而知新，可以为师矣。"朱熹对其的解释是通过学习旧的知识，运用旧知识所蕴含的智慧解决

当今的问题，这样的人才可以"为师"。这就启发我们教学不仅仅是让学生识记，更应该帮助学生理解学科知识生产者当时生产知识时的思维方式、价值观、品格，这就是智慧。只有开展表现性学习，把学生放置在与学科知识生产者一样的境遇和挑战中，他才能"顿悟"知识背后的智慧，学科素养才能生成。

表现性学习还继承和发展了我国优秀的哲学思想。

孔子曰："学而时习之，不亦说乎？"这里的"习"就是践习的意思，学习了理论知识，只有在生活、实践中运用，学习者才能感受到知识的价值，才会"不亦说乎"。

荀子说："不闻不若闻之，闻之不若见之，见之不若知之，知之不若行之，学止于行而止矣。行之，明也。"荀子强调只有"行"，才能"明"，注重在实践和运用中深化认识。

宋代诗人陆游在《冬夜读书示子聿》中说"纸上得来终觉浅，觉知此事要躬行"，强调躬行对于学习的价值，表现性学习就是要给学生创设一个"躬行"的机会。

明代哲学家王阳明开创"心学"。记载其思想的《传习录》中有云，"真知即所以为行，不行不足谓之知""知之真切笃实处即是行，行之明察处即是知，知行功夫本不可离"。过去我们的"讲经式"教学天真地以为通过教师清晰地讲解就能提升学生的学科素养，这是不可能的。因为就如王阳明先生所言"知行合一"方能"致良知"，只有开展表现性学习，让学生经历学科实践，学科知识才能转化为学生的学科素养。

人的素养的形成主要通过两个途径：一是自然养成，比如孟母三迁，就是为了给孟子提供一个好的环境，进而提升孟子的素养；二是主动形成，比如任何一个领域的专家都是通过实践+反思，逐渐提升素养而自我成就的。

在提升学科素养为教学旨归的当下，大力倡导开展表现性学习，让学生经历学科实践和反思的过程，提升学科素养势在必行。

开展表现性学习对学生的成长而言有甚多好处：

首先，表现性学习调动学生积极性，激发其学习兴趣。

孔子曾说："知之者不如好之者，好之者不如乐之者。"我们的教学如何让学生好之乐之？这就需要有效激发学生的学习兴趣，这是提高课堂教学效益的前提。

万物都有表现自己的欲望，花儿在尽情绽放，孔雀在努力开屏……学生们同样也希望在老师同伴面前表现出自己的素质、能力和水平。

我们的教学要善于给学生创设表现的机会。一个体育老师在给学生上篮球课时，让学生练习运球、投球，学生没有兴趣，应付差事；后来老师改变教学策略，让学生分成不同小组打比赛，学生在比赛过程中发现自己有"带球走""投不准"的问题，主动要求练习运球和投篮。让学生打篮球比赛就是表现性学习，学生在表现中发现自己的不足，进而产生学习的愿望和兴趣。

赞可夫强调："教学法一旦触及学生的情绪和意志领域，触及学生的精神需要这种教学法就能发挥高度有效的作用。"通过表现性学习激发学生的学习兴趣，我们才有可能引起学生思维内部的矛盾冲突，这是深度学习发生的关键，也是学科素养提升的前提。

其次，表现性学习有效激活学生思维，实现深度学习。

郭华教授认为所谓深度学习，就是在教师引领下，学生围绕着具有挑战性的学习主题，全身心积极参与、体验成功，获得发展的有意义的学习过程。表现性学习要求教师创设情境，提出表现性学科任务，学生完成学科任务的过程中必须开动脑筋，运用学科知识蕴含的智慧分析解决问题，这就在老师创设的严肃的智力游戏中帮助学生实现了深度学习。

苏霍姆林斯基曾说："学习如果具有思想、感情、创造、美和游戏的鲜艳色彩，那它就能成为孩子们深感兴趣和富有吸引力的事情。"只有开展表现性学习，学生才能像做游戏似的全身心参与课堂，体验知识在生活中的价值，实现对学科知识的深度理解。深度理解学科知识，是学科素养形成的关键。

最后，表现性学习有利于开展形成性评价，提高教学效益。

课堂教学效益是指教师通过一段时间的教学后，学生素养所获得的具体进步和发展。如果在一堂课的时间，我们的教学活动能够使学生素养进步和发展最大化，我们的课堂效益就是最优的。

如何使课堂教学投入带来最大的产出？这就需要我们教师充分发挥课堂教学的主导作用，做出最科学的教学决策：确保我们教的内容正好是学生不会，但又需要掌握，而且难度还必须处在学生的最近发展区。这个决策我们过去更多是依靠经验，这就无法保证科学性。这正是当今教育理论界提出开展形成性评价，以评定教的原因。形成性评价是"教师或学生实施的，提供信息作为反馈来修正我们所参与的教与学活动的行为"。

形成性评价需要客观证据。如果开展表现性学习，将学生的思维可视化，我们寻找到做出科学教学决策的可靠证据，基于这个证据决定我们的下一步教学行为。这样课堂"教"的行为始终是满足学生"学"的需求的。

表现性学习其实是要求我们一线教师主动根据教学对象的发展需要，把舞台中央让给学生，让学生在完成任务的同时学习知识，同时又帮助我们基于学生的表现开展评估，在评估的基础上进行科学的教学决策。这需要我们在一线的教师主动"革命"，不仅把课堂的中心让给学生，而且要倒逼自己不能仅仅凭经验任性开展教学，而要根据学生可见的素养水平和发展需要理性做出最佳教学决策。这样我们教师的"教"才能更精准地服务于学生的"学"，实现课堂教学效益最大化。

三、表现性课堂教学的实施策略

当前高考的指挥棒已经在引导教学的变革。30年前考知识，考查学生头脑中装了多少认知；20年前考能力，考查学生能否运用学科知识解决问题；近几年开始考查学生的学科素养，考查学生在正确价值观的指导下解决情境中真实问题的能力。

考试的改革倒逼教育变革，如何提升学生在正确价值观的指导下解决情境中真实问题的能力？课堂是育人的主阵地，这就要求我们一线教师开展表现性课堂教学。

表现性课堂教学力图改变传统的以知识的传递为中心的课堂教学程式，构建以表现性学习为核心的课堂教学形态。我们如何开展表现性课堂教学，让学习自然发生，高效达成学习目标？

笔者在长期的教学实践中探索出"情境·思辨·对话"教学法，借助这一教学法我们可以引导学生开展表现性学习。具体实施策略如下图：

具体实施策略如下：

第一，基于学科大概念，确立素养导向的学习目标。

当前倡导的单元教学设计要求我们确立教学目标时要有整体思维。我们要根

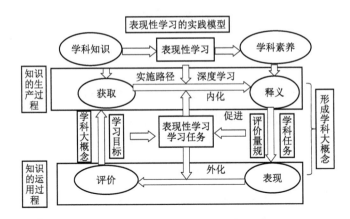

据学科的育人价值确立学科大概念,基于学科大概念设计学习目标。

学习目标是学生在教师的引导下完成学习任务之后学科素养的达成水平。学习目标是进行教学设计的起点,同时也是教学实施达成的终点。

没有目标,就没有课堂效益可言。如何确定课堂学习目标?我们确定教学目标既要根据课程标准的内容要求和学业质量要求,还要考虑教学内容的德育价值。

叶圣陶在《如果我当教师》中说:"我如果当中学教师,绝不将我的行业叫作教书。我与从前书房里的老先生是大有分别的。他们只需教学生把书读通,去应试,考取功名,此外没有他们的事儿了;而我呢,却要使学生能做人、能做事,成为健全的公民。我无论担任哪一门功课,自然要认清那门功课的目标,如国文课在训练思想,养成语言文字的好习惯;理化科在懂得自然,进而操纵自然之匙。同时,我不忘记各种功课有个总目标,那就是造就健全的公民。每门功课犹如车轮上的一根辐,许多根辐必须集中在教育这个'轴'上,才能成为推进国家民族进步的整个轮子。"思想政治学科是立德树人的关键课程,我们思政学科教师在确立学科教学目标时更需要考虑学科德育目标及达成路径。每一堂课教学目标扎实有效达成,我们才能最终实现学科素养目标。

第二,创设适切教学情境,提出具有挑战的表现性学科任务。

学习是学生与情境持续互动、不断解决问题、创生意义的过程。建构主义认为,学习总是与一定的社会文化背景即"情境"相联系的,在实际情境下进行学习,可以使学习者能利用自己原有认知结构中的有关经验去同化和索引当前学习到的新知识,从而赋予新知识某种意义。学科核心素养的培育离不开情境,学科素养是学习者在面对生活实践或学习探索问题情境时,能够有效整合运用调动学科知识、运用学科相关能力，高质量认识问题、分析问题、解决问题的综合品质。

适切教学情境不仅要来自生活，还要蕴含学科知识，融入情感元素，富有德育价值，这样的情境是提高课堂教学效益的前提。

马克思主义哲学认为矛盾是事物发展的动力。学生思维的发展需要引发思想上的矛盾冲突。如何有效激发学生思想上的矛盾冲突？这就需要我们提出具有挑战的表现性学科任务。这种学科任务可以有不同的形式，但要处于学生的最近发展区，如果挑战水平过低，学生会觉得无聊，进而走神；如果挑战水平过高，学生就会感到焦虑，进而产生"厌学"的情绪。

对于课堂教学而言，提出具有开放性思辨性问题是一个行之有效的方法。在教学实践中，笔者在不同模块教学中提出了下面的开放性、思辨性的问题：

经济与社会：国家市场监管总局为什么对互联网平台企业进驻社区团购说不？

哲学与文化：实现人生价值需要我们张扬个性还是收敛个性？文化差异促进文化交流还是阻碍文化交流？

政治与法治：人民为什么拥护共产党？

这样的问题因为开放，没有标准答案，学生敢于回答；这些问题因为具有思辨性，所以在学生头脑中形成认知冲突，有效地激活了学生思维。学生对这些问题的回答不仅表现出他们对学科知识的理解水平，而且也展示了其思维品质和价值观。提出富有挑战的表现性学习任务是有效提高课堂教学效益的关键。

制定清晰可操作的评价量规，适时开展形成性评价。

评价量规为学生表现性学习任务的完成提供"脚手架"，它不仅降低了评价的主观随意，而且有效指导学生完成任务。量规要体现学习目标，它是对目标达成度不同水平的描述，我们制定评价量规要确立不同的维度，分为不同的层级，便于在学习过程中开展形成性评价。

世界经济合作与发展组织将形成性评价定义为："为确定学习需求和适当地调整教学，对学生进步和理解进行频繁、互动式的评价。"英国评价改革小组认为使用评价提高学生学习需要五个要素：①向学生提供有效的反馈；②让学生主动参与自己的学习；③根据评价调整教学；④认识到评价对学生学习动机和自尊的深刻影响；⑤需要学生有能力评价自己，并知道如何改进。从以上五点我们可以看出评价的主体既包括教师也包括学生，评价要激发学生的学习动机，调整教学，促进学生改进。

开展表现性学习就是要让学生在完成学科任务的过程中将其学科素养"外显",只有外显学科素养,我们教师才能基于客观证据对学生的素养目标达成情况进行评价,基于评价进而做出科学的教学决策。学生也会在这个过程中根据评价标准对自我的表现进行评价。如果与评价目标要求有差距,学生不仅会产生强烈的学习动机,而且也会明确努力的方向。这时真正的学习就会发生。

第五,通过对话促进学生反思体悟,形成可迁移运用的学科大概念。

苏霍姆林斯基曾说:"我深信,只有能够激发学生进行自我教育的教育,才是真正的教育。"学生产生学习动机的实质是学生在思想内部产生了现有素养水平和理想素养水平的矛盾冲突。这时教师因势利导,循循善诱,通过启发、诱导、追问、反问等方式,引导学生经过自己的思维活动将理想素养水平变成现实的素养水平。这就要求我们一线教师善于做苏格拉底式的教师。笔者在下面试题讲解中就尝试了苏格拉底"产婆"术:

情境:随着我国对传统文化的保护,许多传统工艺回归到人们的视野里,而点翠工艺却饱受争议。一方面,点翠饰品在部分从业者、爱好者那里备受追捧;另一方面,这一技艺也遭到动物保护人士的批评。围绕一根羽毛,点翠从业者与动物保护人士有着看似不可调和的矛盾。

思辨:关于点翠工艺,"非遗保护"与"动物保护"是否应当二选一?从哲学角度谈谈你的见解。

有一学生如下作答:应该选择动物保护,点翠工艺放入博物馆。因为我们要树立人与自然和谐共生的价值观。

笔者根据 solo 理论对其进行评估,认为其回答的素养水平还处在前结构或者单点结构,给了很低的分数。学生主动找到我,师生开展了如下对话:

师:你认为"非遗保护"与"动物保护"是什么关系?

生:矛盾,二者既对立又统一。

师:这要求我们如何解决问题?

生:要全面看问题。

师反问:你认为将点翠饰品放进博物馆是全面看问题的做法吗?

生:好像是片面强调了动物保护。

师追问:"非遗保护"就是要把它送到博物馆保护吗?这是我们对待传统文化的最好方式吗?

生:我们对待传统文化,要在继承的基础上发展,促进其创造性转化和创新性发展。

师追问:我们如何传承"点翠工艺"?

生:可以利用现代科学技术和先进工艺,寻找翠鸟羽毛的替代品,进行生产性保护。

通过以上对话学生对这个问题的认识就由原来的单点结构上升到关联结构、抽象拓展结构。学生在头脑中形成了关于如何正确对待传统文化的学科大概念。这一大概念,学生可以迁移运用到不同场景,这样就实现了学科知识的活化,学习对学生的生命成长就有了真切的意义。

现代教育之父、捷克教育家夸美纽斯在《大教学论》中说:"寻求并找出一种教学的方法,使教师可以少教,但是学生可以多学;使学校因此可以少些喧嚣、厌恶和无益的劳苦,多具闲暇、快乐和坚实的进步!"

采用"情境·思辨·对话"教学法,引导学生开展表现性学习,适时开展形成性评估,我们可以有效提高课堂教学效益,让学生在我们的思政课堂享受到思维的快乐和坚实的进步。

注:可参阅论文《以表现性学习提高课堂教学效益——教学评一体化实践探索及思考》,发表于《中学政治教学参考》2022年第5期。

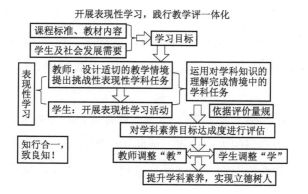

第四节 "U型学习",让学习真实发生

作为一线教育工作者,我们要审视自己的日常教学,反思自己的教学是否让学生的学习真实发生,我们是否切实履行了为党育人,为国育才的使命?

教师是帮助学生学习的人,学生的"学"与我们的"教"息息相关,我们可以从学生学习的形态来反思自己教学的理念和行为。

一、学习的三种形态

华东师范大学郭元祥教授认为:不同教师教的理念和行为不同,以至于学生的学习呈现出了三种不同的形态。①

第一种:"一型学习"。教师将学生的头脑看作待"填满的容器",采用传统的灌输型教学,学生的学习是一种被动的接受式的"直线性学习"。这种学习方式看似找到了公共知识与学习者之间最短的路径,但是真实的学习并未发生。这种学习方式因为省略了学生对学习的经验投入、思想投入、情感投入和实践投入,所以学科知识无法真正走进学生的生命,学生无法将学科知识转化为人生的智识。

第二种:"L型学习"。教师在建构主义理论的指导下,注重设置情境,提出问题,引导学生经过自主探究、对话交流的活动理解学科知识。学生因为经历了学科知识的生成过程,所以理解学科知识的内涵。这种学习方式比"一型学习"要高级,因为它注重了学习者对学科知识的"内化"。但这种学习方式没有引导学生实现对学科知识的创造性运用,也缺乏对学生高阶思维的培养。这种学习方式只可以培养出人类文明的继承者,无法培养出人类文明的赓续发展者。

第三种:"U型学习"。教师在人本主义教育理论的指导下,不仅引导学生投入情感、思想,经历知识的生产过程,帮助学生实现学科知识的内化,而且创设情境,提出具有挑战性的问题,提供评价量规,引导学生在完成任务的过程中创

---

① 郭元祥. 深度教学 [M]. 福州:福建教育出版社,2021.

造性地运用学科知识，解决真实问题，激活学生的高阶思维，同时又通过评价，引导学生反思、改进。这样学习才是真正的学习。

古罗马思想家普罗塔克曾说："儿童不是一个需要填满的罐子，而是一个需要点燃的火种。""一型学习"把学生当成了要"填满的罐子"，忽视了学生的主体性，我们必须摒弃。"L型学习"，开始重视学生学习者的主体地位，但没有将学习进行到底。美国教育家杜威认为：学习的实质是"经验的增加、改造和重组"，只有开展"U型学习"，实现内化和外化进行统一，学生的经验才得以增长、改造和重组，学习才真实发生。

二、"U"型学习实现了内化和外化的有机统一

反映当今学习科学研究最新成果的《剑桥科学学习手册》中指出：认知科学家发现：当学生的学习不是表面知识而是深层知识，并且学习如何在真实社会与实践情境中运用这些知识时，这些知识会被记忆得更牢靠，并且能够被运用到更广泛的情境中去。[①]

帮助学生学习深层知识，就需要我们教师经过精心设计，引导学生简约经历一遍学科知识的生产过程，实现知识的内化。内化（Internalization）是认知主体将他人的思想观点转变为自己认知结构的一部分。只有通过内化，学生才能将人类已经创造的精神财富占为己有，成为人类文明的继承者。

我们过去的教学十分注重学生对知识的内化，忽视了外化。我们过去认为学生理解学科知识就是将学科知识内化为自己的认知。然而在《追求理解的教学设计》一书中，格兰特·维金斯提出："理解的核心是表现性能力。理解意味着能够智慧地和有效地迁移和运用——在实际任务情境中，有效地运用知识和技能。""真正理解所学知识的人比那些一知半解的人能更好地应对在真实世界中遇到的挑战。"[②] 这就启示我们要想真正帮助学生理解学科知识，就必须在内化的基础上，实现对学科知识的外化。

外化，是将所学的学科知识运用于生活之中，指导我们更好地决策、更好地

---

① R. 基思·索耶. 剑桥学习科学手册 [M]. 2版. 徐晓东，等译. 北京：教育科学出版社，2021：4.
② 格兰特·威金斯，杰伊·麦克泰格. 追求理解的教学设计 [M]. 闫寒冰，宋雪莲，赖平，译. 上海：华东师范大学出版社，2017：51.

行动、更好地生活。通过外化，学生亲身经历知识在实际生活中的运用过程，将学科知识创造性地运用于解决当下生活中的真实问题。这样学生的学习就实现了"经验的增加、改造和重组"，真实的学习才发生！

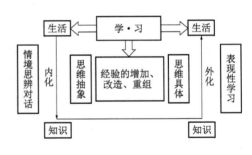

经过笔者最近几年的实践探索，摸索出了运用"情境·思辨·对话"教学法帮助学生实现知识的内化和开展表现性学习帮助学生实现学科知识的外化的教学模式，这一教学模式可以引导学生开展"U型学习"，让"学"和"习"真实发生，同时帮助我们教师实现立德树人的育人使命。

三、运用"情境·思辨·对话"教学法帮助学生实现知识的内化

学习的"学"的繁体字为"學"，这个字的意思是：人用双手构木为屋，小孩子在屋子里学习生活的技能。

在二十多年的教学实践中，笔者探索出了运用"情境·思辨·对话"教学法内化学科知识的方法。这一教学法可以帮助学生将学科知识还原为生活经验，这个还原也就是"下沉"过程，"下沉"就是将学科知识表象化、具象化的过程。通过"还原、下沉"，我们可以帮助学生将公共知识转化为个体见识，实现真正的"学"。

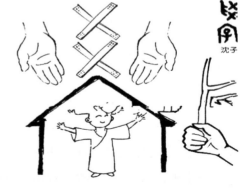

其具体实施路径如下：

（一）设置适切的情境

戴维·R. 乔纳森在《学习环境的理论基础》指出："情境是利用一个熟悉的参考物，帮助学习者将一个要探究的概念与熟悉的经验联系起来，引导他们利用这些经验来解释、说明、形成自己的科学知识。"我们要将人类公共文化知识转化为个体知识就必须创设情境，让学生依托情境实现由感性认识上升到理性认识这一历程。教学情境可以帮助学生打通知识世界、生活世界、思维世界和意义世界，

引导学生投入情感、思维，具身体验知识的生产过程。

余文森教授指出创设情境既要为学生的学习提供认知停靠点，又要激发学生的学习心向。这是情境的两大功能，也是促进学生有意义学习和实现有效教学的两个先决条件。① 我们如何设置这样既为学生学习提供认知停靠点，又能激发学生学习心向的教学情境？这就要求我们一线教师不仅仅要备课标、备教材，还要备学生。我们要充分了解学生的困惑、学生的兴趣、学生的精神生长点。

适切的情境要关注学生的生活。"学习情境的撷取、设置不能拘束于知识内容，要面向学生的现实生活，在学生鲜活的日常生活环境中发现、挖掘学习资源，其中的问题应当是学生在日常生活中经常会遇到的一些问题"。② 人类在生活中发现了事物的本质和运行的规律，总结提炼为学科知识，我们只有设置情境，才能让学生体会到学科知识的价值，进而激发学生学习的心向。

适切的教学情境要蕴涵学科主干知识的价值。情境是为帮助学科知识而设置的，教师要善于在整体上把握课标和教材的基础上确立学科主干知识。依据学科主干知识设置情境，可以有效提高课堂教学效率。

（二）提出思辨问题

好的问题是激活学生思维的关键。学科教学的重要价值在于塑造思维。"直线型教学"中教师提出的问题主要是知识的简单再认和再现，这个只能培养学生死记硬背的记忆能力。在当前信息化时代，通过互联网人们可以轻易获取知识信息。仅仅培养学生的记忆能力，无法适应这个时代对人才的要求。

在当今人工智能、信息化逐渐普及的时代，我们要培养学生有独立的判断力、创造性解决问题的能力。这就需要培养学生的高阶思维能力。高阶思维能力的培养需要我们学会提出思辨性的问题。比如在《哲学与文化》教学中，笔者根据教学内容和学生现实生活中的真实困惑提出了如下问题：

1. 我们是否应该在乎别人的评价？
2. 付出没有收获，我们是否还要坚持？

---

① 余文森. 论情境教学的教学论意义、类型及创设要求 [J]. 中小学教材教学，2017 (1)：14.
② 赵蒙成. 学习情境的本质与创设策略 [J]. 课程·教材·教法，2005 (11)：21-25.

3. 实现人生价值，我们需要保持个性还是收敛个性？
4. 文化差异促进文化交流，还是会阻碍文化交流？

回答这样的问题，需要学生在头脑中首先进行独立判断，形成自己的观点，同时还要进行思维建构，从多个角度，运用多个有内在联系的学科知识进行论证。在这个过程中我们就有效提升了学生的思维能力。

（三）开展真诚对话

日本当代教育家佐藤学提出所谓"学习"，就是同客观世界的相遇和对话，同教室里的伙伴们的相遇与对话，同自己的相遇与对话。[①] 课堂教学的魅力就在于在教师这个平等中的首席的主导下，教师与学生之间、学生与学生之间、学生与教材编者之间展开真诚的对话。社会建构主义认为"对话超越了单纯意义的知识传递，具有重新建构意义、生成意义的功能"。[②] 在不同主体的对话中，学生可以在倾听他人理解的基础上反思自己对学科知识的理解，校正、深化对学科知识的认识，从而将学科知识完整准确地内化在个人的认知结构中。

我们可以运用"情境·思辨·对话"教学法，通过系列化的情境和序列化的问题，帮助学生在对话中内化学科知识。在内化学科知识的基础上形成学科大概念。学科大概念是学科知识上位的思想，是学科知识丛所蕴含的学科智慧。学科大概念具有可迁移性，为开展表现性学习提供了前提。

过去我们的教学停留在"L型学习"，学生将知识内化后，开始做大量习题，这样只能培养出"小镇做题家"，而无法培养出终身学习者，更无法为社会培养出具有创新精神的人才！时代的发展，呼唤我们必须把"L型学习"推向"U型学习"！

四、开展表现性学习帮助学生实现知识的外化

学习的"习"，其繁体字为"習"，《说文解字》里说："習，数（shù）飞也。"上边是个"羽"字，表示鸟的翅膀，下边是个"日"字，表示太阳，合起来就是表示"鸟在阳光下练习飞翔"的意思。由这个字的字意可以看出学习离不

---

① 佐藤学. 教师的挑战 宁静的课堂革命 [M]. 钟启泉, 陈静静, 译. 上海：华东师范大学出版社, 2012：4.
② 钟启泉. 社会建构主义：在对话与合作中学习 [J]. 上海教育, 2001：48.

开"练习""实践"。

我国古代教育家孔子曾说：学而时习之，不亦乐乎？这里的"习"就是指的践习、练习。人们学后复习是无法感受到获取知识的喜悦的，但是学到道理，如果将其运用到生活中，取得了良好效果、达到了预期目的，就有可能"乐乎"。当前我们的教学存在的一个重要问题就是忽视了学生的学科实践，忽视了学生学以致用的过程。

古今中外很多教育家都十分重视引导学生学以致用。比如荀子曾说："不闻不若闻之，闻之不若见之，见之不若知之，知之不若行之，学止于行而止也，行之，明也，明之为圣人。"[①] 杜威认为"一盎司的经验胜过一吨理论，因为只有在经验中，任何理论才具有充满活力和证实的意义"。[②] 所以他大力倡导"做中学"，这深刻影响了我国当代教育家陶行知，他提出"教学做合一"，指出："教学做是一件事，不是三件事。我们要在做上教，做上学。先生拿做来教，乃是真教；学生拿做来学，方是实学。"[③] 陈鹤琴提出"活教育"，其方法论的基本原则也是"做中学，做中教，做中求进步"。他认为"做"是学生学习的基础，因此也是"活教育"方法论的出发点。

当前我国很多教育专家也认识到了"做"的重要性，他们疾呼要开展学科实践，华东师范大学崔允漷教授提出：学科实践是学科育人方式变革的新方向，学科实践强调真实情境下问题的解决，全方位指向素养目标。学科实践作为学习方式的突破口，为核心素养时代回答学科如何育人提供了新的范式。[④]

如何开展学科实践，引导学生将学科知识转化为人生智慧？这就需要我们继续引导学生将学习推向外化阶段——开展表现性学习。

表现性学习是指在"教学评一体化"理念的指导下，教师确立学习目标，设置适切的教学情境，提出表现性学习任务，学生在完成任务中灵活迁移和运用学科知识以提升其学科素养的学习方式。

表现性学习帮助学生实现学以致用，让抽象的学科知识能够"上浮"到现实

[①] 方勇，李波. 荀子 [M]. 北京：中华书局，2015：109.
[②] 约翰·杜威. 民主主义与教育 [M]. 王承绪，译. 人民教育出版社，2001：158.
[③] 陶行知. 陶行知教育名篇 [M]. 方明，编. 北京：教育科学出版社，2013：97.
[④] 崔允漷：学科实践：学科育人方式变革的新方向 [J]. 人民教育，2022（9）：30-32.

生活，这可以让学生感受到学习的学科知识的价值，有效激发学生的学习兴趣；表现性学习要求学生综合运用学科知识解决生活中的真实问题，这有利于培养学生的高阶思维。

当前我们大力倡导实施教学评一体化策略，只有开展表现性学习，我们才能依据评价量规，开展评估，引导学生反思改进，不断提升学科素养。

如何开展表现性学习？浙江大学肖龙海教授认为表现性学习可以分为五个步骤：①

（1）获取有关信息；

（2）解释所获取信息的意义；

（3）生成新信息的外化模型（表现的内容）；

（4）以适当的方式表现生成的内容；

（5）评价表现结果、反思表现的得失。

受此启发，笔者在最近两年的教学实践中，摸索出我们一线教师可以通过以下四个步骤引导学生开展表现性学习。

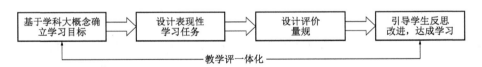

（一）确立学习目标

学习目标是从学生视角出发，为实现预期的学习结果，为学生制定的目标。确立学习目标要基于学科大概念。学科大概念是指向学科核心内容、反映学科本质、体现学科思想，能够帮助学生理解世界解决问题的观点、概念、问题、原理。格兰特·威金斯、杰伊·麦克泰格的《追求理解的教学设计》将学科大概念比喻为"车辖"，车辖使车轮固定在车轴上，从而使车能够运转。他指出：大概念既是各种条理清晰的关系的核心，又是使事实更容易理解和有用的一个概念锚点。大概念连接不同的知识片段，使学生具备应用和迁移能力。② 学科大概念能够帮助学生像专家一样分析解决问题，这就为我们设计素养表现性学习目

---

① 肖龙海，管颐. 新课堂：表现性学习与评估一体化 [J]. 课程·教材·教法，2017（3）：20.

② 格兰特·威金斯，杰伊·麦克泰格. 追求理解的教学设计 [M]. 闫寒冰，宋雪莲，赖平，译. 上海：华东师范大学出版社，2017：72-75.

标提供了可能。

确立学习目标主要考虑两个方面：一是学生发展的需要；二是课程标准中的学业质量要求。学业质量代表了国家意志，反映了国家对学生完成课程阶段性学习后核心素养的发展要求。这样的学习目标能够帮助我们一线教师培养出实现个人发展与社会发展有机统一的人。

（二）设计表现性学习任务

表现性学习任务的设计需要教师基于学习目标，选择真实的情境，将学生放入一个社会角色，提出这个角色要面临的真实问题，引导学生综合运用学科大概念分析解决问题。

比如在进行高中思想政治基层群众自治制度教学时，将学生放入这样的情境：假如你是居民投票选出的北京东城区草厂胡同的居委会主任，居民纷纷向你反映厕所老旧，严重影响了居民生活质量，你怎么推进"厕所革命"？在学习"依法治国"内容后，将学生的真实经历化为表现性学习任务：假如你家邻居有个小女孩每天晚上练琴，因为隔音不好，严重影响了你的学习，家长多次沟通无果，你作为一个高中生应该如何理性处理琴声扰民的问题？

完成这样的表现性学习任务需要学生灵活运用基层群众自治和依法治国学科大概念，这个过程就是学以致用的过程。学生们能够切身感受到学科知识蕴涵的智慧可以帮助他们解决真实社会问题，有效提高他们参与社会的能力。这不仅有利于激发学生的学习兴趣，而且在这个过程中我们也在学生心中种下承担未来社会历史实践重任的责任心、价值观，发展出能够承担未来社会历史实践重担的能力、情怀和品格。这就是表现性学习的魅力！

（三）研制评价量规

我们的"教"要有效并且高效地帮助"学"，就必须实施教学评一体化策略。开展表现性学习，必须同时提供评价量规。评价量规有三个作用：一是具有目标导向的作用，指导学生在完成任务的过程中达成学习目标；二是具有脚手架的作用，为学生学习任务的完成提供工具和指导；三是具有评价作用，为教师和学生任务完成情况进行评价提供客观依据，降低评价的主观随意性。

制定评价量规要在学习目标的指导下，确立维度，比如文科表达类的表现性学习任务可以从观点的鲜明程度和创造性、论据的准确性、语言表达的准确性和逻辑性、知识运用的合理性等维度进行评价。每个维度可以分为四个等级：优秀、良好、合格、待完善。每个等级的描述要具体清晰、具有可操作性。

（四）通过评价促进学生反思改进，达成学习目标

我们教师在学生完成学习任务后，要及时依据评价量规对学生的表现进行评价。这种评价会引发学生的反思，学生在反思中找到自己的问题和努力的方向，并在此基础上进行改进完善。这个过程不仅实现了"教学评一体化"，而且帮助学生实现了杜威所说的"经验的增加、改造和重组"，真正的学习发生了！

叶圣陶老先生在《为了达到不要教》一文中说"给指点，给讲说，却随时准备少指点，少讲说，最后达到不指点，不讲说。这好比牵着孩子的手教他学走路，却随时准备放手。"[①]"情境·思辨·对话"教学法就是牵着孩子的手，让他经历一遍知识的生产过程，表现性学习就是要准备放手，让孩子独立行走……

教学活动的最终目的是使学生的自觉活动能够汇聚于社会历史的实践之中，不仅占有人类实践成果本身，还要体现知识的发现和运用过程，形成高级的社会性情感、正确的价值观，发展出能够进入社会历史实践的才能、情怀和境界，成为连接过去与未来，推进人类历史向前发展的主人。[②]

在百年之未有大变局的今天，在中华民族实现伟大复兴的关键时期，国家急需大批创新性人才！中共二十大将实施科教兴国战略提到了前所未有的高度，我们一线教师应该怎么做才能不负党的重托、不负时代的呼唤？树立以学生为中心的教育理念，精心设计教学，引导学生开展U型学习，让学习真实发生，让学生成为敢想敢为又善作善成的新时代好青年，也许就是我们给党和这个时代交出的最好答卷！

【本节是人民教育出版社课程教材研究所"十四五"课题"聚焦核心素养的生态·智慧课堂实践研究"（课题批准号：KC2021—001）的阶段性研究成果】

[①] 叶圣陶. 叶圣陶教育名篇 [M]. 张圣华，编. 北京：教育科学出版社，2013：97.
[②] 郭华. 带学生进入历史："两次倒转"教学机智的理论意义 [J]. 北京大学教育评论，2016（4）：25–26.

第五节　表现性学习之学历案和学习设计
——以"必修三""政治与法治"为例

一、"历史和人民为什么选择共产党"学历案

（一）学习目标
1. 结合近现代历史阐明历史和人民为什么选择了共产党。
2. 结合中国特色社会主义知识阐述中国共产党为什么能够领导中国人民站起来、富起来、强起来。

（二）知识落实
1. 中国近代的国情和主要矛盾是什么？
2. 为什么人民选择了中国共产党的建国方案？
3. 中国共产党能够领导中国人民站起来、富起来、强起来的原因是什么？

（三）学习过程

环节一：了解"历史和人民的选择"
——近代中国国情和主要矛盾

【情境1】"中国现时的社会，是一个半殖民地、半封建性质的社会，只有认清中国社会性质，才能认清中国革命的对象、中国革命的任务、中国革命的动力、中国革命的性质、中国革命的前途和转变。所以，认清中国社会的性质，就是说，认清中国的国情，乃是认清一切革命问题的基本根据。"

——毛泽东：《中国革命和中国共产党》

【思辨1】认清中国的国情对中国革命有何意义？
答案提示：认清中国的国情才能明确革命的对象、任务、动力、目标。

【情境2】观看视频，了解中华人民共和国成立之前的国情。

【思辨2】
（1）半殖民地半封建社会的中国面临着哪些矛盾？

(2) 你认为这些矛盾中哪些是主要矛盾？

(3) 近代中国面临的两大历史任务是什么？

答案提示：中国当时面临多个社会矛盾，其中帝国主义与中华民族之间的矛盾、封建主义与人民大众的矛盾是主要矛盾，这就决定了当时的历史任务是推翻帝国主义和封建主义的统治，争取民族独立和人民解放，彻底改变贫穷落后的面貌，实现国家富强和人民幸福。

【情境3】近代中国各阶级救国救民的探索。

【思辨3】农民阶级、地主阶级、资产阶级纷纷登上历史舞台，他们为什么没能带领中国人民完成两大历史任务？

答案提示：农民阶级不代表先进生产力，自身具有狭隘性，民族资产阶级具有软弱性。

环节二：理解"历史和人民的选择"
——"三种建国方案的较量"

【情境1】"两兄弟的故事"

19世纪20年代初，中国有两个党派，是性格完全不一样的两兄弟。大哥国民党总想独揽大权，心狠手辣，小弟共产党一心为民，大公无私，深受马克思主义的影响。

在20年代初期，两兄弟有一个共同的敌人：北洋军阀，两兄弟团结起来，共同北伐，取得胜利。

胜利后，大哥在列强的支持下，要独吞果实，发动"四一二"政变要对小弟赶尽杀绝。共产党于1927年发动南昌起义以推翻国民党的黑暗统治，两党开始10年对峙。

1931年"九一八"事变爆发，1937年卢沟桥事件，日本全面侵华。张学良发动西安事变，蒋介石被迫抗日，两兄弟第二次合作，共同抗日。

两兄弟带领中国人民经过14年抗战，1945年战胜日本。大哥想消灭小弟，但是迫于舆论压力，又摆出一副要和平的架势，蒋介石邀请毛泽东去重庆谈判，他想，小弟不敢来，这样他就可以宣称小弟不想和谈，骗取民心。小弟心胸坦荡，毛泽东冒着生命危险坐在谈判桌旁，经过小弟43天努力，终于签订停战条约《双十协定》，但其实大哥已经暗中发动对解放区的战争。

1946年6月，蒋介石公然撕毁《双十协定》，发动对解放区的全面进攻。大哥的假和谈、真内战面目完全暴露在中国人民面前，中国人民看清了两兄弟的"人品"，积极支持小弟，取得了"三大战役"胜利。

1949年元旦大哥面临全面崩溃的绝境，发表"求和"声明，称愿意共同商讨"恢复和平的具体办法"。

经过两次惨痛教训，小弟已经看透大哥，这一次，他不再上当，发出了"将革命进行到底"的号召，百万雄师过长江，南京政府旗帜飘落，大哥仓皇逃到台湾。

思辨：为什么"两兄弟"命运不同？

答案提示：中国共产党始终坚持以人民为中心，代表广大人民的利益，提出的建国方案顺应历史潮流。

环节三：认同"历史和人民的选择"
——中国共产党领导中国人民站起来、富起来、强起来

情境1：从北京城往西100多公里，顺着一条奔流的小溪，可以到达一个群山环抱的小山村——堂上村。1943年，歌曲《没有共产党就没有新中国》就诞生在这里，并从这里传遍大江南北，经久不衰。歌曲原名为《没有共产党就没有中国》，后来，毛泽东做了修改，在"中国"前面添加了"新"字。

思辨1：

(1) 为什么毛泽东在"中国"前面添加了"新"字？

答案提示：中国有5 000年的文明史，中国共产党成立于1921年，中华人民共和国成立于1949年，故"没有共产党就没有中国"说法不妥，新中国，表明新成立的中华人民共和国实现了人民当家做主。

(2) 阐述你对"没有共产党就没有新中国"的理解。

答案提示：中国共产党领导中国人民经过28年奋战，推翻了压在中国人民头上的"三座大山"，建立了人民当家做主的国家。

情境2：中国改革开放以来GDP保持高速增长。

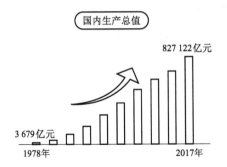

思辨2：运用《经济与社会》的学科知识阐述我国改革开放以后为什么GDP能够保持高速增长。

答案提示：中国不断改革，使上层建筑适应经济基础，生产关系适应生产力，进而促进了生产力的发展；对外开放，引进国外的资金和技术，促进中国经济快速发展。

情境3：中国共产党带领中国人民经过长期的努力，推动中国特色社会主义进入新时代。

思辨3：站在新时代，中国共产党如何带领中国人民创造新的历史奇迹？

答案提示：坚持以人民为中心、坚持改革开放、坚持自我革命……

（四）知识思维图

学科大概念：历史和人民为什么选择了共产党？

（五）表现性学习任务

习近平总书记在冬奥会开幕式后会见阿根廷领导人。

阿根廷官员说："没有共产党就没有新中国。"

习近平总书记笑着回答："说得好，谢谢支持！"

阿根廷反对党联盟共谋变革联盟在2021年11月中期选举中大胜执政党联盟全民阵线，使得阿根廷总统费尔南德斯所在的执政党联盟全民阵线失去对议会的掌控，费尔南德斯的权力将被削弱，其接下来两年的总统任期将面临重重困难。

他们此次来想学习中国共产党能够长期执政的经验，寻找到中国共产党成功的密码。阿根廷官员向习近平总书记请教：历史和人民为什么选择了共产党？中国共产党为什么能在执政以后越来越受到人民的支持和拥护？

表现性学科任务：假如你是习近平总书记，你会如何回答？

评价量规

等级	完成情况描述
5.0（抽象拓展结构）	能够入情入境，有逻辑地从多角度阐述，而且总结概括中国共产党执政的政治智慧，为阿根廷官员提供有益借鉴
4.0（关联结构）	能够聚焦问题，有逻辑地从多个角度论述
3.0（多点结构）	能够针对问题，从近代历史和党的相关知识回答
2.0（单点结构）	能够回应问题，从近代历史或者党的相关知识回答
1.0（前结构）	答非所问，罗列史实或者重复问题

3.0 多点结构

感谢您对中国共产党的认可和支持！

我党之所以能得到人民的支持和拥护，是因为以下原因：

从中国的历史来讲，我们在近代沦为半封建半殖民地社会，人民生活困苦。为了拯救民族危亡，在历史上各个阶级都提出了救国方案，但是都以失败告终。在马克思列宁主义同中国工人运动的紧密结合和中国人民、中华民族的觉醒下，中国共产党应运而生。是中国共产党带领中国人民取得了新民主主义的胜利，推翻了三座大山，成立了中华人民共和国，所以说，中国共产党的成功是历史的选择。

对于中国人民来说，中国共产党把为人民谋幸福、为中华民族谋复兴确立为自己的初心使命，坚持以人民为中心的发展思想。通过三大改造，社会主义制度确立，生产资料实现公有制，发展了生产力；在社会主义道路的探索过程中，中国共产党积累经验，通过改革开放极大解放了生产力，确立了社会主义市场体系，促进经济发展；进入新时代，面对社会主要矛盾发生改变，我国经济由高速发展转变为高质量发展，贯彻新发展理念，促进共同富裕，最终使人民过上好日子。此外，中国共产党遵循人类社会发展规律，坚持群众史观，使生产关系适应生产力，使上层建筑适应经济基础，促进生产力和经济发展，让人民共享发展成果，实现共同富裕。

对于我党来讲，中国共产党坚持科学执政、民主执政和依法执政，坚持依法治国，全面从严治党，使公权力依法执行，执政为民。同时加强党史宣传教育，从社会意识形态上推崇共产党执政，使人民拥护、支持共产党。

再次感谢您对中国共产党的认可和支持！我希望中国方案可以帮助贵国走出困境。

——高一（3）刘东霖

4.0 关联结构

感谢你对中国共产党的认可。事实上，中国共产党能被历史选择、被人民拥护，是有多方面原因的：

首先，中国共产党有坚定的理想信念。中国共产党以马克思主义为指导，以实现共产主义为最高理想，时刻不忘为中国人民谋幸福、为中华民族谋复兴的初心使命。这一点使得共产党在前进的道路上不彷徨、不懈怠，有定力、有干劲。

其次，中国共产党是敢于实践、勇于创新的。中国共产党将马克思主义理论同中国革命实际相结合，开辟了"以农村包围城市"的革命道路；中国共产党把马列主义普遍原理与中国建设实际相结合，坚持改革开放，开辟了中国特色社会主义道路。我们不断探索人类社会发展规律、社会主义建设规律、共产党执政规律，科学执政，推动中国特色社会主义事业不断前进。

再次，中国共产党始终坚持以人民为中心。近些年我们开展了精准扶贫，不断完善社会保障制度，全面建成了小康社会，老百姓生活水平不断提高。

最后，"打铁还需自身硬"，中国共产党坚持从严治党，对于腐败零容忍，要求党员干部必须廉洁奉公，用手中的权力维护好、实现好、发展好最广大人民的利益。

中国和阿根廷两国同属发展中国家，历史阶段相近，希望我们中国的经验能对贵党的发展有所启发。再次感谢贵党的认可，也祝愿贵党能在下一次选举中重新获得选民的支持。

——高一（1）马天泽

5.0 抽象拓展结构

尊敬的费尔南德斯总统：

您好！感谢贵党对我们的认可，中国共产党能够得到人民的拥护与爱戴，主要原因有以下几点：

首先，中国共产党扎牢执政之根，即坚持以人民为中心的发展思想，这点与贵党不谋而合。"求木之长者，必固其根本"，我们党自建立之初，就将为中国人民谋幸福、为中华民族谋复兴作为初心使命，始终代表最广大人民的根本利益，这使我们在近代以后各种政治力量反复较量中脱颖而出、赢得人民的信任。近年来，我国全面脱贫攻坚取得成果，共同富裕稳步推进，我们党脚踏实地谋求发展，使人民生活水平不断提高，也得到了人民的拥护与支持。

其次，中国共产党铸好执政之魂，将马列主义普遍原理同中国革命和建设的实际相结合。"凡益之道，与时偕行"，抓住不同时期的主要矛盾带动全局工作，让党的思想与理论与时俱进，才能推动党和国家的事业不断向前发展。从建立社会主义制度，到做出改革开放重大抉择，我们党的每一步足迹都以中国国情与主要矛盾作为依托。中国特色社会主义进入新时代，我们着眼于"人民日益增长的美好生活需要和不平衡不充分发展之间的矛盾"，不断提升发展的质量和效益。

最后，中国共产党坚守执政之本，从严治党，坚持自我革命。我们党"犯其至难而图其至远"，勇于直面自身问题，总结发展的经验与失误，并深入推进反腐斗争，不断提高党的执政能力和领导水平。始终锐意进取、自强不息，我们党才能保持自身纯洁性与先进性。

中国有句古语："履不必同，期于适足；治不必同，期于利民。"世界上没有放之四海而皆准的发展道路，一个国家的发展道路合不合适，要视具体国情而定；一个国家的发展道路好不好，人民才最有发言权。希望我们的经验能为您带来启发，也欢迎贵党与我们加强党际交流与合作。中国愿同阿根廷并肩奋斗，携手构建人类命运共同体，共同谱写更加美好的明天！

——选考一班　李文骞

二、"如何高扬永不褪色的旗帜"表现性学习设计

（一）学习目标

1. 通过探讨红旗渠修还是不修的问题，明确党的性质、宗旨、执政理念，理解中国共产党高扬永不褪色的旗帜就要坚持民主执政。

2. 通过分析"一平二调"退赔款征收和退赔问题，理解中国共产党要高扬永不褪色的旗帜，就要坚持解放思想、实事求是、与时俱进、求真务实的法宝，不断探寻共产党执政规律、社会主义建设规律和人类社会发展规律，理解中国共产党高扬永不褪色的旗帜就要坚持科学执政。

3. 通过讨论林县县委书记林捷修建红旗渠是不是"出风头"这个问题，理解共产党高扬永不褪色的旗帜就要发挥党员的先锋模范作用和党组织的战斗堡垒作用。

（二）学习过程

1974年，新中国参加联合国大会时，放映的第一部电影就是纪录片《红旗渠》。为什么取名"红旗渠"？1960年3月，林县引漳入林委员会召开全体会议，会上把引漳入林工程正式命名为"红旗渠"，意思就是高扬永不褪色的红旗前进。

我们师生今天从红旗渠修建的过程一起寻找中国共产党怎样高扬永不褪色的旗帜的答案。

环节一　红旗渠，修还是不修？

【情境】林州自古缺水，旱魃肆虐下的百姓生活苦不堪言。民国初期，一个叫桑林茂的老汉用了整整一天的时间才挑了一担水回家过年，却被儿媳不慎打翻，就在大年夜，儿媳羞愤地上吊自杀。一担水的倾覆，足以剥夺一个人生命的尊严，足以给一个家庭带来难以承受的灾难，这就是千百年来旧林县缺水的写照。

"一部林县志，满卷旱荒史"，据相关资料记载，从1436年到1949年的514年间，林州曾发生旱灾100多年次，绝收30年次，人相食这个惊心动魄的字眼出现了5年次。

视频播放《红旗渠》片段：林县县委班子来到曾经修过渠的谢公像面前，民主表决决定修建红旗渠。

【思辨】运用中国共产党的相关知识阐述林县县委为什么决定要修建红旗渠。

【对话】

学生1：是由党的性质与宗旨决定的。中国共产党全心全意为人民服务，解决林县人吃水问题。

学生2：中国共产党坚持立党为公，执政为民，急人民之所急，满足人民生产生活用水的需要。

教师：习近平总书记曾说："红旗渠精神是我们党的性质和宗旨的集中体现，历久弥新，永远不会过时。"红旗渠精神就是"自力更生、艰苦创业、团结协作、无私奉献"。修建红旗渠是不是中国共产党高扬永不褪色的旗帜的表现？这给我们什么启示？

学生：中国共产党要高扬永不褪色的旗帜就要坚持人民立场、全心全意为人民服务的宗旨，不是以自己的官位，而是以老百姓的利益作为自己价值判断和价值选择的标准。

教师：也就是说中国共产党要保持先进性，高扬永不褪色的旗帜就要坚持民主执政。

环节二 "一平二调"退赔款，用还是不用？

教师过渡：1959年10月时任中共林县县委书记的杨贵发出了重新安排林县河山的号召。工程决定于1960年2月开工，当时正逢三年困难时期，全县只有150亩耕地、300万元储备金、28名水利技术人员。这样的条件下修建红旗渠，面临各种困难。

【情境】播放电视剧《红旗渠》视频：红旗渠修建资金紧张，林县县长和县委书记正在犹豫是否动员"一平二调"退赔款。

"一平二调"：就是"平均主义和无偿调拨物资"的简称。这一做法否认了人民公社之间，特别是公社内部原来各个高级农业生产合作社之间的经济差别，否认了按劳分配和等价交换的原则，无偿调拨各集体经济组织的生产资料、产品、劳动力和资金。

【思辨1】"一平二调"款当年为什么征收？"一平二调"款为什么又退赔给林县？这说明中国共产党应该如何高扬永不褪色的旗帜？

【对话】

学生：征收是因为受平均主义思想的影响，退赔是因为中国共产党不断探索社会主义建设规律，主动遵循经济建设规律，尊重按劳分配和等价交换的原则，把不该收的钱退赔给林县。这说明中国共产党善于反思，坚持解放思想、实事求是、与时俱进、求真务实。

教师：这是中国共产党始终走在时代前列、永葆生机和活力的法宝。高扬永不褪色的旗帜，要坚持这一法宝。

【思辨2】假如你是林捷书记，你会动用这笔款吗？

教师："如果动用，请举手。"

学生："我会动用部分款项，其余用于群众其他生活保障。"

教师追问："可能会违反规定，纪委找上门乌纱帽不保，你还要动用吗？"

学生："如果不调用的话，工程已经开始了，钱已经投入，如果不继续就会半途而废，等于之前投入的精力、金钱、人力、物力全部都白费了。如果不修，林县继续处于长期缺水的状态，农业还是要靠天吃饭，没有稳定的灌溉水源，生活还是得不到有效保障。"

教师总结提升："林捷书记宁愿冒着丢失官位的风险也要动用这笔款去修建红旗渠，这表明中国共产党高扬永不褪色的旗帜就要坚持民主执政、科学执政，任何时候把老百姓的利益放在第一位，做出符合社会发展需要的决策。"

环节三 修红旗渠，是不是"出风头"？

教师过渡：林县县委开始对引漳入林的艰巨性认识不足，认为大干三个月就能通水。开工后不久才发现，领导、劳力、技术力量分散，漫山放炮，有的挖错了渠线，有的炸坏了渠底，急切需要抓紧干的关键部位的工程却不能按时拿下来，工程质量、安全都没有保证，进度十分缓慢。有些人认为这渠肯定建不成，即使建成也不一定能引来水，修建红旗渠是林县县委班子想"出风头"。他们将举报信交给了上级有关部门，上级派人来林县调查。

【情境1】播放《红旗渠》视频，老百姓反映修建红旗渠不是上级强迫，是老百姓自愿的。

【思辨1】你认为林县县委修红旗渠是出风头吗？为什么？如果将"出风头"作为褒义词，你如何界定？

【对话1】

学生1：坚持人民立场。

学生2：坚持全心全意为人民服务的宗旨。

学生3：发挥党员模范带头作用。

学生4：艰苦奋斗、吃苦耐劳、敢为人先。

教师：敢于创新、敢为人先，也许就是中国共产党党员发挥先锋模范带头作用的体现。

（过渡）红旗渠的修建成功，只靠县委书记的正确决定还不行，还需各部门通力配合，干部群众齐上阵。

【情境2】林县县委统筹好党委和政府之间的关系。在工地前线成立了临时党委会，在修渠大军中成立了党支部和党小组，通过各级党组织来加强对修渠工程的领导。修渠10年，总投资6 868.64万元，没有一次请客送礼，没有一例贪污受贿。

"作为一名共产党员，流点血算得了什么？为了水，就是把一腔热血都洒了也值得。一个人的鲜血和生命，哪有全县人民的水重要和宝贵呀！"

——妇女突击队的队长李改云

【思辨2】这表明中国共产党应该如何高扬永不褪色的旗帜？

【对话2】

学生1：从严治党。

学生2：发挥党员的先锋模范作用。

学生3：发挥党组织的战斗堡垒作用。

教师：党员和各级党组织是红旗的旗手！

环节四　总结提升，情感升华

我们现在正在向第二个百年奋斗目标迈进，当前正是攻坚克难、爬坡过坎的关键时期，我们党员干部、人民群众如果能够弘扬伟大的红旗渠精神，做到"越是艰难越向前""敢叫日月换新天"，我们就一定能够战胜前进道路上的艰难险阻，胜利到达理想的彼岸！

【表现性学习任务、评价量规及学生表现】

中共中央办公厅2022年印发了《关于推动党史学习教育常态化长效化的意见》，并发出通知，要求各地区各部门结合实际认真贯彻落实。假如你是《人民日报》记者，编辑部让你写一篇社论，阐述红旗渠的时代价值。

评价量规

维度/等级	优秀级（10分）	合格级（8分）	待改进（6分）
题目	表述精当，吸引人	表述准确、清晰	表述模糊
立意	主题明确，立意深远，针砭时弊，发人深省	中心论点明确	中心思想模糊
内容	灵活运用多个学科知识，理例有机融合论证中心思想	运用学科知识和事例阐述自己的中心论点	理例两张皮，罗列知识
结构	结构清晰，能够做到"引议联结"	有明确的结构	结构不清晰
语言	语言简练、生动、准确、有文采	语言准确	语言模糊

学生的优秀表现：

弘扬红旗渠精神——让红旗永不褪色

（引）60年前，林县共产党员带领人民千军万马"战太行"，劈开太行山，引来漳河水。60年以来，我国迈入社会主义新时代，10年修渠中凝结而出的自力更生、艰苦创业、团结协作、无私奉献的红旗渠精神，始终激励着共产党员不断进取，让红旗从未褪色。

（议）"一部林县志，满卷旱荒史。"林县自古缺水，百姓苦不堪言。不忍目睹人民疾苦的林县县委班子决定修建红旗渠。建渠资金紧张，一笔"一平二调"退赔款的取舍成了难题，面对受处分革职的风险，为了人民的美好生活，县委党员们毅然将这笔钱投入工程。他们始终站在人民立场上，将立党为公、执政为民的执政理念放在心里，这不仅是红旗渠精神，也是使红旗永不褪色的秘诀。

（议）修渠过程艰难坎坷，也引来了一些人的怀疑——林县领导修建红旗渠，是不是想出风头？"如果真是出风头，那这个'风头'出得好！"人民如此评价。这种"出风头"，何尝不是一种敢为人先的先锋模范作用？作为中国人民的先锋队，共产党员总能在危急时刻挺身而出，发挥党的领导核心作用，带领人民艰苦奋斗，打赢一场场胜仗。

（联）60年前如此，当今亦然。面对新冠疫情的肆虐，共产党员干部亦要发挥党员的先锋模范作用和党组织的战斗堡垒作用，不能懈怠、不能为了自己官位，尸位素餐，要发扬红旗渠精神，"越是困难越向前"，坚持以人民为中心,实现好、维护好、发展好最广大人民的利益。

(结)60年风雨历程,共产党员不忘初心、牢记使命,以理想之光与信仰之力点燃火炬,红旗渠精神熠熠生辉,永不褪色的红旗迎风飘扬。

——高一(10)周雨柔

弘扬红旗渠精神　实现中华民族伟大复兴

十年红旗渠,一部奋斗史。红旗渠,红旗渠,10年通渠你只为打破林县旱魃,让老百姓都有水吃。你让梦想照进现实,也昭示了红旗二字永不褪色。敢教日月换新天、自力更生、艰苦创业、团结协作、无私奉献的红旗渠精神深深注入每一个中国人的血脉之中,在新时代仍焕发出蓬勃生机。

林县旱魃,猖獗肆虐,一担水足以剥夺一个生命的尊严。林县党员干部秉持着为林县、为人民的宗旨,举起代表中国人民和中华民族先锋队的红色旗帜,带领林县人民修筑红旗渠。这一修就是10年,这10年里,有林县明知为修渠调动"一平二调"退赔款是严重违反党的纪律的,但仍坚持调动去修建林县人民的生命渠;有共产党员始终走在修渠一线,牺牲自己,为人民探路……这条红旗渠,凝结着人民的血汗,更凝结着中国共产党为中国人民谋幸福、为中华民族谋复兴的永恒不变的初心使命。一条红旗渠,经过时间的洗礼,历久弥新,其背后的精神激励着我们不断向前。

巍巍太行山,修渠谈何容易。"为了水,就是把一腔热血都洒了也值得。"广大党员扎根一线、身先士卒,发挥中国共产党党员的先锋模范作用。合理分工、科学调配、相互补充、团结协作,党群一条心,发挥中国共产党总揽全局、协调各方的领导核心作用与中国共产党基层组织的战斗堡垒作用。就这样,用了10年迎来了红旗渠的第一股清泉,这股清泉,是林县人民的生命;是中国共产党不变的初心和使命:为中国人民谋幸福,为中华民族谋复兴;更是那一份红旗渠的精神和党的先锋队旗帜永不褪色的鲜红。

2022,新的起点,我们应不断发扬深深扎根在我们血脉之中的红旗渠精神,不怕困难,砥砺前行,为实现中华民族的伟大复兴而奋斗!

——高一(10)王斯瑶

三、关于"居民自治"的表现性学习设计

情境:

北京市东城区前门街道草长社区推行"五民工作法"推进社区居民自治:

1. 民事民提——说事:及时收集居民反映的各类急、难、热点问题。社区里发生的事都会在第一时间呈现在各管片"主任"的"民情晓记"上,社区通过了解社情民意,汇总信息,下情上达。

2. 民事民议——议事:根据"民情晓记"上的相关问题,结合"小院议事厅"成员收集的议题,定期开展议事活动,对社区内的大情小事和关系居民切身利益的问题进行协商。

3. 民事民决——理事:通过讨论达成共识并制定解决方案。根据"小院议事厅"提出的议题,召开恳谈会,邀请利益相关方参与,通过讨论建言献策,达成共识形成行动举措。

4. 民事民办——晒事:采取居民自治、委托购买和"街道吹哨、部门报到"三种形式为居民办实事。通过居民、社区居委会和街道职能科室、相关单位共同参与、共同谋划、发挥作用。

5. 民事民评——评事:通过居民自评和相关方打分,进行效果评价。积极推进"双述双评"工作,邀请群众评事,居民及利益相关方共同构成评估小组对社区工作成效进行评议,并在年底对社区工作业绩进行总体评价,纳入年度述职考核中,确保为居民办身边事,办暖心事,办满意事。

表现性学习任务:假如你被社区居民选为居委会主任,居民向你反映社区厕所问题:厕所年久失修,下水道经常堵塞,粪水外溢,卫生无人打扫,臭味严重影响了居民的生活质量。

假如你是居委会主任,你将如何推进"厕所革命",改善社区居民生活质量?

评价量规

评价维度	优秀级	良好级	合格级	待改进
知识运用	知识运用达到关联结构、抽象拓展结构,有逻辑地灵活运用学科知识	知识运用达到多点结构,能够调动多个学科知识解决问题	单点结构,只调动一个学科知识,从一个角度解决问题	前结构,没有运用基层群众自治的相关知识

续表

评价维度	优秀级	良好级	合格级	待改进
入情入境	运用学科知识智慧地解决情境中的问题	能够结合材料情境有效解决问题	有解决情境问题的意识，但结构不全	没有结合材料
语言表达	语言准确、生动，有情感	语言准确表达流畅	语言比较准确	语言不够准确

学生表现：

"厕所"关乎草厂胡同居民民生，现在脏乱差、异味重，影响居民生活质量，身为草厂胡同的居委会主任，推动"厕所革命"迫在眉睫。

首先，我要在小院议事厅召开展居民代表会议，开展社情民意收集，通过民主协商，确立厕所修建的两套可行性方案；针对这两个方案，我将召开居民会议，以少数服从多数的原则进行民主决策，确定最终方案。根据最终方案，我们将评估建设资金。

其次，我们居委会积极向前门街道办事处反映草厂社区居民修建厕所的需求，以争取建设资金；同时与前门街道办事处一起进行工程招标投标，将厕所修建方案交给施工企业进行施工。为了让居民有效监督建设资金的使用，我们居委会将定期向居民公开账目。

最后，厕所建成以后，离不开日常维护。为此我们将建立厕所维护居民公约，所在地居民定期轮流打扫厕所，维护厕所的良好环境，真正通过"厕所革命"满足人们的美好生活需要。

——选考四班　林星潼

胡同内厕所脏乱，严重影响居民生活质量，为了改善环境，增进民生福祉，"厕所革命"势在必行。

首先，我会就"厕所革命"主题在小院议事厅召开居民代表协商会，通过民主协商，集中民智，草拟出多个符合民生需求和现有政策法规的建设方案。

然后我会组织草厂社区居民进行网络投票，实现民主决策，选出最佳建设方案。接着，我会将社情民意和建设方案交给政协委员和人大代表。通过政协委员的提案和人大代表的议案反映民意，争取东城区政府对我们居委会厕所改扩建的支持。同时我会将厕所建设资金账目、招标投标情况及时公开，保障社区居民的知情权、参与权、表达权和监督权，让社区居民监督居委会的工作。

公厕环境维护，需要社区居民共同努力，为此我组织居民制定卫生公约进行民主管理，将卫生责任落实到每家每户，使厕所的日常管理维护制度化规范化，让草厂社区居民过上幸福美好的生活。

——选考一班　仇肖然

目前草厂胡同厕所环境较差，影响居民身体健康和生活质量。作为居委会主任，我将依托基层群众自治制度依法履职，推动开展"厕所革命"。

第一，民事民提。居委会将在小院议事厅召集居民代表大会，听取居民反映利益诉求，具体了解公厕现存问题以及居民理想的治理效果。

第二，民事民议。居委会将发扬民主协商，让居民有序表达对公厕改造的意见建议，设计出几版可行方案，并邀请专家进行完善。

第三，民事民决。决策前几版方案进行社会公示，然后召开居民会议，由全体居民表，投票选择出最符合人民利益的方案。

第四，民事民办。再好的方案也需要落实，才能转化为民生福祉。我将向前门街道办事处申请资金，在其指导帮助下推进招标工作。新公厕建成后，居委会将完善后续管理、保洁工作，确保责任落实到人。

第五，民事民评。施工过程中，居委会干部将实行按周轮流负责制，利用微信群、公告栏，保证款项公开及施工进度的动态更新，主动接受监督，让居民对公厕的实际管理进行评议，充分保障居民的知情权、参与权、表达权和监督权。

最后，在本社区"厕所革命"成效显现后，我将带领居委会成员总结经验，发动社区人大代表和政协委员，形成相关议案、提案并带至东城区人大、政协，让我们的基层治理经验实现共享，帮助更多社区改善人居环境，满足更广大人民日益增长的美好生活需要。

——选考一班　李文骞

四、关于"法治意识"的表现性学习

表现性学习设计要基于学生的真实生活。在讲完必修三"政治与法治"第三单元"全面推进依法治国"后,我在想,如何考查学生是否具有法治意识这个素养?

我忽然想起以前一个学生关文政告诉我他处理与邻居家"琴声扰民"的故事。文政父母在与隔壁邻居多次交涉无果之后,文政同学准备学以致用,他当时查阅了法律文献,给隔壁邻居写了一封有理有据的信,非常理性地处理了这一问题。

我基于这一真实的故事,创设情境,设计了表现性学习任务。

情境:高中生文政因为疫情在家上课,每次上网课时总能听到隔壁邻居的琴声,他听不清楚老师的课。父母知道后,多次与邻居交涉无果,有一次文政父亲急了,差点要去踹邻居门,制止其琴声扰民。

文政认为父亲的这个行为不够理性,但是不解决琴声扰民问题又影响学习和休息,为此,他开始了行动。

表现性学习任务:假如你是文政同学,你应该如何理性处理琴声扰民事件?

评价量规

评价维度	优秀级	良好级	合格级	待改进
知识运用	知识运用达到关联结构、抽象拓展结构,有逻辑地灵活运用学科知识	知识运用达到多点结构,能够调动多个学科知识解决问题	单点结构,只调动一个学科知识,从一个角度解决问题	前结构,没有运用法治相关知识
入情入境	能够智慧地解决情境中的问题,有理有据	能够结合材料情境解决问题	结合材料不够充分	没有结合材料
语言表达	语言准确、生动,有情感	语言准确 表达流畅	语言比较准确	语言不够准确

学生优秀表现:

为理性处理琴声扰民事件,我将坚持遵守法律,恪守道德,依法维护正当权益,具体过程如下:

采取行动前，查阅相关法律法规，如民法典物权编和即将施行的《中华人民共和国噪声污染防治法》；进行证据收集，如录音录像、测定分贝等，并通知物业人员来听，留取旁证；了解对方具体情况，换位思考，试着提出建设性解决方案。

与对方交涉时，提前约定时间地点，态度真诚，文明有礼；运用沟通艺术，代入角色，晓之以理、动之以情。

如多次尝试和解无果，可与其他业主协商，联名请物业协调；并向居委会、街道办事处反映情况，打下舆论基础。如依然无法解决问题，可准备好证据，采取报警措施。

同时，如问题短期内无法有效解决，为保障学习质量，可先在家中安装隔音设施。

——李文骞

为理性处理琴声扰民事件，我将恪守道德，遵守法律，依法维权。

首先，我要劝导父亲以文明的方式与邻居交涉。父亲有维权意识，但法律意识淡薄，公民需按法定程序维权，维护自身合法权益的同时不得侵犯他人利益。

其次，我会以更理性的方式尝试与邻居和解，态度谦和，平等协商，试图达成协议，解决纠纷。

若不行，我将联系居委会或者物业来调解。人民调解组织以法为据、以情感人，向邻居普及环境噪声污染防治法，说服他遵守其中规定的权利义务，增强法治意识，并教育他"以和为贵"是中华民族的传统美德，与他商量能否安装隔音设备或在我下课时练琴，希望他能通情达理，为他人着想。

若还不行，我就报警，请公安局介入。公安局依据治安管理处罚法、环境噪声污染防治法等法律，坚持法定职责必须为，法无授权不可为，坚持严格规范公正文明执法，依法惩处邻居的违法行为，以维护我正常上课的合法权益。

诉讼是解决纠纷的最后途径。如果以上交涉均无果，我便会提出民事诉讼，依法行使陈述权、辩护辩论权，请人民法院以事实为依据，以法律为准绳公正司法，以维护我的合法权益！

——周墨涵

我认为理性处理琴声扰民事件应该使用"刚柔并济"的方法，尽量做到在维护自己合法权益的同时，不主动扩大事件，不过多影响邻里之间应有的和睦关系。

首先可以尝试以理服人，充分发挥道德的教化作用。要着手建立一个直接的线上或线下的对话渠道，严肃冷静地向对方说明问题，换位思考，真诚友好地与其深度协商、交换意见。要注意沟通的方法，不倚势欺人，争取最大限度地凝聚共识、达成和解。建议形成将对方练琴与己方学习时间错开的方案，做到"互利共赢"。

如效果不佳，可联系物业、居民委员会或街道办事处，有些社区配有调解员、志愿者或楼长，亦能与其沟通反映情况，协助解决好邻里利益关系问题。

最后，在以上行动均无果的情况下，就要查阅民法典及其他法律法规中的相关条目，进行噪声分贝的采样及其他取证，联系街道或社区民警，发挥法律的规范作用，以法服人，以维护自己的正当权益。

在条件允许的情况下，可以帮助居委会一起进行普法教育，倡导该居民积极杜绝此类事件的发生，为推进法治社会的形成贡献力量。

——选考二班　刘昊冬

五、"人民为什么拥护共产党"情景剧剧本

这是对表现性学习的一次全新尝试。在学习完《高中思想政治》必修一"中国特色社会主义"的内容后，为了提升学生的政治认同素养，我采用了情景剧的形式引导学生进行表现性学习。

我要求学生运用"中国特色社会主义"的学科知识，寻找故事原型，创作情景剧，情景剧要反映人民拥护共产党的原因：

一是中国共产党始终坚持以人民为中心，不忘为中国人民谋幸福，为中华民族谋复兴的初心和使命；

二是中国共产党自觉遵循人类社会发展的客观规律，不断调整上层建筑，巩固社会主义的经济基础，不断调整生产关系，促进生产力的发展。

因为中国共产党坚持了马克思主义理论，做到了这两点，所以才获得人民的

拥护。在这个过程中,让学生感受到中国共产党为什么能,中国特色为什么好,关键是因为马克思主义行。

在这个过程,坚定道路自信、制度自信、文化自信,理论自信,提升学生的政治认同素养。

下面是学生创作的剧本:

第一幕　李水彭撕田契建农会

故事原型: 地主出身的共产党员彭湃撕田契建农会。

角色设定: 李水彭

1896 年生,人物形象: 思想先进,敢为人先,富有正义感,平易近人。

出生于地主家庭。1918 年考入早稻田大学,开始了三年的政治学学习,在那里,他简单了解到了共产主义思想。归国后,他加入了中国共产党,决心改变农民受压迫的现状,脱下学生装,穿上粗布衣服,深入农民之间宣传革命道理。但他的所作所为却受到家人的反对。尤其是哥哥李墨,在盛怒之下提出分家。分家后李水彭并没有放弃搞农民运动的想法,经常在村口的大榕树下进行演讲,五位进步农民在他的感召下,与他共同成立了六人农会,逐渐发展到 500 多人。1927 年的一天,李水彭与妻子周玉香商定后,于家门口播放留声机,吸引大批农民来观看。其间,李水彭拿着一大捆田契突然登上戏台,一张张宣读田契的内容后,将田契一张张撕为碎片。他宣布自己的土地均归佃农所有,他也成了和农民一样真正的无产者。农民运动迅速发展壮大,人民对共产党的态度也逐渐由不信任转变为喜爱与支持。

周玉香(李水彭之妻)

1897 年生,人物形象: 思想开通,聪明贤惠,坚毅刚强。

出生于富商之家。1912 年,年仅 15 岁的周玉香在父母做主下,嫁与同乡人李水彭。李水彭十分照顾她,婚后教她读书写字,和她讲妇女如何争取解放,并鼓励她主动冲破封建枷锁。在李水彭的影响下,她改变封建的打扮,提起书包上私塾读书。她非常支持李水彭的农民运动,变卖了随嫁的金银首饰,以解决农会活动经费的困难。她对农民热情可亲,被农友们称赞为"农会的亲人四嫂"。在支持李水彭和农民闹革命的同时,自己也逐渐参加革命活动。面对地主劣绅们的讥笑、家人的指责,她置之不理,一心一意搞革命,从一个家庭妇女成为一名参加农民运动的女战士。

李墨（李水彭之兄）

1893 年生，**人物形象：固执自负，冲动易怒。**

李家大哥，一直留在李家帮助父亲处理收租问题。看不起农民，具有强烈的阶级优越感。性格固执己见，做事冲动，对弟弟李水彭长期与农民接触交流的行为很不满，认为他让作为大地主的李家失去了在农民间的威严，最终提出与李水彭分家。

李名合（李水彭之父）

人物形象：守旧迂腐。

大地主，拥有乌鸦飞不过的万亩田产，看重儿子李墨。对儿子李水彭恨铁不成钢，不满他常与农民厮混的行为，同意李墨提出的分家要求。

张安（农民）

人物形象：理智清醒，敢于创新。

普通农民，曾经是李水彭家的佃农。被李水彭撕田契的行为打动，对于农民受压迫的感受深有体会，与他在得趣书室深入交流，邀请另外四个思想开通的农民入伙，共同商议了农民运动组织的相关事宜。六人农会的一员。

林裴（农民）

人物形象：热情耿直，乐于思考。

普通农民，曾经是李水彭家的佃农。第一次听到李水彭所发表的观点备感新颖，对他的演讲很有兴趣，受张安邀请与李水彭等五人在得趣书室交谈，热情地提出意见和建议，发表自己的看法，六人农会的一员。

林欢（农民）

人物形象：成熟稳重，和善可亲。

普通农民，曾经是李水彭家的佃农。六人农会的一员。

刘老四（农民）

人物形象：豪迈爽朗，不拘小节。

普通农民，曾经是李水彭家的佃农。六人农会的一员。

刘思贤（农民）

人物形象：寡言少语，心思缜密。

普通农民，曾经是李水彭家的佃农。六人农会的一员。

老白（农民）、杨素莲（农民）

普通农民。

第一场 李家要分家

地点：李名合家别墅

人物：李水彭、李名合、李墨

【李名合坐在舞台中央沙发上，李水彭上台】

李水彭：（身穿粗布衣服，满身尘土，默不作声从李名合身后走过）

李名合：（坐在客厅沙发上看报纸，面色不爽，不抬头缓缓开口）回来了？

李水彭：（微愣低声回应）嗳……爹……

李名合：（放下报纸）去哪儿了？（话音未落，被李墨打断）

【李墨上台】

李墨：（转向李名合）爹，你看看他！（瞪着李水彭）从国外毕业回来之后就一直和那群泥腿子混在一起，整天家也不回，更别说帮我管理家事了，天天说什么要减租免税，这不是自己砸自家饭碗吗！

李水彭：大哥，农民兄弟日子过得那么苦，你难道不希望他们过得好一点吗?！

李名合：唉，你大哥说得没错，你实在是不成体统！一天到晚张口闭口就是农民农民、革命革命的。唉……

李墨：爹，他都从来不像咱家的人！我可再也忍不了了！爹，我真担心有一天他把咱们家的田分给农民了！我坚决不答应！这是老祖宗留给我们的家业。我管不了他，他愿意分，分他那一份吧，我要分家！

李名合：（沉吟半晌重重叹口气，无奈摆摆手）分家吧……

【李名合起身摇头走下台】

李墨：（嘲弄地看着李水彭）爹已经同意了，以后你拿着自己的田，想怎么胡闹就怎么胡闹，还有……别再叫我大哥了……

【熄灯，撤道具，李水彭、李墨下台】

第二场　成立六人农会

地点：得趣书室

人物：李水彭、张安、林裴、林欢、刘老四、刘思贤

【李水彭、张安上台】

李水彭：（热切地拉着张安的手请他坐下，为他倒上一杯茶）老乡，找我什么事？

张安：（激动欣喜地拍拍李水彭的手）最近你总在村里那棵大榕树下宣讲，我觉得你说得有理！咱们农民的确应该团结起来，和那群大地主斗一斗！

李水彭：（欣喜地点头）好、好……还有谁同意这个想法？把大家都召集起来，有多少是多少，咱们详细谈谈？

张安：哦！还有四位兄弟，已经在门口等着了，我这就把他们叫过来！

【张安下台，将林裴、林欢、刘老四、刘思贤四人引上台】

李水彭：（与四人一一握手寒暄，请大家就座）各位乡亲，我们直入正题。咱们国家一直因为贫穷和落后受到侵略，为什么？中国的土地，难道真的养不活咱们这些百姓吗？

林裴：还不是因为那些地主！占了那么多土地，我们天天为他们卖命干活，一年到头能留下的粮食就那么点，根本填不饱肚子！（愤怒地捶桌子）

李水彭：没错！中国地少人多，少数人占有多数土地，就意味着多数的农民要饿肚子！

林欢：（思索状点头）你说得有理，那怎么办？

李水彭：我们农民应当团结起来，打土豪，分田地！

刘老四：（豪爽地一挥手）对！别多等了，就现在（环视），就咱们六个，组一个"六人农会"怎么样？

刘思贤：（看着刘老四点点头，激动地转向李水彭）我也想过上你说的那种好日子，我同意！这个"六人农会"，我同意加入！

林欢：没错，就像李先生常说的"农民运动"，应该从今天、从这里开始！我也加入。

张安、林裴：（纷纷举手点头）我也同意。

李水彭：（激动地站起）好！就组一个"六人农会"！咱们一起在乡亲们

中间多做做宣传，农民运动就从咱们这里推行出去！

第三场　撕田契

地点：李水彭家院门前

人物：李水彭、周玉香、张安、林裴、林欢、刘老四、刘思贤

【李水彭站在舞台中间，周玉香四处吆喝，刘思贤、刘老四、林欢上台不解地观望】

李水彭：农民兄弟们！你们被压迫得已经太久了！我是李水彭，是一名共产党员！你们的田契，还给你们！从今日起，这就是你们自己的土地了！

老白：（怀疑）李少爷，您别开玩笑了。哪有自己砸自己饭碗的？

杨素莲：（摇头）地主不要地，这事倒是稀奇得很……（招呼身边的）走了走了，还有活没干完呢。

【老白、杨素莲下场】

李水彭：（焦急踱步，挠挠头）这、这可怎么办……

周玉香：彭哥，别急，再想想办法……

李水彭：唉，要毁了这田契还真不容易！多亏还有你支持我。

周玉香：都是一家人别说两家话，嗯……就这么几个人肯定不行，咱们得先想办法把农民们聚集起来，然后再当面撕给他们看！对了，你不是从国外带回来个什么……

李水彭：（砸拳豁然开朗）哦……对！留声机！用留声机把老乡们都吸引过来……我这就去拿！

【李水彭将留声机搬上台，放在舞台中间，所有农民上台围着留声机好奇地观看，周玉香从农民身后下台】

李水彭：（从人群后挤入台中央关闭留声机，台下一片嘈杂，李水彭挥手让大家安静）父老乡亲们，大家听我说！我是李水彭。你们每天辛苦地劳动，那么累，那么拼命，但是不管收成如何，还是吃不饱、穿不暖，（挥动手中的田契）都是因为这薄薄的一张纸。

农民们：（面面相觑，议论纷纷）

李水彭：（深吸一口气，振奋激动地高喊）这是我家曾与你们签订的田契，都在这儿了（举起一沓田契展示给所有人）大家也都知道，我已经与我

大哥分家，并且加入了中国共产党！我李水彭自愿将名下所有土地分给跟我签过田契的农民朋友们！从此，大家不用再向我交付租金，尽可以种自己的地，获得自己的丰收！如果各位不信，就请亲自看一看！（一张张地撕毁田契，将田契碎片扔到空中。众农户震惊，纷纷捡起田契来检查，人群一片混乱嘈杂）

刘思贤：（捡起一张地上的田契碎片）这、这真是咱签过的田契！

林裴：那咱以后，真的不用交租了？

张安：（激动地点头）对！这些地都归我们了！我们拥有自己的田地了！

刘老四：可算是不用饿肚子了！

老白：原来李水彭之前说的都是真的！嗯……中国共产党确实值得咱们相信啊！

林欢：反正我是信了！我以后就跟着李水彭走，我也要加入农会，跟着共产党走！

杨素莲：对，李大哥，我们以后就听你的了！

李水彭：（激动、欣喜）我们共产党就是要让人人都过上好日子！

第二幕　家庭联产承包责任制

故事原型：安徽凤阳小岗村农民主张实行家庭联产承包责任制。

第一场　人民公社下人们生活困苦

地点：村里开会的露天会场

人物：李进国，南顺梅，李立新，王红茹

陆秀：进国叔，这日子过不下去了呀！我们都多久没吃饱饭了！前两天，南姨都晕倒了，大家急得赶紧把她送到卫生所。结果，你猜医生怎么说？南姨这病就是长期饿的，吃顿饱饭就好了。可是，村里已经连顿像样的饭也做不出来了。

李立新：（忧心忡忡地皱眉）大家在田里什么也不干，哪能有饱饭吃？咱们去年粮食产量少得可怜，每家一整年才分到不到90斤[①]粮食，压根不够吃。

南顺梅：对，现在都吃大食堂，谁还好好干活呀。干不干都是吃那锅里

---

① 1斤=0.5千克。

的几粒米挨饿，不如少动换省劲儿。

李立新：南姨说的是实话——大家仔细想想，搞了这个公社化之后，咱们村都有什么变化。原来一家要是死一头牛，全家人哭天喊地，伤心得几天都吃不下饭。现在公社死了头牛，大家都兴高采烈等着吃牛肉啊！我不是怪大家，但这样下去，还能有人为集体着想、为集体干活吗？

陆秀：说得对啊！进国叔，不瞒你说，我们还是想要自家种自家地……

李进国：（打断陆秀）：这不行！土地分到每家每户，人民公社还怎么搞！（缓和态度，叹气）但这样下去，也不是回事儿……我好好想想这事儿怎么办！

第二场　家庭联产承包责任制

（李进国走上台）

万凤兰：进国同志，咱们好久不见了。（与李进国握手）

李进国：是啊，凤兰书记。我这次来，其实是想向你诉诉苦。

万凤兰：怎么了？

李进国：我们村现在人民公社实在是支撑不下去了，大家一个个都吃不饱饭，成天嚷着要单干。我实在是愁啊……

万凤兰：唉，是啊，我最近也在思考这事儿……

李进国：凤兰同志，咱们曾经是战友，我跟你说句心里话。咱们当年当兵，一腔热血干革命，不就是为了实现共产主义，让百姓过上好日子吗？可是现在，你看，革命是成功了，大家还是吃不饱肚子，这算什么事啊。你说，这是不是说咱们的政策不对头？说到这个，我想起来前几天听说有个村子实在太穷，很多人去湖北讨饭，他们村长就把村里土地租给农民种，您知道吗？这些租种土地的农民天不亮就下地干活，天黑了，都不愿意从地里回去……

万凤兰：（打断）诶，这是个好法子！可，可这不又回去了吗？咱们好不容易通过"三大改造"走上社会主义道路，现在把土地再分回去，这不是开历史的倒车吗？

李进国：凤兰书记，咱们土地还是归村集体！承包经营权给农民！这个法子，不就两全其美了！

万凤兰：太好了！最近一直愁的问题，你这次来，我终于找到答案了！

我一定尽快向上级汇报,让这个方法尽快推广到全国!

第三场　喜获丰收

(一人先跑到舞台另一侧,挥手做招呼同伴状。背景变成绿色田野,在舞台上分散做耕地的动作,万凤兰站在旁边拿本子记录)

(后面的背景慢慢变成一片金黄的麦田,PPT的渐变过场,所有人随着背景的切换停下手里的农活,叉着腰杵着农具脸上露出满足和欣喜的表情)

李立新:这么多麦子,多少年没见着了。

李进国:多亏了一年前下来的政策,你看现在,这些金灿灿的麦子多好看。

陆秀:是啊!现在大家不仅干劲大,收成还好!

南顺梅:粮食这么多,我们终于能吃上饱饭了!明年我家阿牛肯定能长得比我高了!

李进国:(满面笑容)同志们啊,你们说,咱们党的这个土地政策——

众人:(同声)行!(竖大拇指)

第三幕　精准扶贫

故事原型:福建对口支援帮扶宁夏,帮助宁夏人民实现脱贫致富。

旁白:由于党中央下达了精准扶贫的政策,来自福州的国家菌草工程技术研究中心首席科学家凌詹喜被派遣到宁夏金滩村进行精准扶贫,随着他一起去的,还有他的研究生。

第一场　凌教授带领团队来扶贫

(LED屏显示宁夏金滩村村口图片,凌教授及其学生从幕后走出)

学生1气喘吁吁地上台:教授,这金滩村可真是远啊,这路可真不好走,坑坑洼洼,车都开不进来,走这泥巴路,深一脚浅一脚的,看我裤子上全是泥。

学生2:对啊,凌教授,之前德国洪堡大学的詹姆斯教授不是还邀请您去做学术研究吗,您为了来这村子竟然还给拒绝了,那实验室可不比这穷地方好吗?

凌詹喜(扭过头,严肃地说):同学们,我们做研究,是为了自己,还是为了老百姓？我们要将"论文写在祖国大地上"！我们这一次来就是要用我们的研究成果帮助搬迁的村民过上好日子！这是党派给我们的任务，也是我作为一名共产党员的光荣使命！（转脸，指前方）看，这不到村口了吗？

（马德富在村口张望，看见凌教授一伙人来马上迎上去）

马德富：请问，您是凌詹喜教授吗？

凌詹喜：对，我就是凌詹喜。

马德富激动地主动伸手握手：您好您好凌教授，可算把您盼来了，我们村啊，搬迁来的老百姓一直愁着生计，一看到您来啊，我们就放心了。

凌詹喜：哈哈，好，现在就带我去村里看看。

（马德富与凌教授下台）

第二场　马德宝试种双孢菇

（LED 显示田地图片，凌教授、马德富和马德宝、两名村民上场）

凌教授：马先生，咱们村种植小麦和玉米这些作物，每年的收成怎么样？

马德富：唉，凌教授，不瞒你说，因为水渠还没修好，所以还是靠天吃饭。

凌教授：这样啊……那我给你们一个建议，咱们试着种蘑菇吧，我一直在研究菌类的种植。

马德富：种蘑……蘑菇？

凌教授：嗯，种双孢菇，我们福建那边好多地方都种的，个头大，味道鲜美，现在市场上卖得非常好！

村民1：这……教授，我们这里可从来没有种过蘑菇，现在你二话不说就让我们开始种，这玩意儿种失败了，我们的日子就会雪上加霜了……

教授：老乡，你放心，我们要是种蘑菇，是要种在温室大棚里的，虽然成本稍微高了点，但是品质绝对有保障，菌种我们都带来了！

村民2：我明白了，种这种双孢菇，我们自己首先还得投资一大笔钱盖大棚，那如果种出来的双孢菇没人买，我们岂不是血本无归？

村民1：还真是，你们福建人爱吃双孢菇，我们宁夏人有可能吃不惯，到时不都砸在手里了，算了算了……（摆摆手）

（村民1、2离场）

教授：诶，老乡们先别走啊……唉！

马德宝：凌教授，我想试试，我明天就盖大棚！

马德富（拍一下马德宝肩膀）：哥支持你！

对凌教授说：走，凌教授，咱们去我家慢慢聊……

（教授、富、宝退场）

第三场　村民纷纷种双孢菇

（LED屏切换为田野，村民们聚坐在田地旁边聊天，村民1、2、3上场）

村民1：你们听说没，最近马家那两兄弟，一直在种那个什么双孢菇，也不知道种得怎么样，反正我当时是没敢种。

村民2：我今天在村口还看见他们把双孢菇往车里装呢，估计是要去卖了。

村民3：不知道双孢菇能卖多少钱，我让小张去打听了一下，要是卖得好，我也考虑考虑。

（小张从幕后跑出）

小张：王姐，王姐，听说马德宝他们种的双孢菇，在集市上大卖，今天一共赚了将近500块钱！

村民2：啥？500块钱？！双孢菇竟然这么赚钱！

村民1：走，现在就回家盖大棚去！

（四人下场）

第四场　双孢菇严重滞销

（LED切换办公室图片，凌教授在打电话，学生也在办公室）

（马德宝进入办公室）

马德宝：凌教授，出问题了！现在村里好多人都开始种双孢菇，产量太高，原先三块五一斤，现在连一块五都卖不到了，村民们已经快着急死了！

凌教授：我知道了，让我先想想办法。

（马德宝下场）

凌教授对学生说：同学们，农民兄弟不容易，好不容易种出菇，现在又卖不出去，你们去其他省市推销一下，争取拓宽这些双孢菇的销售渠道。

学生1：凌教授，我们是给他们提供技术、指导他们种菇的，又不是推销员，帮他们卖菇的……

凌教授：（沉默良久）党为什么派我们来？（转头对学生2）不就是让我们帮助老百姓过上好日子吗？现在村民们遇到困难，我们必须得帮啊！这是我这半年的工资，先按照市场价把村民们的菇买下来，要不，都烂了。买下的菇，大家能推销多少就推销多少吧……

（三人下场）

第五场　党政领导帮助推销双孢菇

（切换会议室图片，村民，二马，教授，领导和助手在台下）

马德富：欢迎市领导莅临现场，感谢领导对金滩村脱贫事业的重视和支持，本次脱贫攻坚，金滩村取得圆满成功，我们……

（马德宝突然起身）

马德宝：领导，我们这次种的双孢菇，正处于严重滞销状态，大家辛苦一年种出来的蘑菇，现在根本卖不出去，（身边人拉马德宝袖子，马德宝甩开）凌教授已经尽他所能帮助我们拓宽市场，但仍未根本改变滞销的现象，因此，我恳请市领导帮我们一把，彻底解决我们目前的产品滞销问题。

领导：（静静地看了一会）同志，请问现在有未出售的双孢菇吗？

马德宝：有，很多村民家里都有。

领导：我们市委市政府食堂先买一部分，我会后找相关部门领导一起会商，帮你们金滩村解决双孢菇的销路问题！

旁白：在市政府各部门的努力下，金滩村的双孢菇很快就销售一空，金滩村逐渐被人们熟知，而双孢菇也成了金滩村的一个代名词。

我们党在带领人民完成全面脱贫任务后，提出了乡村振兴战略，福建企业到金滩村投资兴建了葡萄酒厂、蘑菇酱厂，村民们生活越来越富裕！

背景音乐：《没有共产党就没有新中国》。

旁白：没有共产党，就没有新中国，没有共产党，就没有中华民族的伟大复兴！我们坚信，坚持和加强党的领导，我们老百姓的日子一定会越来越好！

附：学生对表现性学习的评价。

如果说传统的学习方式侧重对知识的记忆，表现性学习则让我们在真实、鲜活的情境中运用知识、加深理解，从而"化知成智"，增强解决现实问题的能力。在表现性学习中，我们模拟国家机关发言人答记者问，扮演居委会主任为基层治理献策……更从中体会到社会责任感和个人价值实现。因此，同学们都很喜欢这种学习方式，并希望能在表现中内化知识、在实践中走向理性！

——选考一班　李文骞

表现性学习与以往的学习方式最大的差别在于强烈的参与感，通过李老师在不同情境下兼具思维深度和开放性的设问，激发我们思考、探索和参与课堂的积极性。

尽管在表现性学习的过程中会遇到许多有挑战性的问题，但通过小组合作探究、查找资料、老师引导等种种途径，不仅提高了我灵活运用学科知识解决实际问题的能力，也使我不断从同学和老师的发言中汲取智慧，在一次次头脑风暴中锻炼思维品质。

同时，表现性学习任务也提升了我的学科素养，激励我将学科知识内化于心、外化于行，把学科知识变成人生智慧。

这样充满活力、一举多得又能带给学生成就感的学习方式，我们怎能不喜欢呢？

——选考一班　邹玥堃

李老师开展的表现性学习本质就是提出一些生活中真实存在的问题，真事例真情境，让我们将自己带入这个情境的角色中，成为"法官""人大代表"去发表对问题真实的看法。此时，我们已经跳出了学生的角色，而是真情实感地想去解决这些问题。

表现性学习潜移默化中帮我巩固了基础知识，分析问题和解决问题的能力得到了很大的提升。同时表现性学习也重在"表现"，我可以借此来表达自己的想法，这让我的表达能力大大提升，我更爱表达了，觉得表达是件有趣的事。

以往的学习往往只是学习课本，回答课本里面的问题，我们还是从学生的角度去死记硬背，但是表现性学习能够让我们真实地理解知识的来由，让我们运用知识、跳出课本走到生活中。

我们都很喜欢表现性学习。功利地讲，通过这个活动我的学习成绩大大提升，同时表现性学习也很好玩，玩中学，让我更加热爱政治。

——选考一班　王贲钰

我认为表现性学习一方面可以培养我们对知识的理解和综合应用的能力，另一方面也可以教会我们深入看待社会上的现象和理解各个制度和政策为何如此安排，这样可以让我们不再为了学习和考试而学习政治，而是真正去努力做到政治认同和运用自己所学的知识为社会尽一分力。此外，表现性学习与以往单纯的学知识和记忆有所不同，以前的学习方式更偏向记知识，可能会因应试而有局限性，而表现性学习是一种引导我们创造性地思考，从而将概念转化为评判标准或解决措施的新形式。

我个人非常喜欢表现性学习，因为它让我明白学习不是只有书本上的知识点，也不是光靠记忆就能拿高分的，通过表现性学习我可以将所学的知识内化，即使不用死记硬背，也可以用表现性学习中的例子和探索出的规律让知识和方法自然而然地学懂。例如本学期我们在学习"必修三"的内容，我们的表现性学习包含了作为发言人阐述某一制度的内涵或某一法律政策的意义、根据一个法律或政策出台的过程理解民主、将自己代入人大代表或政协委员谈谈如何履职等多方面内容，通过这些我真正理解了我国的道路、制度、理论有什么优势和其意义。而且通过表现性学习中的小组交流和同学间借鉴的过程，我能发现自己需要进步的方面，并从他人那里汲取经验。所以我认为表现性学习是非常有效的一种学习方式。

——选考二班　苑宏佳

与以前的学习方式相比，我更喜欢表现性学习。表现性学习更注重知识深层次的理解和掌握。它更能培养我们理解问题的本质以及去寻找解决问题的方法，通过解决问题明白知识的"所以然"。

同时给了我们表现的机会，通过表达自己的观点，更能够发现自己思维逻辑中的漏洞和他人思维逻辑中的优点，取长补短相互促进。相较于以前的学习方法，更加高效而且有趣，能够培养我们的表达能力。

但表现性学习是建立在对基础知识的掌握上进行的，这更强调学生的自律性，要求我们要脚踏实地，夯实基础，一步一步地向前走，就像盖楼一样，会盖楼，但是砖的质量差，楼的质量就不高。

——选考四班 李思

我觉得表现性学习是一种高效的学习方式。表现性学习是指为我们创造真实情境，然后我们要运用学科知识去解决真实的社会问题，我认为它有以下优点：

第一，最重要的是它能服务于高考。因为我们早已脱离了考死记硬背的时代，据我所知，高考命题越来越喜欢为我们创造社会或生活中的真实情境，让我们运用所学知识灵活分析、解决问题。而表现性学习能创造多元情境，锻炼我们描述与分类、论证与阐述、探究与构建、反思与评价等能力，贴合高考需求，这与初中以填鸭知识为主的教学方式有很大不同。而且"运用"是巩固、强化知识的很好途径，我们不断"表现"，知识体系也在脑中不断构建、形成结构，而且不容易忘，考试前基本不用花什么时间去背政治，因为通过表现性学习已经基本记下来了。

第二，它还有很多附加的优势。有的表现性学习题（比如普法，还有"法治为什么优于人治"的课上汇报讨论等）需要小组合作完成，增强了我这个社恐和别人沟通的能力和信心，在同学面前演讲也让我在别人面前讲话没那么紧张了。对于那种自己写本上的表现性学习题，老师会把优秀的作业晒到群里供大家欣赏，也鼓励我们在小组里讨论，我们有机会和同学们多多交流看法、碰撞观点，并反思、补充自己的知识体系。

——选考一班 周墨涵

表现性学习和我以往做过的作业不同，它并非规规矩矩地匡正我的想法，与答案一样就是对，不一样就是错。相反，它更加鼓励我们学生去代入角色的深度思考。因此，它是不能够被普通作业代替的。

还记得第一堂课上李老师教我们怎样写表现性学习，引用了"引议联结"这四字。就是由问题的材料构建结构，将知识与它结合，做到入情入境。举个例子，有一次表现性学习的题目是：假如你是草厂胡同的居委会主任，你将如何推动草厂胡同开展厕所革命？在写之前，李老师给我们介绍了草厂胡同的环境现状与课本上对应居委会的知识。那么课下，就要求我们学生充当居委会主任，结合所学，设身处地地想一些解决方案。在这一过程中，我既进行了有趣的"角色扮演"，又有效地巩固了课上的学习内容。

所以，我很喜欢表现性学习。它不但可以让我在考场上转变做题视角，游刃有余，还可以使我了解社会热点，知晓世间冷暖。当每完成一次表现性学习，我都会想，可能将来我真的能以自己的力量为社会出一分力、发一分光。

——选考四班　刘芮祎

我非常喜欢李老师开创的表现性学习，这是一种能普遍适用于广大学生提升政治学科素养的学习方式。

不同于浅薄的灌输式教学，表现性学习让我们运用学科知识去解决生活中的问题，如：如何理性处理琴声扰民事件、如何推广草厂胡同开展"厕所革命"……为了回答这些问题，我要不断向自己发问，运用所学及自己的思考进行回答。经过如此训练，我再也不用被动地记忆知识点，却能深刻理解每个学科知识背后的意义。

不仅如此，有的表现性学习任务让我们写社论、写发言稿，不仅规范了我们行文的内在逻辑，还能提升写作水平，提升思考问题的深度、广度，一举多得。

此外，有的表现性学习任务需要小组合作完成，锻炼团队协作能力，拉近队员间的距离，把每个人的优势最大化，提升自信心。

总之，我认为表现性学习在政治学科教学史上是开天辟地、标新立异、绝无仅有的。希望在李杰老师的带领下，我们的表现性学习可以不断发展，让更多的学生身临其境地感受政治的魅力！

——选考四班　李洋洋

我觉得表现性学习是一种能够有效落实知识、真正实现知识和学习意义价值的学习方式。表现性学习通过设立生活中的真实情境，引导和鼓励我们学生代入情境和身份，运用所学知识解决问题。通过这样的学习方式，我们能够更好地将知识落实，将知识变为自己的一部分智慧和能力，能够运用知识解决问题，同时对于高考的开放式试题也有很大的帮助，通过代入场景，我们能够更好地进行思考，同时让答案更加全面完整。

与以往的学习方式相比，表现性学习更加注重情境的代入和知识的灵活运用，让我对知识有更深刻的体悟和感受，从而进一步吸收知识，提升自身智慧。这有助于提升我分析和解决问题的能力。

我个人比较喜欢表现性学习，因为其更加具有开放性和一定的真实性。我们可以通过表现性学习了解更多知识，代入更多的角色，对于我们未来学习和工作中思考和解决问题提供了宝贵的经验。同时，开放性的答案能够进一步推动我们独立而全面思考，独立查找资料和进行学习，从而进一步总结反思，让我的智识不断进步。

——选考一班　张悦佳

我感觉表现性学习帮我们把做题和做事很好地结合在了一起。和普通的机械刷题相比，表现性学习中提高的思考问题、解决问题的能力是不会因为忘掉知识而丧失的，而且更具体的事例会让我们发自内心地信仰书中的价值导向，再加上每次学习任务后您的指导，我们不仅收获了答题的技巧，成绩和人格都能得到提升。

我和参与过表现性学习的同学都很喜欢这种学习方式，它既可以帮助我们巩固所学知识，其中的情境也让学习更有意思和价值。比如考前的复习，看以前写过的表现性学习任务和总结既可以复习知识也可以巩固运用知识思考问题的方式，很有效率。在以表现性学习为主的"必修三"的一学期中，我们充分感受到自己在课堂中学习的知识对生活中的做人做事都有指导作用，对国家社会发展有很大益处，比以前更有了学习的动力！

——选考二班　孙洁慧

身为一名学生，最深刻感受到的表现性学习和以往学习方式的不同，就是实践与运用。对于以往的学习方式，我们基本上都在做题，做各种各样类型的题，而这样我认为只会让我们陷入套路之中，而不理解真正的学科内涵，无法提升个人的学科素养。对于表现性学习而言，实践和运用则是让我们真正入手，通过阅读论文、查阅资料，可以了解我们社会、社区所存在的一些问题，并且书写提案，做到了发现问题—分析问题—解决问题的一体化，在巩固知识、提升学科素养的同时，为社会做出了贡献。

于我个人而言，我是非常喜欢表现性学习的。纵使相对于以往传统的做题方式而言，会变得较为辛苦，因为要改很多遍稿件，但是在每次和老师的沟通过程中，我能从老师的语言当中吸收智慧、汲取知识，从而加到我自己的表现当中。而我们的老师也会把一些同学的优秀作业、优秀的表现性学习发送到微信大群里，让我们做到互相学习、互相进步、互相促进，形成良性竞争。在表现性学习的帮助下，我的成绩有了很大的提升，因此我是非常喜欢表现性学习的。表现性学习不仅可以帮助学生提高成绩，还可以使学生理解学科内涵，提升学科素养，将意识真正地运用到社会当中，为社会做出贡献。

——选考四班　林星潼

开展表现性学习让我受益匪浅。

首先，我认为，表现性学习的价值在于把"内化"的知识进行"外化"。其次，与以往学习方式不同的是：通过表现性学习，我能够把书上的知识，真正运用在生活实际中。以前我可能只是死板地去背诵知识点，现在，我能够做到对知识运用得更加灵活、记忆得也更加牢固。印象最深的一个问题是：假如你是某社区的居委会主任，开展"厕所革命"，你会怎么办？回答这个问题，我想到了居民自治的相关知识，并把自己带入居委会主任这个角色，设身处地地进行思考。

我很喜欢这种学习方式。通过表现性学习，我的思维品质得到了很大的提升。这让我今后在思考问题时，也变得更加理性，考虑得更加全面。我认为，这就是表现性学习在政治学科中的魅力所在。我会更努力地感悟表现性学习之道，将这种创新的学习方式运用在其他学科。

——选考四班　寇祎然

以往的学习总是针对一类题型进行规范化的作答，思路容易受到答案的限制。而开展表现性学习，通过真实的事例，让我们身临其境，通过学科知识解决实际问题，能够使我们的思维更加灵活，对各个知识间的内在逻辑都有更准确的认识和更深入的思考。同时和其他同学进行交流借鉴，还能拓宽我们的思路。

我非常喜欢这个使我受益颇多的学习方法的创新。随着高考题目越来越灵活，我认为我们十分需要提升自己解决实际问题方面的能力。进行表现性学习的过程中，我们先对一个问题有了自己初步的看法，利用自己能想到的学科知识进行解答。此后，我们借鉴其他想法更加充分的答案，并与同学进行探讨，厘清答题思路，不断丰富自己的内容并修改完善，弥补从题目中提取关键信息时遗漏的要点，形成自己最终的答案。

经过一学期的练习，在期末考试中，我明显感觉到回答主观题时更加得心应手，能够精准地捕捉到题目中所隐含的知识点，答题思路也更加开阔，并且更加清晰而有条理。

总而言之，表现性学习对我解决考试题目以及日常生活中理性解决问题都带来了很大的帮助。

——选考四班　闵然

学习的最终目的是能更好地面对、解决问题。单纯去获取知识的学习模式已经过时。

学以致用已成为时代所趋，而表现性学习便是引导我们学生学以致用搭建起知识与生活的桥梁，让我们感受到知识是"香"的。

"分，分，学生的命根"，但如今的考试题与以往大为不同，并不是死记硬背就能得到高分，在情境下解决问题成为主流。教育的导向是让学生成为真正有独立思考能力的独立个体，表现性学习便是培养这种能力的重要方式。

表现性学习让知识不再单纯是书本上干瘪的文字、无趣的叙述。通过表现性学习，我们能更加理性地对待现实，做理性的人。

表现性学习让我们感受到学习不仅仅是应对考试，而是让我们生活得更好的必由之路。

——选考一班　苏禹尧

我很喜欢表现性学习，学科知识不再枯燥地停留在课本的大段文字里，而是通过老师精心设计的一个个学科情境问题"活"了起来。我们或是将自己代入"人大代表"的角色，认真思考如何更好地履职；或是积极参加模拟政协选修课，充分调研，得出提案，为祖国发展建言献策……

在参与表现性学习的过程中，我们灵活运用所学知识，解决真实生活中的问题。我们不但在"做"中学,进一步深化对课内知识的理解;而且切实感悟到了知识在实践中散发的魅力。

表现性学习让我们深刻感受到"知识就是力量",这就有效激发了我们学习的自觉性和主动性。

——邓雯心

上了高中之后我在李老师的教导下接触了表现性学习,说起来也是非常新颖的经历。

与之前初中死记知识点、罗列关联知识模板的答题程序不同,李老师发展的表现性学习更多关注对于知识的内化和有逻辑的运用,这种思维的转化一开始确实让我吃了很多苦头。不过,在自己对不同表现性问题的接触尝试、李老师的悉心指导和对旧有表现性问题答案的更正完善中,我逐渐掌握了知识的内在逻辑,训练了自身的思维,构建了学科大概念。这不仅仅让我的政治学科成绩脱胎换骨,更让我对事物发展的内在规律有了更深刻的认识,对很多现实中发生的社会问题有了自己的思考,更在入情入境中地运用学科知识解决问题的过程中让自己的思想更加理性。

《荀子》中有"见之不若知之,知之不若行之",而表现性学习正是从"见之"内化到"知之"的好帮手,是从"知之"到"行之"的桥梁和平台。表现性学习让我们真正将学科知识转化为学科素养,不仅仅帮助我们提升了学业成绩,更深刻地影响了我们未来如何做人做事。

——仇肖然

从上学期开始,李老师就在带领我们进行表现性学习。表现性学习可以让我们应用课堂知识,解决现实问题。不仅如此,为了做出一份优秀的表现性学习成果,我们还要联系其他相关知识、查阅文献资料,这有效引导了我们进行自主学习。

通过进行表现性学习,我们将学习的层次由"做题"提高到"做事",在活学活用知识解决现实问题的过程中,我们不仅将知识内化于心,更培养了自己的社会责任感,逐渐成为有理想、有本领、有担当的社会主义建设者和接班人!

——马天泽

在接触表现性学习以前，我在政治的学习上完全依靠对基础知识的死记硬背，答题时也常常不知从何下手。但表现性学习将我带入现实生活的情境之中，引导我运用学科知识灵活地解决问题，在运用中深化了我对学科知识的理解。这种学习方式改变了我对政治学科的刻板印象，让原先看起来"高高在上""枯燥乏味"的政治学科变得亲切而有趣，我也在这种学习的过程中逐渐成长为一名理性公民。

——张雯淇

第 4 章

高中思想政治生态智慧教学之课外活动

模拟政协理论及实践探索

课堂是教书育人的主阵地，但是课外活动在培养人方面有着课堂教学所没有的独特优势。因为课外活动更能充分发挥学生的主动性、创造性，更能让学生在活动中得到淬炼，提升素养，获得成长。

生态智慧的教育离不开课外活动。这个平台，可以帮助学生更加蓬勃地成长。

模拟政协就是我们高中思想政治学科的一个很好的课外活动平台。

北京一零一中模拟政协社团于2016年6月1日正式成立。成立以来，越来越受到学生们的欢迎。我想这背后一定会有原因。

仔细思考后，我想一个重要原因就是这项活动属于表现性学习，是典型的学科实践活动，在这样的学习活动中学生的能力和素养能够真正得到提升。

2021年毕业的李济森同学，考入了华中科技大学计算机系。刚上大学，他就积极参加了学校举办的"迷你科创训练营"。在训练营他带领团队针对长途大卡车司机开车时间长、脖子酸痛、接打电话不方便，存在危险的问题，运用现代科技设计了产品"枕小爱"。这一产品荣获了最佳人气奖，李济森同学也荣获了杰出科创员的称号。

李济森同学第一时间给我报告了喜讯。他告诉我之所以能取得这样的成绩，就因为高中参加了模拟政协活动。

他给我发来了长长的微信：

高中时参加了一系列模拟政协活动，真的让我受益匪浅。上大学后再参加其他活动，我更深刻地感受到了当时从模政中锻炼的能力，明白自己很幸运地走在了成为理性公民的道路上。

模拟政协锻炼了我三个能力：

一、表达能力。上大学后常有社团报名竞选和活动展示的机会，此时很多同学没有经过锻炼，一到台上甚至都无法很好地自我介绍，更不必说做脱稿的讲演展示了。而我得益于您曾经"限时表达观点"和"洞察听众情感"的训练，这让我在舞台上表现得如鱼得水，因此获得了众多机会。

二、调研能力。与高中相比，大学是一个离社会更近一步的地方，自然就会有更多接触社会的机会，以及社会调研的需求。我参与的一个需要调研社会人员需求、据此设计产品的比赛，让我明白工科生也需要用到模政中培养的调研能力。比赛方一布置任务，我就带领组员们迅速寻找调研对象、设计合理的访谈问题，并注意到公司端、政府端也需要有所涉及。最终我们找到了司机这个群体最需要解决的迫切需求，勇夺比赛冠军。可以说，如果没有高中准备提案时的一次次走访，桂冠还不知花落谁家。

三、理性思维。这一点是我认为模拟政协对我最大的影响，在上高中之前，我是一个性子很急、感情用事的人，常常因为一时冲动做出让自己后悔的事情。而做模政所需要的恰恰是慢下来，凡事都有理有据，理性地分析最真实的需求和最有效的解决方案，一切都凭借调研结果展开，想当然、感性思维到这里成了无用之物。所以准备提案时，我就强迫自己慢下来，要求自己不能空口无凭，渐渐让理性战胜了感性。这一特点也让我带到了大学，做事讲依据、有逻辑、有分析，让自己慢慢变成一个理性的人。

高中刚参加活动时，我的家长和一些同学不理解为什么不选政治的理科生需要参加模拟政协。而我想说的是，一切事情都不一定会在当下给予最大回报,"延迟满足"是常态。

模拟政协活动培养了我们的能力和思维品质,这些能力和思维品质在我们进入大学后表现出了非常重要的意义,让我们能自如地处理好学习和实践活动的关系,自信,阳光,不断向阳生长!

李济森同学,还有其他参加模拟政协的同学经常对我说:李老师,您一定要坚持,努力把模拟政协社团办成北京一零一中的"百年老店",因为这个活动真的可以培养人。

每年暑假我们社团都会组织学生参加全国模拟政协展示活动,学长们经常自觉回来指导学弟学妹们。北京一零一中模拟政协社团作为培养理性公民的平台正行走在成为"百年老店"的路上!

第一节 开展模拟政协活动,培养学生的批判性思维

模拟政协提案展示活动 2012 年在全国举办以来,吸引了越来越多全国知名高中优秀学子的积极参与。

北京一零一中模拟政协社团 2016 年在北京市教委和北京市政协的指导下成立。我校积极报名参加模拟政协选修课的学生越来越多。模拟政协有何"魔力",竟引得如此多的学子愿意积极参与?

针对这个问题,我曾经采访过学生,他们告诉我:通过模拟政协,他们由原来"愤怒的青年"变成了有责任意识和担当精神的理性公民。

为何如此?因为模拟政协活动有效培养了学生批判性思维。

一、引导学生理性思考,培养思维能力

西方教育素来重视批判性思维能力的培养,苏格拉底在《申辩篇》中宣称:"未经省察的人生不值得过。"他认为:"理性是驾驭灵魂的马车,使人能够管理好自己的生活,使其达到良善!"如何让学生变得理性?他不主张把知识直接告诉学生,而主张让学生自己思考得出结论。他主张的"产婆术"教学法就是通过反问、诘问,让学生自己反思自己秉持的观点是否准确、合理、全面,让学生通过

自我省察走向理性。

一直以来，大多数人认为强调批判性思维是西方的文化传统，其实我国传统文化中也有强调批判性思维的相关论述。《礼记·中庸》提倡我们博学之，审问之，慎思之，明辨之，笃行之。只有"审问""慎思"即自我反思，我们才能"明辨"是非，臻于理性。《大学》有言：大学之道，在明明德，在亲民，在止于至善。亲是通假字，亲乃是"新"，一个人只有自我反思、自我批判、自我革新，方能达到"至善"的境界。

高中思想政治课是以立德树人为根本任务，帮助学生树立正确的政治方向，提高思想政治核心素养，增强社会理解和参与能力的综合型、活动型课程。模拟政协活动就是让学生模拟政协委员的履职行为，帮助学生理解我国的政党制度，提高学生理解社会、参与社会能力的实践活动。

政协委员的一项重要工作就是针对社会问题，进行调研，向人民政协提交相关提案。学生模拟这一项履职行为可以有效地培养学生的批判性思维，进而涵养学生的思想政治学科核心素养。

二、引导学生反思生活，确立提案选题

一个好的提案最重要的是选题。如何确立提案的选题？我们就要引导学生反思生活，在生活中发现真问题。

2016年，我们针对八达岭野生动物园一个游客私自下车，老虎袭来，母亲下车施救，导致其母不幸被老虎咬死的事件进行了反思，发现公众的规则意识有待提升，比如"中国式过马路"现象屡见不鲜，我们认为迫切需要对公众加强法治教育。建成法治国家的希望寄托在青少年身上，于是我们就提出了《关于改进中小学法治教育形式以提升其法治意识的建议》。

2017年，同学们发现每次大型考试布置考场，总有很多同学扔掉不看的课外书，而同学们回到农村老家，发现许多农村孩子根本就没有什么课外书可看。于是同学们想到能否由有关社会组织来负责推动城乡图书的流动，于是我们提出了《关于建立城乡图书流动机制的建议》。这一提案荣获全国第四届模拟政协提案展示活动最佳提案。这一提案被北京市政协委员语文教师金英华看中，为了更适合提交到北京市政协，提案名称改为《关于京津冀地区城乡图书流动机制的建议》，这一提案被北京市人民政协列为正式提案,并交由政府相关部门落实。2018年北京高考政治试题28题的背景就是以此题作为背景命制的。

> **关于建立"京津冀地区城乡中小学图书流动机制"的建议**
> 通过对京津冀地区中小学生图书占有情况的调研,本研究小组发现三地的人均图书占有数量和种类存在差距。为此,我们建议建立"京津冀地区城乡中小学图书流动机制",鼓励市民捐赠闲置图书,免费借阅,让图书在城乡、地区之间流动。具体方案如下:
> ……

某校中学生提出的图书流动机制建议

①可以扩大学生阅读量,有利于文化产业的发展

②有利于发挥市场在优化图书资源配置中的作用

③着眼整体,共享文化资源,促进京津冀协同发展

④体现了中学生积极参与公共事务,担当社会责任

A. ①②　　　B. ①③　　　C. ②④　　　D. ③④

我们学生的提案能够作为背景出现在北京政治高考试题中,也从一个侧面说明了模拟政协活动是符合当下以核心素养为宗旨的教育教学方向的。模拟政协让学生在模拟政协委员履职的过程中更加理解了我国政党制度独特的优势,增强了政治认同;通过调研访谈、查阅文献,学生学会了实事求是,根据我国国情和事物发展规律提出意见和建议,这就涵养了学生的科学精神;在提出意见和建议的过程中,学生要查阅我国相关的法律法规,在法律框架内解决当今社会问题,这就提升了其法治意识。通过模拟政协活动,学生发现自己的提案可以经过政协委员带入"两会",这极大地激发了他们参与公共事务、勇于承担社会责任的意识。

批判性思维的第一个特点就是反思性,在确立提案的过程中,学生只有学会反思生活,才能找到生活中的"痛点",这些"痛点"正是我们需要去改变的地方。我们只有发现矛盾、承认矛盾,才能去解决矛盾。

三、指导学生调研访谈,寻找问题根源

如何解决社会矛盾?我们首先要了解事情的真相,找到问题的症结。这就需要我们进行调研和访谈。

在2017年放高考假期间,我校模拟政协的学生为了了解农村学生课外书的情况,深入到河北、山西等农村学校调研。当学生了解到农村的同学几乎都没有课

外书，而他们特别希望父母给买，但是经济状况不容许时，内心受到了深深的触动。他们坚定了一定要把这个提案做好的决心。他们通过调研邮局、共青团、学校等部门，探索出了城乡图书流动机制。提案小组学生在现场的含泪陈述，深深打动了观众和评委。学生的责任意识和担当精神令人感动！

2018 年，我们关注家庭教育问题，无论学生还是作为班主任的笔者，越来越感受到家庭对一个学生的价值观、性格的影响有多么大。而许多父母不懂家庭教育，盲目的爱、不懂规律的教育反而造成孩子的任性和逆反。我们一直在探索问题根源，寻找问题的解决之道。我们有幸访谈了首都师范大学家庭教育研究专家康丽颖教授，康教授告诉我们，在中国，许多父母根本没有经过任何教育便上岗，他们的很多教育行为是自发的、非理性的，但是家庭教育对于学生成长的影响远远超过学校。我们问康教授，能否强迫家长接受相关教育后，颁发给父母合格证方可生孩子，成为家长？康教授告诉我们，家庭属于私人领域，公权还不便于直接干预。我们很是焦虑，请教康教授能有什么办法让家长按照教育规律去教育自己的孩子。康教授说："我们可以在他们遇到家庭教育问题时给他们提供咨询服务。"我们追问："这个服务谁来提供？家长愿意来咨询吗？"康教授让我们通过调研和访谈去寻找答案。

为此我们采访了多所学校的心理咨询室，问他们是否愿意承担此任务，心理咨询室老师告诉我们他们很愿意，因为其发现学生出现心理问题的根源还是在家庭，如果家长能来咨询可以更好地解决问题。我们又担心家长是否愿意去学校咨询，为此学生设计调查问卷，在网上进行线上调查，在清华、北大校门口对来自全国各地的家长进行纸质问卷调查，根据 3 000 多份问卷数据统计，我们发现：88% 的家长认为自己对孩子的家庭教育存在问题，72% 的家长愿意花时间去学校的家庭教育咨询室寻求咨询。于是我们正式确立了提案《关于在中小学建立家庭教育咨询室的建议》，这一提案荣获第五届全国模拟政协最佳提案，调研报告荣获最佳调研报告。

批判性思维的第二个特点是合理性，即思考任何观点或者结论的理由，用事实依据和因果推理决定自己的信念和行动。学生在调研和访谈中，掌握了真实的社会情况，弄清了问题的症结，进而才能为问题的解决提出合理的意见和建议。

四、组织学生讨论协商，提出意见和建议

批判性思维并不为批判而批判，其最重要的特点是建设性，即根据实践发展的需要，制定更好的政策，做出合理行动，推动实践发展。

在确立选题和调研之后，我们开始针对社会问题提出建设性的意见和建议。在开始撰写提案之前，我们会进行文献研究，查阅古今中外的相关问题的文献，学习借鉴前人或他人解决这一社会问题的智慧，在此基础上，开展小组讨论，同学们各抒己见，充分协商。批判性思维强调在提出恰当的问题前提下做出合理论证的能力。只有学生集思广益，才能让解决问题的建议符合实际和客观规律、符合大多数人的长远利益。这样的建议才能推动社会问题的有效解决，推动社会不断向前发展。

柏拉图曾说："教育非他，乃是心灵的转向。"模拟政协活动的开展，让学生发生了很多变化：由"愤青"变为理性公民；由关注自己到关注社会。北师大肖川教授曾说："一个好的社会不会从天上掉下来，它取决于我们每一个人的责任担当的意识和能力。"作为一名政治教师，我们的使命就是帮助学生完成社会化。在课堂中，我们带领学生一起探寻经济、政治、文化现象背后的本质和规律，理性认识社会；在课堂外，我们依托模拟政协，培养学生的批判性思维，引导学生理性改变社会。

习近平总书记曾说："青年一代有理想、有本领、有担当，国家就有前途，民族就有希望！"依托模拟政协，我们可以让更多青年学生成为有思想的行动者、有行动的思想者，他们一定会成为中华民族实现伟大复兴的栋梁之材！

第二节 开展模拟政协活动，培养现代理性公民

2018年我校模拟政协学生的提案成为高考政治试题，引起社会广泛关注。我校原郭涵校长在接受北京市电视台采访时曾说：模拟政协活动进入高考试题，说明我们做的事情符合教育改革的方向，我们的教育契合了时代发展的需要。

一、理性公民，是新时代中国特色社会主义社会发展的需要

我们中国特色社会主义建设进入新时代，历经磨难的中华民族迎来了从站起

来、富起来到强起来的伟大飞跃。中美贸易战、冠状病毒引发的疫情，让我们深刻感受到实现从富起来到强起来面临着艰难复杂的环境。现在的中学生正是实现我国第二个"百年奋斗目标"的中坚力量，他们能否肩负起实现中华民族伟大复兴的重任？

党的十九大报告指出：建设教育强国是中华民族伟大复兴的基础工程，要优先发展教育事业，要落实立德树人的根本任务，培养德智体美全面发展的社会主义建设者和接班人。高中思想政治教育以"立德树人"为根本任务，作为一线教育者我们必须思考教育要"立什么德"、树"什么样的人"。在市场经济条件下，人们的竞争意识逐渐增强，教育成为人们"出人头地"的手段。如果我们的教育培养出的是"精致的利己主义者"，他们就无法担负起社会主义建设者和接班人的重任。

学生未来可以选择不同的职业，但是他们却有一个共同的身份：中华人民共和国公民。公民是现代民主社会的细胞，是人民共和国的基础。我们必须重视公民教育，培养学生公共参与意识，提升学生理性参与政治生活的能力，他们才能成为未来能够创造美好政治生活的理性公民，进而肩负起实现中华民族伟大复兴的重任。

二、开展模拟政协活动，有利于提升学生思想政治学科核心素养，使其成为理性公民

"现代教育的全部努力都是为了培养现代社会所要求的公民人格，公民教育其实是全部教育工作的终极目标。"[①] 高中思想政治课以"立德树人"为根本任务，以培养社会主义核心价值观为根本目的，是帮助学生确立正确的政治方向、提高思想政治学科核心素养、增强社会理解和参与能力的综合性、活动型学科课程。根据教育部颁发的2017思想政治学科课程标准，思想政治学科核心素养主要包括：政治认同、科学精神、法治意识和公共参与。开展模拟议政活动，开展公民教育，有利于提升学生思想政治学科的核心素养，成为理性公民。

---

① 郑航. 社会变迁中的公民教育演进 [J]. 清华大学教育研究, 2000 (3): 115.

（一）开展模拟政协，有利于引导学生形成政治认同

通过开展模拟政协活动，学生能够理解我国中国共产党领导的多党合作和政治协商制度与西方两党制和多党制的不同。西方国家的执政党和在野党是竞争的关系，我国的执政党和参政党是亲密友党的关系，如果说西方政党制度更强调矛盾的斗争性，我国政党制度更强调矛盾的统一性。这与我国的国体相一致，我国是人民民主专政的社会主义国家，人民的根本利益是一致的，不像西方那样存在着不同的利益集团，需要通过政党轮流执政去实现其利益的平衡。我国政治制度不仅符合我国的国体，更加符合我国的国情。我们还是发展中国家，与西方发达国家还存在差距，这就需要在民主和效率中，更看重效率。坚持东西南北中，党政军民学，党是领导一切的，有利于提高我国的决策效率，通过这次我国成功抗击冠状病毒引发的疫情就能充分证明这一点。但是这并不意味着我们不要民主。我们在选举民主的基础上，更加注重协商民主。习近平总书记说：选举民主只有在投票时被唤醒，投票后就进入休眠期，这样的民主是形式主义的。与名为"一人一票"实为"少数人专政"的资本主义民主相比，社会主义协商民主是切实保障人民当家做主的制度安排，具有不可比拟的优越性和强大的生命力。[①]

学生参加模拟政协活动可以充分体会到"有事好商量，众人的事情由众人商量"这一人民民主的真谛，感受到我国的民主是最真实、最管用、最有效的民主，有利于实现党和国家决策的科学化和民主化。在这个过程中学生的政治认同素养就会自然而然地形成。

（二）开展模拟政协，有利于帮助学生树立法治意识

卢梭曾说：真正的法律不是刻大理石上，也不是刻在铜表上，而是刻在公民的内心里。学生通过参加模拟政协活动，学会在法律框架内分析问题、解决问题，就会在内心种下法律的种子，在处理与他人、与社会的关系时就会自觉运用法律武器，而不是运用拳头解决问题。告别"暴力"，这是一个人成为理性公民的前提和基本要求。

（三）开展模拟政协，有利于培养学生科学精神

对于高中思想政治学科而言，培养学生的科学精神就是要引导学生运用马克

[①] 中共中央宣传部. 习近平新时代中国特色社会主义思想三十讲[M]. 北京：学习出版社，2018.

思主义科学的世界观和方法论，在尊重客观规律的基础上，对社会问题的解决做出正确的价值判断和价值选择。开展模拟政协活动就是针对真实的社会问题，让学生在查阅文献、社会调研的基础上开展充分的协商，进而提出建设性的意见和建议。这个过程中就培养了学生求真务实、实事求是的科学精神。

（四）开展模拟政协，有利于培养学生的公共参与意识

学校是学生由私人生活领域迈入社会公共领域的过渡地带，有责任培养学生的公共参与意识，引导学生积极行使公民权利，承担公民道德义务，获得公共生活的知识与能力，帮助学生实现由"家庭宝贝"向"社会公民"的角色转化。

模拟政协引导学生不再只关注自己的个人成绩、生活境遇，而是开始关注"无尽的远方和无数的人们"，关心环境的改善、社会的发展，学生的人生格局将会扩大，他们的视野也逐渐由"私人领域"转向"公共领域"。通过模拟议政活动，学生开始关注社会的"痛点、难点、热点"，反思社会现象，通过与同伴讨论协商，试图探索出解决问题的办法和途径。经历这个过程学生的公民意识就会被逐渐唤醒。苏霍姆林斯基曾说："如果一个人不亲身做好事，那么他就不能在意识中积淀、确立善的观念。"模拟政协通过政协委员这一角色的扮演，让学生真切体验到了协商民主的魅力，参与公共事务带给他们的自豪感和价值感。在这个过程中学生公共参与的意识就会如春天的种子逐渐发芽生长，而公民意识的核心就是公共参与意识。我们的教育只有培养学生的公共参与意识，社会上才会有越来越多的公民，而不是"臣民"和"子民"。

美国开国元勋杰斐逊、亚当斯和麦迪逊等人曾说，良好的政治制度最终必须依赖有公民意识与能力的公民支撑。[①] 只有加强公民教育，培养越来越多的理性的公民，中国特色社会主义政治制度的优势才能充分发挥出来。

习近平总书记在2019年3月18日举办的学校思想政治理论课教师座谈会上强调：办好思想政治理论课，最根本的是要全面贯彻党的教育方针，解决好培养什么人、怎样培养人、为谁培养人这个根本问题。正在中学和大学开展的模拟政协活动是对习近平总书记这一问题的实践回答，我们就是要通过学科实践活动，

---

① 胡朝霞，唐松林. 从教书匠到燃灯者：教师公民教育自觉的蒙昧与唤醒［J］. 当代教育论坛，2020(2)：41.

培养中国社会主义的建设者和接班人。

三、依托模拟政协，培养理性公民的实施策略

（一）开展"时事·政治"活动，引导学生关心社会

从2017年至今，我校模拟政协社团的同学坚持每周做"时事·政治"，他们将上一周发生的时事热点问题进行收集、挑选，并做简要的评论，然后做成精美的PPT在遍布全校的电子屏幕上播放。引导同学们在读"圣贤书"的同时，积极关心"窗外事"。

（二）开展模拟议政活动，引导学生对社会问题形成理性主张

针对学生关心的社会热点问题，我们在模拟政协选修课时间开展模拟议政活动。模拟议政活动的选题充分尊重学生的主体作用，是由社团同学在广泛征求同学们意见的基础上，利用问卷星设计问卷，由学生通过投票确定的。

2021年学生非常关心《北京市生活垃圾分类管理条例》的修订，为此模拟政协社团联合我校模拟联合国的同学共同开展了一次模拟议政活动。

这次模拟议政会学生积极参与，完全投入自己所扮演的社会角色中。学生在模拟议政过程中，已经将高中思想政治学科的知识化为自己的学科素养。学生对公共参与的热情、对社会问题解决中展现的智慧，都令到场的新闻媒体以及兄弟学校的观摩老师感到震惊。我作为模拟政协的指导老师，在模拟议政会现场，分明感到这也许就是我理想中的思想政治教育。学生在模拟议政中，学会了反思、倾听、协商、沟通，这正是理性精神生长的过程。

（三）开展模拟提案活动，引导学生做社会的理性建设者

培养学生批判性思维品质是提升学生理性精神的必由路径。批判性思维具有三个特点：反思性、合理性和建设性。在模拟政协提案活动中，学生的三个思维品质得到有效的培养和提升。

2016年，我们针对八达岭野生动物园一个游客私自下车，老虎袭来，母亲下车施救，导致其母不幸被老虎咬死的事件进行了反思，我们通过访谈北京市一中院青少年庭"法官爸爸"赖琪和海淀法院"法官妈妈"尚秀云等法官、教师了解了中学生法治教育的现状和他们的建议。在充分进行社会调研的基础上，模拟政

协社团学生提出了《关于改进中学法治教育形式以提升其法治精神的建议》。

2017年，同学们发现每次大型考试布置考场，总有很多同学扔掉不看的课外书，而同学们回到农村老家，发现许多农村孩子根本就没有什么课外书可看。同学们想到能否由有关社会组织来负责推动城乡图书的流动，于是开展访谈调研，学生去河北省、山西省农村了解留守儿童课外书阅读情况，当得知他们课外书极度匮乏时，同学们的内心受到很大的触动，他们撰写了《关于建立城乡图书流动机制的建议》。这一提案荣获全国第四届模拟政协提案展示活动最佳提案。为了能够在北京、天津和河北地区率先开展，我们将提案修改为《关于在京津冀地区建立图书流动机制的建议》，这一提案被金英华委员提交给北京市政协，成为北京市人民政协正式提案，并交由政府相关部门落实。2018年北京高考政治试题第28题的背景就是以此提案作为背景命制的。

2018年，我们模拟政协社团的同学关注家庭教育问题，同学们感受到家庭教育对于一个学生的习惯的培养、"三观"的形成影响巨大。我们访谈了首都师范大学家庭教育研究专家康丽颖教授，采访了多所学校的心理咨询室教师，他们认为如果家长能在遇到家庭教育问题时及时咨询可以更好地解决问题。我们设计了调查问卷，通过回收的3 000多份问卷数据统计，同学们发现：88%的家长认为自己对孩子的家庭教育存在问题，72%的家长愿意花时间去学校的家庭教育咨询室寻求咨询。于是同学们撰写了提案《关于在北京中小学建立家庭教育咨询室的建议》。这一提案被张毅委员带入北京"两会"，提交给北京市政协。这一提案顺利列为正式提案，并被评为北京市政协优秀提案。希望以后更多家长能够在亲子关系出现问题时积极求助，让自己的教育行为更加理性。

2019年，我校模拟政协一队的学生针对高中生选科难、职业选择困难的问题，提出了《在企事业单位建立高中生职业体验基地的建议》，这一提案被陆云泉校长带入海淀区"两会"，被列为海淀区政协正式提案。二队学生针对出租车司机疲劳驾驶、无处休息的问题提出了《关于依托充换电站建立出租车司机休息站的建议》，这一提案引起了社会的关注，促进了出租车司机休息困难问题的有效解决。

梁启超曾说："我国民所最缺者，公德其一端也。"这里的"公德"就是公共参与的意识。中国经历了漫长的封建专制社会，没有充分涵养出我国国民的公共参与精神。

在学校开展模拟政协活动，唤醒青年学生的公民意识，培养他们对公共事务的热情，他们才能成长为有理想、有担当的理性公民。我们的教育就是要培养出更多这样的理性公民，助力中华民族的伟大复兴。

2016年6月1日北京一零一中模拟政协社团正式成立。

成立大会隆重举行，北京市政协秘书长陈煦，理论处处长王新尚，北京市教育创新学院张毅主任，北京一零一中郭涵校长、熊永昌副校长、刘子森副校长、万锡茂校长助理、于晓冰校长助理、高建民主任、郭院丽主任、张小川老师、王晓琳老师以及第一届模拟政协社团的学生参加。

第三节 模拟政协社团学生的提案及学生感想

2016 年：《关于改进法治教育形式以增强中学生法治意识的提案》
提案选题背景

2015 年 5 月底，郭涵校长经学生处刘子森副校长、郭院丽主任将一封邀请函交给了我。邀请函上是全国模拟政协组委会向北京一零一中发出的参加第三届模拟政协提案展示活动。

时间紧任务重，我立即招兵买马，组建了第一支模拟政协队伍。我们没有参加活动的经验，只能"摸着石头过河"。

我首先带领学生寻找生活中的"痛点"。学生说"中国式过马路"问题严重，还有学生说当时八达岭野生动物园"老虎吃人"事件值得反思。我就引导学生思考这背后的原因是什么？学生说缺乏规则意识。

我追问：人们生活中最底线的规则是什么？

学生说：是法律。

我反问：中国人的法治意识为何不强？

学生回答：中国自古以来就是个人情社会，遇事总是喜欢找人，而不是找"法"；人们总是存在侥幸心理，认为不遵守法律、规则不会受到惩罚。

我继续问学生：你们认为这样有利于社会发展吗？

学生说：法律是底线的道德，不遵守规则和法律，不利于自己，比如"老虎吃人"事件，八达岭动物园明令不能下车，女司机因为与丈夫吵架而无视规定，造成惨剧。

我启发：我们应该怎么办？

学生回答：应该提高公众的法治意识。

我追问：怎么提高？

学生回答：从中学生抓起！

2016 年的提案由此产生。

为了使我们的提案能够更有针对

性，我们访谈了北京市第一中级人民法院刑庭的周军庭长、青少年厅"法官爸爸"赖琪、海淀区人民法院"法官妈妈"尚秀云、海淀区检察院青少年检察厅胡晓亮检察官。他们为我们的提案提出了宝贵的意见和建议。

《关于改进法治教育形式以增强中学生法治意识的提案》

曹梓航、王景博、宋慧彬、罗弘基、叶安琪、李念虞

指导教师：李杰

一、问题提出背景

2014 年 10 月，中国共产党第十八届中央委员会第四次全体会议审议通过了《中共中央关于全面推进依法治国若干重大问题的决定》。会上党中央提出了要增强全民法治观念，推进法治社会建设。法律作为保护人民利益的重要武器，其权威源自人民内心的拥护和真诚的信仰。会议要求推动全社会开展法治宣传教育，引导全民自觉守法、遇事找法、解决问题靠法。

2016 年 7 月 4 日，教育部、司法部、全国普法办下达了关于印发《青少年法治教育大纲》的通知。该通知指出青少年法治教育的重要性、指导思想和工作要求，明确青少年法治教育的目标，规定分阶段的法治教育内容及其实施途径。要求各级教育行政部门，加强组织领导、做好条件保障，切实推进学校青少年法治教育工作，提升青少年法治意识。

党的十八届四中全会提出要把法治教育纳入国民教育体系，从青少年抓起，在中小学设立法治知识课程。为此，中学政治课本增加了法治教育的内容，相关课程已经纳入中小学政治课程。初中"思想品德"课程改为"道德与法治"，高中思想政治中"政治生活"模块改为"政治与法治"模块。

"雷洋案"和"聂树斌案"引起了社会的广泛关注，这也倒逼中国不断加强法治社会建设。

青少年是未来社会的建设者，建成法治社会需要加强对中学生的法治教育。而如何在中学生中更好地开展法治教育，以提升中学生的法治意识，成了我们必须面对的问题。

二、现状分析

从党中央、教育部的文件可以看出党和政府非常重视对中学生进行法治教育，但是，在社会调查中我们发现国人法治意识仍然普遍不足。我们在访谈的过程中，胡晓亮检察官和赖琪法官认为不少人甚至相信法律不如人情好用，并且他们结合具体案例指出当今中国公民尤其是青少年的法治意识亟待提高。

依据我们的调研结果，我们发现有部分学校已经做到了长期有规律地开展法治教育。但即使在这样的重视程度下，也只有37%的学生对法治教育有较深印象。因此我们得出结论：原有法治教育形式存在问题，在未来推广法治教育不容忽视。

根据调查的结果，我们发现73%的中学生法治意识淡薄，其原因主要有两点。第一，中学法治教育内容偏少；第二，法治教育的形式过于死板与单一，趣味性、生动性不足。因为法治教育已经引起相关部门的重视，并且已经在中小学政治教材中加大了比重，所以第一个问题已经基本解决。针对第二个问题，我们认为改变法治教育形式是这一问题的重要解决措施，通过改变教育形式，让法治精神更加深入人心。

在成人版问卷的调研结果中，我们发现81%的成年人对现今法治教育形式不满，这证明我们的提案符合民意，具有现实意义。

综合以上分析，我们提议通过改进法治教育形式提升法治精神。我们提出了以下四种新形式和一种旧形式的改进，分别为法治微电影、法治演讲、明法理、法治示范校评选制度、改革教材及改变传统课堂"教"与"学"形式。

微电影是目前大城市中学生的一项重要活动，传播范围广，受欢迎程度高。目前普通的微电影节已经在全国诸多省市推广，有一定的群众基础，深受中学生喜爱。微电影具有设备简单、耗资较低、无须过高的专业技能等优势。由于容易在其中加入有关法治的内容，因此开展法治微电影节存在一定可行性。这项活动有利于中学生自我教育、培养创新精神，符合社会需求。

演讲作为一种教育形式，可引入竞争机制，调动中学生的积极性。并且演讲几乎不受地域和设备的影响，其规模可大可小，形式灵活多变，操作简捷,可行性高。

"明法礼"是对特定年龄段的中学生进行的以明确法律责任、提升法治精神为目的的仪式。其内容可以包括宣誓、法官讲法等。"明法礼"是通过仪式的庄重感和法律的威慑感,让中学生加强对法治的重视,加深对法治的理解,以此提升其法治意识。因为"明法礼"与成人礼有一定的相似性,在很多学校有成功举办成人礼的经验和条件,所以举办"明法礼"有很高的可行性。

在调查中显示,近55%的人对于政治课印象深刻,并表示利用政治课进行法治教育易于加深学习者的理解。该形式操作简便,并且政治课堂原有形式已经有一定基础,有利于将法治教育常态化,可行性较高。在调查问卷的结果统计中,我们发现有47%的人认为"模拟法庭"是政治课教与学的一种好形式。

法治示范校的评选可类比高中示范校的评选,在省市内根据需要自主进行评选,此方式操作简单,容易引起各校领导层对法治教育的重视,对全面推广法治教育有着较大的推进作用。

三、对策建议:提案由教育部承办

1. 建议由教育部主办"全国中学生法治微电影大赛"。

我们认为可以由教育部组织相关活动,国家新闻出版广电总局负责加强宣传,优秀作品在央视上多次播放,让更多的观众,包括偏远地区的留守儿童通过优秀的法治微电影了解法律、认同法律。

2. 建议运用演讲的形式,培养中学生法治精神。

演讲可以包括校级、省级乃至国家级的比赛。演讲的题目建议是关于法治的小故事,贴近生活。可以借鉴《我是演说家》等节目的运作模式,将优秀的中学生演讲以电视节目的形式呈现,感染更多观众。

3. 建议每年在"国家宪法日"举行"明法礼"。

在一个恰当的时间节点,例如14岁——处于负与不负刑事责任的分界点,由教育部负责组织、司法部协助举办"明法礼",对承担法律责任进行宣誓。

4. 建议改革政治教材、改变传统政治课堂教与学的形式。

在教材的改革上，建议教材中引入的例子要有思辨性。教育部可以指导人民教育出版社出版针对中学生的图文并茂的法治教育读本。在改变传统政治课堂教学形式上，教育部负责指导各校政治老师改变过去的灌输式教学方式，让课堂做到生活化和活动化。生活化，比如让真实的故事和案例进课堂等，活动化，比如情景模拟、角色扮演、课堂辩论等。其中模拟法庭是一个需要继续坚持并改进的教与学的形式，教师可以引导学生在模拟法庭解决一些简单纠纷。而对于有关法治的考试，建议以案例分析作为考试考核的重点。利用开卷的形式，通过查找挑选法律条文，对于生活密切相关的案例，提出合理有效的解决方案。

5. 在全国范围内评选法治教育示范校，将其列入高中教育示范校的重要评比条件。

2017年：《关于建立京津冀地区城乡中小学图书流动机制的提案》

提案选题背景

2017年我正好担任高二班主任，工作非常繁忙。堂弟的孩子在上初中，她是留守儿童，堂弟夫妇在外打工，孩子在家读书，爷爷奶奶照顾。

彩玲是个非常爱读书的孩子，我特地从中关村图书大厦为她买了几本书邮寄到老家。过了两个月，彩铃给我邮寄来了她写的小说，我很是惊喜，发现爱读书的孩子，果然写作也很棒！

有一天彩铃给我发微信，说："姑姑，你给我邮寄的课外书我都读完了，你能再给我邮寄几本吗？"我当时正在带着学生一起打扫卫生布置高考考场，在倒垃圾时发现垃圾桶旁居然有很多崭新的课外书。

我愣住了！

这些课外书，有可能从此就成了垃圾，但是对于农村的留守儿童，它们可是宝贵的精神食粮。当时我正好在学校住宿舍，于是晚上找了一个空纸箱，买来消毒湿巾，把课外书从垃圾桶里拣出来，擦拭干净，第二天去邮局邮寄给了彩玲。彩玲如获至宝，如饥似渴地阅读。

我把我的经历讲给了模拟政协社团学生听,孩子们的眼睛湿润了。他们暑假深入河北农村调研,发现农村留守儿童根本就没有课外书看,他们震惊了,为此做出了《关于建立城乡图书流动机制的建议》提案。这一提案荣获第四届全国模拟政协展示活动最佳提案奖、最佳展示奖。

薛琪洪同学因为亲自深入农村调研,深有感触,在提案新闻发布会现场,几度哽咽。参加模拟政协的经历也让他下决心研究公共事务,他高考考上了中国政法大学公共事业管理专业。

2017年学生的这一提案被北京市政协委员金英华委员带入北京市政协,成为正式提案。提案缩小了范围,改为《关于建立京津冀地区城乡中小学图书流动机制的提案》,2018年6月北京政治高考试题第28题就是以此题为背景考查学生的。

高中生模拟政协提案进入高考试题引起了社会媒体的广泛关注。北京电视台首先进行了详细报道。中国教育电视台在中国教育四十年成就纪录片中进行了报道。

《中国青年报》《现代教育报》等多家媒体也对我校模拟政协活动进行了报道。我校学生提案进入高考试题有力地推动了模拟政协活动的广泛开展!

《关于建立京津冀地区城乡中小学图书流动机制的提案》

杜宸澜 薛琪洪 洪嘉艺 王易单 张笑瑞 林嘉树

指导老师:殷卫霞 王晓琳 李杰

一、问题提出背景

当今时代,文化越来越成为民族凝聚力和创造力的重要源泉,越来越成为综合国力竞争的重要因素。全民阅读是实现文化传承和提高综合国力竞争的重要途径,阅读对于处在人生观、价值观形成期的中小学生来说尤为重要。党的十八大报告历史性地写入"开展全民阅读活动",将之列为建设社会主义文化强国的一项重要举措。自2014年至今,"倡导全民阅读"已连续4年写入政府工作报告,全社会也组织开展了"书香中国"等系列活动。但是根据调查,作为重要教育资源的图书,其数量在城乡中小学仍存在较大差距，京津冀地区中小学生人均图书占有量的比例也相差悬殊，在课外读物的来源、种类、阅读的行为方式等方面也有较大差距，这将导致乡村学生在阅读的广度上远落后于城市学生，他们更会因缺乏大量阅读而带来小视野、低站位、窄格局的后果。虽然目前北京、天津城市中的部分学校已经形成了有关的对口帮扶措施，往往由团委或慈善组织牵头，但仍存在影响小、范围小、藏书少、经费少、管理手段落后、专业人才匮乏等问题。京津冀地区还缺少长效化、制度化的城乡图书对口流通机制。面对推进京津冀协同发展机制创新的需要，面对平衡教育资源公平发展的要求，政府如何建立机制，统筹安排，组织力量，协调多方，充分利用北京与天津城市学校丰富的图书资源为乡村地区学校提供更丰富合适的书籍，缩小城乡中小学生图书数量和质量的差距，应引起高度关注，不容忽视。

二、现状分析

1. 乡村地区学校图书资源匮乏，管理经验不足。

乡村地区主要存在以下问题：学校缺少购买图书的资金，购买图书的渠道少，购买的图书种类不齐全、更新换代周期长等，加之乡村地区的教育观念落后，学校对学生阅读重视不够，这些都导致了乡村的图书资源匮乏，难以满足学生阅读数量和质量的需求。

乡村现有图书资源也因为系统化管理图书资源的经验不足和管理方法不当，存在书籍流通效率低下、流通速度缓慢的问题。

2. 城市地区图书资源利用率低，捐赠渠道不畅。

城市经济发展水平较高，城市学校学生图书资源较为充裕。然而，由于不同种类、内容的书籍适用于不同年龄阶段的读者，随着读者年龄的增长、阅读兴趣的改变，部分种类书籍不再适用，书籍大量闲置，利用效率低下。

根据调查反馈，大部分城市学生乐于捐赠家中的闲置图书，使图书资源为人所需，循环利用。但是面临着捐赠渠道不畅的问题。

部分城市学校和慈善机构在向乡村捐赠图书方面已经有所实践，但是这一过程中，由于缺少组织和机构的统一领导和管理，图书捐赠普遍存在着捐赠周期长、图书资源供应数量不稳定、双方沟通不畅、供与需不匹配的问题。

此外，现阶段的捐书活动多为单一单位组织的而具有商业目的的、多集中性地选取一些"著名"的贫困地区作为捐赠对象，没有广泛地、普遍地惠及需要帮助的乡村学校。

3. 运输资金来源不足，运输机制不完善。

从个体邮递的角度，书籍运输价格普遍比较高，运输部门没有相应的优惠。从集体运输来看，书籍运输资金缺少政府部门的投入与支持，目前还没有形成统一的促进城乡图书流动的运输方式以及系统化的领导和规划，还未建立完整化规范化的京津冀城乡图书运输机制。

三、对策建议

1. 设立京津冀地区城乡中小学图书流动联动管理办公室。

设立京津冀地区城乡中小学图书流动联动管理办公室，成员由京津冀三地构成，统筹管理网络调研、征集图书、按需输送、培训人员、指导管理、开展活动等工作，通过流动的书，鼓励乡村学生阅读、交流，缩小城乡中小学阅读差异，构建"阅读场"，创建"书香社会"。

三地财政局将京津冀地区城乡中小学图书流动管理办公室列入财政计划，给予专项财政支持。

2. 创新管理思路，推动教育融合，打造文化名片。

建议京津冀地区城乡中小学图书流动联动管理办公室创新管理思路，如创建信息平台，充分利用大数据信息；积极调动社会力量参与，如借助图书馆的丰富资源、引进企业的公益资助等。以"流动的书"为切点，积极探索京津冀三地教育深度交流和融合的新形式、新路子，打造京津冀三地一体的文化新名片。

2018 年：《关于在中小学设立家庭教育咨询室的提案》

提案选题背景

2018 年我带了第一届高中毕业生（调入北京一零一中后）。我当了三年的班主任，这三年班主任工作让我对家庭教育有了更多的思考。

我发现乐观上进的学生往往生长在亲子关系和谐的家庭，父母懂育子之道。反之，问题学生往往出自问题家庭，父母缺乏起码的家庭教育知识。

有一个女生，高三一年独自租房在学校旁边住，父母很少来照顾。我多次联系父母。父亲说自己工作忙，没时间照顾。母亲说，孩子不愿让她来照顾。

我找来这个女生，问她："为何不愿意让你母亲在你人生最关键的时候来照顾你？"孩子流着眼泪告诉了我原因。她说父母关系不好，父亲经常住在单位不回家，母亲就把所有的气都撒在她身上。她从小内心很孤独，就喜欢画画、养小宠物。她妈妈看她画画，不写作业，当着她的面把画撕掉了，还趁她不在家，把其养的小宠物也给扔了。

我听后，真的为孩子生长在这个家庭而难过。在高三寒假，因为学业压力大、亲子关系紧张，这个女生患了严重的抑郁症，住进了医院。

我在多次与其父母交流的过程中，能够感受到他们是爱孩子的，孩子患上了严重的抑郁症这不是他们希望看到的。为何会如此？原因很多，我想也许最重要的原因还是父母不懂如何教育孩子——野蛮粗暴的方式，让孩子幼小的心灵受伤严重，一旦受伤就很难恢复得完好。

当我把这个女生的故事讲给模拟政协社团的学生后，学生们就想如何让悲剧不再发生。为此，我们去首都师范大学采访了家庭教育专家康丽颖教授，她给了我们宝贵的意见和建议。我们提出了《关于在中小学设立家庭教育咨询室的提案》。

《关于在中小学设立家庭教育咨询室的提案》

左家齐、刘宇涵、杨思宇、王梓豫、芦然、李芊逸

指导教师：李杰

提交部门：教育部

一、问题提出的背景

家庭是社会的基本组织结构，家庭对一个孩子的健康成长起着至关重要的作用。根据国家"十二五"教育课题组的研究发现，在家庭、学校和社会这三种对孩子的影响因素中，家庭教育占比最大。

2015年，习近平总书记在春节团拜会上讲话指出，要"重视家庭建设，注重家庭、注重家教、注重家风"。2016年11月，国家九部委联合颁布《关于指导推进家庭教育的五年规划（2016—2020年）》，明确提出要"提升家庭教育指导服务的质量和水平，增强指导服务的科学性和实效性"。

通过问卷调查及访谈我们发现，有88.19%的家庭在家庭教育方面存在问题。其中89.80%的人认为在亲子矛盾中，家长应当承担一定责任。基于此，有71.66%的家长渴望学习更多的家庭教育相关知识，但无法获得有效且有针对性的指导。

二、问题的现状与分析

1. 部分家长提升自身角色胜任力的意识淡薄。

通过对全国24个省级行政区家长的随机采访，我们发现，部分家长认为，相较于家庭，学校是更为重要的育人场所，而家庭教育只起到辅助作用。并且在访谈中，我们了解到，仍有部分家长认为自身经验可以满足教育子女的需要，并没有意愿学习更多的、更专业的知识。

2. 家庭教育指导人才培养体制不健全。

目前，家庭教育指导人才培养和队伍建设缺乏系统性和专业指导。培训单位通常缺乏统一组织领导，培训内容普遍缺乏规范标准，培训人才无法满足指导需要。同时，专业化和规范化的家庭教育指导人才资格认证制度尚未建立。我国高等院校尚未设置本科层次的家庭教育专业，在全部师范院校中，仅有北京师范大学、东北师范大学等少数学校设有家庭教育硕士和博士站点。

3. 家长对家庭教育的个性化需求无法满足。

调查数据显示，有72.22%的受访家长认为自己在进行家庭教育时的方式方法存在问题，他们想要得到个性化的、有针对性的指导与帮助。但是，无论是社会还是学校，现有的家庭教育指导服务大多是以集体培训的形式出现，这就导致71.66%家长无法得到有针对的指导，最终影响家庭教育质量。

三、对策和建议

基于以上分析，我们建议依托于原有心理咨询室进行功能整合，在中小学家建立家庭教育咨询室。为保障咨询室的长期健康运作，我们建议提升家长的家庭教育意识，以形成咨询室建设的充分社会需求；同时培养家庭教育的专业人才，以满足咨询室运营的人才需求。具体建议如下：

1. 加大对家庭教育的宣传力度。

各级人民政府通过媒体加大对家庭教育的宣传力度，唤醒家长主动提升其角色胜任力的意识，形成家庭教育咨询室建设的社会需求。各新闻出版广电局要倡导利用传统媒体和新媒体两大重要的资源平台，广泛进行家庭教育知识普及和信息交流。各街道办事处指导村委会、居委会开展公益性家庭教育活动，宣传育子典范。

2. 加快家庭教育指导人才培养体制建设。

教育部鼓励师范院校和其他有条件的高等院校、研究机构设置家庭教育专业或开设相关课程。教育部教师工作司规划并指导建立家庭教育从业人员职业资格认证制度，成立家庭教育导师认证机构，制定认证标准，明确认证内容和形式，将通过国家相关考核且成绩优秀者纳入人才储备库中，以满足家庭教育咨询室运营的人才需求。

3. 设置家庭教育咨询室财政款项。

建设家庭教育咨询室所需经费由各级财政负担。各级财政部门将其纳入本级财政预算，列入国民经济和社会发展规划，由各级教育财务部门负责监管调配。

> 4. 开展中小学家庭教育咨询室的试点及推广建设工作。
>
> 家庭教育咨询室的建设旨在为家长提供更具针对性、专业性的指导服务，借助家校联合，提升家长的角色胜任力，帮助父母改善家庭教育的质量，进而实现子女健康成长、家庭和谐幸福的目标。
>
> 考虑各地区发展水平不一，我们建议，在教育部的统一领导下，首先在条件较为成熟的中小学校，展开试点工作。要求各试点校在原有的心理咨询室基础上建设配有本校班主任、心理咨询师、家庭教育导师的家庭教育咨询室。
>
> 各级教育督导部门联合妇联及关工委，组织形成相关督查团队，定期监督各试点咨询室的建设及运行状况。
>
> 教育部门组织相关专家总结试点学校的相关经验，形成相应的规章制度和体制机制，逐步在全国推广。

附：学生参与模拟政协活动感想。

模拟政协活动恰是这样一个平台，给你一盏灯，为你探清未来的路。一个人的格局决定人生。从画地为牢，到大开眼界；从锱铢必较，到不拘小节。我非常庆幸在我迷茫时遇到这样一个平台，遇到过这样优秀的来自五湖四海的朋友。

模拟政协带给我的从来不仅仅是社会责任感的提升，它所能告诉我的更是生活、生命该有的格局。我想，这次活动于我不是一场圆满结束的句号，而是一个新的开始。

——原高一（10）班　左家齐

这次参赛让我受益匪浅。我锻炼了自己的能力，同时也认识到了自己的不足。在参赛中，我看到了不少与我们志同道合的同学的提案。这些提案的内容大部分是关于我们身边发生的事。在展示过程中，一些优秀的小组利用了情景剧、模仿电视台等多种形式，但同时又注意到了在多彩的形式中反映自己所调查到的问题，生动而又不失深度。但是对我影响最大的应该是准备提案的过程。在采访过程中，我深刻地认识到了我对现状认识的局限性。在采访北医附中的初中部时,我才对学生家庭教育的缺乏有了解——不少家长爱孩子,愿意无限制地提供物质帮助,但是他们并没有注意到子女的性格习惯。而在对农村学校班主任的采访中,我发现农村中的教育更为艰难。农村不仅缺乏老师、硬件设施,更缺乏负责任、懂教育规律的家长。我希望今后能为他们再做点什么,改善这一情况。

——原高一(5)班 杨思宇

"常思奋不顾身,而殉国家之急。"参与模拟政协活动,通过老师和学长学姐的帮助,我们在涉及民生的公共政策问题中关注民生、关注社会;通过提案的逐步形成,有组织、有目的地学习和掌握所需的各种调查、分析、研究、展示演说和辩论的知识和能力;通过规范的活动,体验中国特色的民主协商的政治制度;通过团队的合作,在确定选题、调查研究、撰写提案、听证辩论过程中分享个人的创意和团队的智慧。

新闻发布会、界别讨论会、集中展示会,三个赛程活动从不同方面为我们提供展示。在交流中,我们碰撞思维;在提问中,我们完善想法;在展示中,我们锻炼能力。通过这个活动,"政协"对于我们,不再是政治书上的呆板名词,而是社会生活中的生动课堂,我们可以走出书山题海,为人民幸福发声,为祖国繁荣建言,和政协委员一起履行社会责任,服务国计民生!

模拟政协社团到我们这里已经是第三届了。从社团建设初出茅庐时的第一届学长学姐,到社团建设日臻完善的第三届的我们,一零一中学的学生始终奉行着以国家之务为己任的原则,关心国家大事,争做一名对国家有用的青年。

如今,我们就如同李大钊先生曾说过的话一样,甘愿"为世界进文明,为人类造幸福,以青春之我,创建青春之家庭,青春之国家,青春之民族,青春之人类,青春之地球,青春之宇宙,资以乐其无涯之生"。

青年不关注社会,社会就没有未来。克服困难、不断前进、心系祖国、建言献策,我们一直在路上!

——原高一(3)班 芦然

在模拟政协的活动中,我不仅提升了自己的能力,更重要的是我更深刻地感受到自己融入了这个社会,感受到了自己对社会的担当,对这个社会、对政协的理解都更加深刻。

五天的时间，有多少次伴着星光深夜讨论。不论结果如何，我们拼过、努力过，就值得自己的掌声。家事，国事，天下事，事事关心。我们新一代的青年学生，应当做到关心国事、关心社会，注重全面发展自己的能力。希望一零一模政能够越来越好！

——原高一（11）班　李芊逸

这是一个可以改变你对这个社会的态度的活动。其实我们可以看到，在社交媒体上，有太多的人，当他们看到社会上的不良现象时，会选择抱怨而不做出任何改变。但是在模拟政协，当你看到这些社会现象的时候，你会去想：我能做些什么，我能改变什么，我该怎样去改变。模拟政协让我们用一种更为积极的态度去对待一些社会问题，它促进我们的思考，也促进我们更加深入地了解这个社会。

在调研过程中，我们曾跟许许多多的人进行交流，他们可能是某一领域的专家，可能是某一行业的榜样，也可能只是一个普通的路人。但他们每一个人，都能为我们带来不同的视角，让我们有更多的思考。每一次讨论、每一次修改，是我们在表达自己对这个社会的关切。

而这一切，让我们与这个社会的联系更为紧密！我们愿意为社会的发展贡献自己的力量！

——原高一（10）班　王梓豫

一次偶然，与模拟政协结缘，却从没想过昔日无心埋下的种子，今朝的绽放能如此绚烂！

模拟政协带给我们太多太多，它让我从浮躁走向耐心，从怯懦走向自信；它督促我一遍遍地打磨自己，树立起"要做就做到最好"的信念；它告诉我要注重过程，关注自身成长，最终引导我走向蜕变。

除此之外，我想我更重要的收获其实是那一份对社会的责任感。短短的一个月时间，让我从"两耳不闻窗外事"的普通高中生，变成了一名"家事国事天下事事事关心"的有责任、有担当的青年；让我走出校门，开始融入社会、探究社会，成为社会的小小变革者。

我由衷感谢这次模政之行。我相信，它一定会成为我的青春中绚丽的一笔！

这次活动让我相信,我们是社会的小主人,未来将由我们创造!

——原高一(10)班 刘宇涵

注:北京一零一模拟政协社团师生与模拟政协活动创始人张悟华先生合影。

2019年:提案一《关于在企事业单位建立高中生职业体验基地的建议》
提案选题背景

2019年我教高一年级,这一届学生赶上北京实行新高考,学生要在物理、化学、生物、历史、地理、政治六科中任意选择三科作为高考考试科目。

很多学生找到我说不知如何选。有一天,快下班了,一个女生来到政治组办公室,她说:"老师,你能否帮我打印一份高考试卷?"

我问:"为啥你要做高考试卷呀?"

女生说:"因为我不知道该如何选科。我想看看政治高考题难不难。"

我说:"孩子,你未来想做什么工作,考什么大学、什么专业?"

学生说:"老师,我都不知道社会上到底有什么职业,更不知道我未来要从事什么职业……"

我们模拟政协社团的学生们也普遍存在这个问题,怎么解决这个问题?

学生们为此采访了北京一零一中教育集团校长陆云泉,陆校长为我们的提案提出了宝贵的意见和建议。

《关于在企事业单位建立高中生职业体验基地的建议》

饶明达、许海同、赵宇轩、关文政、何靓怡、李济森

指导教师:李杰

一、问题提出的背景

2019年6月,国务院先后出台了针对提高普通高中教育和义务教育质量的两份指导性文件,强调拓宽学生综合实践渠道,要求加强高中生生涯规划指导,开展职业体验,帮助学生正确认识自我,规划未来职业发展方向。

新高考制度改革正在深入推进,不再分文科和理科,采取"6选3"或"3+1+2"的选考模式,赋予了高中生自主选科考试的权利。然而,许多高中生由于对未来从事的职业没有明确的方向,在高中选科和选报专业时十分迷茫。

新时代的中学生是强国一代,肩负着民族复兴大任。在高中阶段增加职业体验环节,有助于学生深入了解职业特点,尽早明确职业理想,从而激发学习动力,为成为担当大任的时代新人奠定基础。

二、问题的现状与分析

1. 高中生对新高考模式的科目选择不明确。

在我们调查的1 058名高中生中,有85.9%的同学表示高考选科时会考虑自己的职业方向,但是他们却没有明确的职业方向。92.8%的同学表示在高考选科之前希望了解更多的职业相关信息,从而在选科时不仅要根据自己的成绩优势,而且要结合未来的职业理想进行全面的选择。

2. 学校现有课程与资源不能满足学生的需求。

调查显示,有90.9%的高中生希望拓宽了解职业信息的渠道,而且在我们提供的多种了解职业的方式中,有60.6%的高中生选择最希望通过亲身参与职业体验的方式。虽然目前一些高中校开设了生涯规划课程,但主要在给学生讲授生涯规划的必要性、职业的分类等理论知识，缺乏职业体验的实践环节，难以达到职业生涯规划的指导效果。少部分高中学校意识到了这一问题，自发开拓社会资源，尝试建立职业体验基地。但仅仅依靠学校自发的尝试性行动显然难以满足学生具有普遍性、稳定性、紧迫性的职业体验需求。

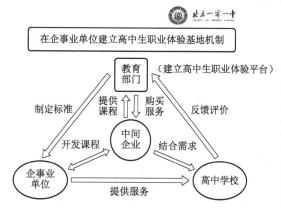

3. 多数企事业单位有积极性，但缺乏有效的机制保障。

在访谈的46家企事业单位中，有32家企事业单位出于社会责任感，愿意在本单位建立职业体验基地。但有14家表示由于自身业务繁忙，缺乏配套的激励、保障机制，很难与中学保持长期合作关系，为高中生提供长期的职业体验服务。

三、对策和建议

我们建议在企事业单位建立一批稳定的高中生职业体验基地，对各级教育主管部门提出如下具体建议：

1. 制定职业体验基地准入标准。

教育主管部门应面向社会广泛宣传，将职业体验纳入生涯规划课程的实践环节，并制定关于企事业单位的准入标准与课程规范，由中间企业将企业资质信息集中后递交教育部门进行审核，对准入的企事业单位授予"高中生职业体验基地"称号。

2. 搭建职业体验网上平台。

教育主管部门新建或依托现有的中学生综合实践活动平台，搭建职业体验网上平台，在高中校的组织下，学生通过平台个性化选择课程，并对职业体验的服务进行反馈与评价。同时，职业体验基地将学生的职业体验表现及时反馈给高中校，由学生的生涯规划指导教师将学生的职业体验表现记载在其综合素质评价中，作为今后高考录取的参考。

3. 依托中间企业联络企事业单位入驻平台。

在教育主管部门的监督下，中间企业与企事业单位合作，在企事业单位建立职业体验基地。由中间企业结合各单位的资源设计职业体验课程并上传网上平台。活动后，教育部门根据高中生职业体验的实际参与人次向中间企业付费，并对学生评价良好的企事业单位树为典型，授予"优秀职业体验基地"称号，通过媒体进行广泛宣传，提升企事业单位的社会形象，从而激发更多企事业单位参与的积极性。

4. 地方试点后由教育部组织推广。

教育部鼓励各省市教育部门开展试点，及时组织专家总结试点的成功经验，出台指导性意见，逐步面向全国推广；并积极探索，打破区域限制，努力搭建跨区域的职业体验资源共享平台，逐步实现优质资源的跨区域共享，扩大高中生受益面。

注：2019年年初，北京一零一中模拟政协社团师生受邀列席了中国人民政治协商会议第十届委员会第四次会议。陆云泉校长作为海淀区政协委员将这一提案带入海淀区政协，成为正式提案。

我们师生收到了陆云泉校长转来的海淀区教委的提案办理答复函。

附：提案答复意见摘编。

政协北京市海淀区第十届委员会第四次会议
第104110号委员提案的答复意见

陆云泉委员：

您提出的关于"在海淀区企事业单位建立高中生职业体验基地的建议"的提案收悉，我们进行了认真研究，现将有关情况答复如下：

收到提案后，我委领导高度重视，您提出的在海淀区企事业单位建立高中生职业体验基地的建议，紧扣国务院《关于深化考试招生制度改革的实施意见》（国发〔2014〕35号）、教育部《关于加强和改进普通高中学生综合素质评价的意见》（教基二〔2014〕11号）、北京市教委《普通高中2017级课程实施指导意见》等相关文件要求，充分体现了对青少年成长发展，尤其是高中阶段学生未来大学专业选择甚至未来职业选择的关心，也体现了对海淀区基础教育阶段高中人才培养工作的支持和重视，非常值得我们关注和进一步推动。

2019年：提案二《关于在大中城市依托新能源车充换电站建设出租车司机休息站的提案》

提案提出背景

我们经常出行要打车，我喜欢通过出租车来了解社会问题。有一次，我看到出租车司机很疲惫。我就问："师傅，您今天工作了多长时间了？"师傅说："从早上5点到现在，10多个小时了。"

我问："中间您休息了吗？"

司机师傅说："没有地方休息，随便停车，就会被摄像头拍到罚款，一天挣不到多少钱，再罚款，就白干了。"

我听后，心想，在高速公路上，隔一段距离就有服务区、有休息站，出租车司机是不是也需要一个休息的地方？

考驾照时，我记得《道路交通安全法实施条例》有规定"驾驶机动车不得连续驾驶超过4小时未停车休息，并且停车休息时间不得少于20分钟"，然而出租车司机缺乏休息的地方和条件。

我就把我与出租车司机的对话告诉了田康乐、杨璐。孩子们组建了团队，广泛开展调研，访谈了出租车司机、新能源汽车生产企业，提出了这一提案。

杨璐同学访谈出租车司机，了解他们的需求。

陈宇淇、万昕玥、荆愈婷、田康乐、邓赵婕同学去新能源汽车企业访谈，了解充换电站的建设运营情况，访谈建立出租车司机休息站的可能性和具体实施机制。

《关于在大中城市依托新能源车充换电站建设出租车司机休息站的提案》

陈宇淇、万昕玥、荆愈婷、杨璐、田康乐、邓赵婕

指导教师：李杰

一、提案背景

习近平总书记在 2018 年春节下基层时表示，出租车司机们工作很辛苦，为群众出行提供了方便，为城市交通事业发展做出了贡献。有关部门应该对出租车行业进行"综合施策、标本兼治，健全激励保障机制，加强科学管理"。

而我国 2004 年颁布的《道路交通安全法实施条例》第六十二条规定："驾驶机动车不得连续驾驶超过 4 小时未停车休息，并且停车休息时间不得少于 20 分钟。"但由于停车不便，出租车司机工作时难以休息，甚至连基本生理需求都难以满足。但《中华人民共和国劳动法》第三条已经明确规定，"劳动者享有休息休假的权利"，出租车司机作为劳动者应依法享有的权利难以得到保障，其休息困难的问题亟待解决。

2018 年由国务院印发的《打赢蓝天保卫战三年行动计划》中第十五条明确将推广使用新能源汽车列入行动计划，并且要加快推进城市出租车使用新能源或清洁能源，重点区域使用比例将达到 80%。调研北汽集团得知，北京已建成 5 000 个左右的充电站。2019—2020 年将建设 194 座换电站和更多充电站。出租车油改电以及充换电站的大量建设是国家政策大势所趋。

因此，依托电动车充换电站建立出租车司机休息设施，是目前解决出租车司机休息问题较为现实的思路。

二、现状分析

（一）休息的必要性

1. 法律中已明确规定。

2. 出租车司机由于疲劳驾驶导致的交通事故率高于平均水平，其行车安全问题，直接关系到乘客的安危。

3. 根据在北京、上海、天津、深圳、南京、常州等城市发放的问卷和采访情况，有73%的出租车司机工作很辛苦，极度疲劳，渴望休息。几乎所有接受采访的司机都表示，他们一周工作7天，每天工作至少10小时，每天行驶公里数在200公里以上，他们迫切地需要休息。

（二）休息困难的原因

1. 出租车司机是被我们忽视的特殊职业，社会关注不足。其工作环境狭小，地点不固定，难以自己调整和控制休息的时间和地点。

2. 出租车司机缺乏正规化休息场所。出租车路边停靠点和扬招站常被私家车占用，停在收费停车场会对其造成经济压力，停在路边会被拍照罚款。

（三）依托充换电站建设休息站的可行性

1. 出租车油改电是国家重点政策。

2. 现有新能源汽车充满一次电大约可以行驶150公里，而出租车司机工作一天至少行驶200公里，因此他们每天至少充一次电。充换电站成了电动出租车每天必去的地方，依托充换电站建立休息站将会避免司机为了休息进行不必要的绕道。

3. 北汽新能源在北京现有换电站配备一定数量的免费停车位，并有意愿为出租车司机建立休息室等设施。

在深圳的梅林、布吉、沙湾，充电站具有出租司机休息区域，由充电站运营方建设，兼具一站式服务体系。在深圳采访时，司机反映效果好。该服务区域还附带增值业务，如便利店等，成本回收较快，具有一定参考价值。

三、对策建议

交通运输部出台文件，鼓励大中城市依托充换电站建设出租车司机休息站。在北京先行试点，其成果效益向全国的大中城市宣传推广。

1. 交通运输部要求各地交通部门根据出租车司机具体需要，因地制宜，出台规定，明确休息站所包含的具体设施。建议可以包含：

（1）划定一定比例的公共车位作为出租司机专用。该比例可依据该地充换电站使用情况以及电动出租车保有量等规定。

（2）出租车司机休息室。

（3）餐饮零售店等增值服务。

（4）与市政部门协调，在有条件的地方建设公共卫生间。

2. 我们建议采取PPP模式，在前期建设阶段，交通部门和出租车公司、充换电站企业三方合作，交通部门会同财政部门对休息站的建设进行部分补贴，出租车公司为保障司机休息权，也提供部分资金。充换电站企业提供大部分资金，并进行休息站的具体建设和后期经营。

3. 由交通部门建立休息站评价平台，要求出租车公司督促司机在使用休息站之后，向平台及时反馈服务体验，交通部门根据评价结果对运营状态良好的休息站进行资金奖励。

附：学生参与活动感想。

积极参政议政，担当社会责任

我作为北京一零一中代表队《关于在企事业单位建立高中生职业体验基地的建议》提案小组的一员，与来自全国另外76所学校的80支代表队的同学们进行了深入的交流。

在整个活动中，我深深感受到了协商民主的重要性。协商民主作为社会主义民主的重要组成部分，在当今社会发挥着重要的作用。它不同于绝对性的票决民主，而是大家友好地坐在一起，开诚布公地提出自己的主张和建议。

对于我国一个幅员辽阔、人口众多的国家,这一形式无疑是最适合我国国情的。

尽管来自不同的地区,但每一位模拟委员都有相同的社会责任感与担当,都在为社会问题积极建言献策,贡献自己的智慧。正如习近平总书记所说:"青年一代有理想,有担当,国家就有前途,民族就有希望。"作为新时代高中生,我们应该积极参与政治生活,培养自己的理性精神,同时坚持个人利益与国家利益相统一的原则,为社会问题的解决尽一份绵薄之力,发出属于高中生的声音。

"有理想的灵魂在奔跑,没有理想的灵魂在流浪。"最后,希望我们提出的机制能够帮助全国每一位高中生明确自己的职业方向,找到自己在世界上最适宜的位置,做到"择一事,爱一生",从而在当下的学习和未来的工作中投入最大的精力与热情。希望我们能为国家教育事业的发展贡献自己的一份力量,共筑伟大中国梦!

——高一(2)班 赵宇轩

积极建言献策 争做理性公民

我们的团队获得了"最佳提案奖""最佳团队奖""最佳提案展示奖"三项大奖,小组中的许多同学也收获了个人奖项。这不仅仅是三个月努力的回报,更是同学们超强综合素质和优良精神品质的体现。其中我认为同学们在参赛过程中所表现出的理性精神尤为可贵。

理性精神首先就体现在同学们精益求精的态度上和为祖国社会贡献力量的志向上。在整个提案的准备过程中,队员在指导老师和学长学姐的指导下不断完善修改提案,不放过每一个细节,反复打磨润色,甚至在比赛展示的前一天晚上还在修改提案的灵魂——机制建议部分。这造成了许多队员展示稿件的变动,很多组员需要重新调整背诵展示稿件。客观上讲,这对我们的展示效果必然会有不小的影响,但没有一个同学抱怨和提出异议。这是为什么呢?一方面,小组成员都深刻地领会到了"在执行中理解"的精神;另一方面,小组成员都怀有为祖国社会贡献力量的志向,在意的并不是区区几个奖状而是如何为社会更好地建言献策。天道酬勤,最终我们的提案展示环节也取得了非常优异的成绩,被选中在闭幕式上面对全体师生和新闻媒体进行展示。

其次，理性精神就体现在同学们的团队意识当中。经过三个月的社会调研、三天的集中训练和四天的比赛，全组上下已经形成了强大的默契。组员之间熟悉彼此的特点，取长补短，相互借鉴学习，相互包容理解。

最后，理性精神还体现在同学们关心社会、关注民生中。二队同学们的提案为辛苦的出租车司机师傅们提出，而一队的提案则是为了在高中选科时迷茫困惑的高中生而提的。同学们胸怀祖国，为祖国建言献策！

新时代有新青年，新青年有新担当！

——高一（10）班　饶明达

热情·理性·担当

恰逢新中国70周年华诞，我作为学校代表队的成员之一，于今年8月份参加了全国青少年模拟政协活动，并很荣幸地获得了"最佳提案"与"最佳展示团队"，以我们的行动向祖国献礼。

回顾我参加模拟政协活动的历程，仿佛上了一堂动人的爱国主义教育课，欣喜依然，但多了一份沉甸甸的思考：爱国究竟是什么？我的答案是：热情、理性与担当。

热情，是爱国之本源。诸多模拟政协活动中，令我记忆犹新的是"模拟新闻发布会"环节。每个小组都会推选出一名同学担任新闻发言人，向会场内的所有人介绍该组提案提出的背景与旨在解决的问题，并接受来自全国各地同学扮演的"模拟新闻记者"的提问。

新闻发言人坚定铿锵的声音激荡在会场，有小组沉痛地分析"假疫苗"在国内的蔓延，有小组积极地构想养老新模式的建设，我们组则结合我国新高考模式下同学们选科迷茫的现状，热忱地推动在企事业单位建立针对高中生的职业体验基地……这个环节里，我们看到了来自五湖四海的青少年们对国家、社会的热情，爱国之情正酝酿在这深深的关切里！

今天我们定义爱国，不仅要有热情，更要有理性。模拟政协活动的核心环节就是提案展示，各小组在10分钟内将社会调研时发现的痛点问题，及针对问题提出的行之有效的方案进行展示汇报。我们发现：好的提案是工具理性与价值理性的统一。工具理性就是要有可操作性与实效性，最好能够形成一套完备的闭环逻辑的机制,让相关部门拿到提案就知道该如何开展工作,而非只提问题而对解决方案浅尝辄止;价值理性就是要有时代性与紧迫性,以高站位、小切口发掘社会真正的痛点,而非一些无关痛痒或小范围的特殊问题。模拟政协正是这样一个理性主导的地方。

理性给了我们一双慧眼,在热情的驱使下探索祖国光明的未来。国家正如一辆疾驰的汽车,热情是油门,理性就是挡位;油门是汽车动力之源,但只有在合适的挡位下踩油门,才能行稳致远。当下,中国逐渐走向世界舞台,面临前所未有的机遇与挑战,需要人民不仅要有热情,更要怀有理性。国家从不缺摇旗呐喊的人,迫切需要人们理性地看待问题、解决问题。

担当精神是爱国的核心。我永远也不会忘记老师在准备比赛活动时对我们说过:"记住,你们不是为了拿奖,而是要为你们所代表的群体的利益发声!"理性与热情决定了一个人爱国的深度,而担当精神决定了爱国的高度。有一句话我觉得很贴切:"无尽的远方,无数的人们,都与我有关。"担当精神让青少年得以从象牙塔里走出去,走到广阔的社会中,才能真切地聆听到不同群体的诉求与呼声。对青少年而言,这才是真正的民生与民声,这才是最高层次的爱国。培养起担当精神,以天下为己任,这将是一个不一样的世界。

朝来夕往,筚路蓝缕。我们在准备模拟政协活动的过程中,从空白到饱满,从无序到严谨,热情、理性与担当精神在其间悄然绽放。

爱国精神滋养出担当精神,我们青年一代有担当,中华民族的未来一定充满希望!

——高一(10)班 许海同

放下自我,心系社会

我们揣着近百位出租车司机师傅的希望,揣着忐忑不安的心来到常州,带来了在大中城市依托新能源汽车充换电站建立出租车司机休息站的提案。

不妨直说,我来模拟政协的初心是为了得奖,可是渐渐地,在调研时走遍大街小巷,听到操着不同方言的出租车司机们,面对我们的发问,大部分抱怨得停不下来,有的摆摆手自嘲一笑让我们放弃吧,有的缄默不言……我渐渐认真,渐渐真正地去放下自我,关心他们。一个个采访结束时,我说

"我们一定尽力让它成真，解决您的问题"的画面在我脑子里循环播放。比如那天黄昏我逆着光从出租车里出来，橙黄色的暮光淹没了我，我对刚采访完的司机如是说，他半苦笑半认真地说："祝你们成功。"我笑得灿烂，连说感谢，一定。

如果问我在这个比赛里收获了什么，除了夜谈人生交下的二三知心好友，更多的是明白要亲手完成一件事的艰辛，是学会没有私心地去关心社会、关心无数远方陌生的出租车司机们。赛前种种坎坷艰辛，我曾起过弃赛的念头，我曾信心被打入谷底。我气愤，气愤自己在眼睁睁采访那么多诉苦的司机后，却想不出可行的方法来帮助他们。其实抱怨政府做得不够很简单，不过一副义愤填膺加上一份无奈。可是在采访完交通部门我们才知道他们原来也在积极地想要去改善，也只是苦于想不出合理的方法。一个社会痛点，抱怨起不到任何作用，只有真的切实社会调研后才发现如果自己是政府的负责人有多难做。

它让我明白了理性公民不是在用批判思维抱怨政府，不是了解问题所在后事不关己高高挂起，如果不能外化成行动那个人思想对社会就没有价值，就像理论离了实践便站不住脚，如果不自己实际去做去试图改变，那痛点便永远是痛点。

我明白了中国小农经济发展存在的问题，便是过分关注个人的利益和没人愿意去改变不合理的"硬石头"。这就是我们，在理性而开放的环境下成长起来的青年，要去勇敢改变的事，趁年轻的锐角还没被磨去，趁还有很多机会去跌倒再灰头土脸却依然坚定地爬起。而且我相信，下一代，再下一代只会更好。

——高一（1）班 杨璐

从模拟政协谈理性公民

我以为理性的人是谨慎发声的。通过发达的网络我们可以看见社会的乱象、人性的丑恶。面对这些问题，我们会选择不同的面对方式。愚昧的人大都易怒，急于发表自己的想法，屏蔽旁人的言论。无能的人大都冷漠，不关心一切与己无关的事，将随遇而安当作生活的真理。自私的人介于二者之间。一旦关系到自己所属的群体就慷慨激昂，反之则漠不关心。而理性的人最大的特点是他们可以克制住感性，他们通常会在冷静思考后给出建议。

模拟政协就是努力将高中生们变成理性的人，它要求学生发现社会的痛点，并给出可行的解决方案。痛点之所以成为痛点是因为无人关注或难以解决。只有对这些痛点感同身受并具有相当强的责任感，才能愿意为此付出。解决办法的找寻通常是需要确立再推翻再确立再推翻……如此反复，直到最后，才能保证解决方案是具有可行性的。这一过程并不容易，夹杂着劳累和痛苦，但使命感和参与感推动着我们持续向前。

我们的提案是关于为出租车司机建立休息站以保障他们的休息权利。首先休息站的建设方式就难以确立，在很多大中城市无论是土地还是资金都难以获取。多方调研柳暗花明，决定依托充换电站，这符合当前一大趋势。随后我们查阅了大量资料，证实了这一建议是可行的。

理性的人时刻在反思和改正。很多事物具有多面性，从不同角度思考可以看到不同的一面。所有的想法都会在一次次改正中变得更加完善严谨。这一过程使石头变成璞玉，涉及社会的问题都没有所谓的标准答案，它们只有好和更好的区别。而模拟政协的提案就是在一次次反思中最终成型的，一个以最终版命名的提案大概就有五六版，每一个"最终"都不是最终。一直到提案交上去，都会感到有遗憾。正是这种略有的遗憾，促使着我们下一次更加努力。

最后模拟政协让我们充分感到了团队协作的意义，每一个人都扮演着不同的不可或缺的角色。团队间需要互相成全退让和付出，同时也互相鼓励。比赛场上队友的存在让人安心，有时的矛盾反而是使我们提案更好的推动力，懈怠时队友的存在倒逼着我们重新积极面对。听到过有人说，没有最好的个人只有最好的团队，无论结果怎样，我以为这个团队只有因为这一群的人存在，才会达到这样的高度，更改一人都不会有这样好的效果。

没有人会脱离这个社会而活，将它变得更好是我们的责任。模拟政协教会我扛着这样一份责任，继续下去。

——高一（6）班　荆愈婷

模拟政协，心怀天下的担当

在模拟政协，其实最开心的是可以遇见一群同样有担当意识、关注国际大事的伙伴们。

在提案的准备阶段，我们首先关注生活中大大小小的问题，为我们的提案寻找方向。先后更换了"中水处理站""教师津贴""外卖餐盒"等多个提案，历经一个月的时间才抓住了社会的痛点，确定了"建立出租车休息站的提案"。

在调研阶段，我们克服了重重困难，自己联系政府部门、新能源企业，在炎炎夏日里街头访谈司机。我们虽然能力有限，但每个人都尽自己的所能，努力调研，尽可能走进司机的生活。

人民政协，是中国人民爱国统一战线的组织，是中国共产党领导的多党合作和政治协商的重要机构，是中国政治生活中发扬社会主义民主的一种重要形式。

而模拟政协，正是向广大青少年提供一个对国家建言献策机会。六届模政人有着心怀天下的责任与担当意识，用自己的行动诠释了"心系祖国建言献策"的真正含义，用自己扎实的调研构建起一个个理论基础，用自己稚嫩的嗓音在讲台上诉说群众的声音。

记得在最后的准备阶段，模拟政协的历届学长都赶过来帮助我们完善提案，真正诠释了传承精神。他们丰富的经验、犀利的眼光、独到的视角给我们带来了很多帮助，而这也正是他们通过模拟政协锻炼出来的。

我们只是中学生，虽然能力有限，但这并不代表着我们不会竭尽自己所有的力量！并不影响着我们为这个社会贡献力量的决心！无尽的远方，无数的人们，都与我有关。模拟政协模拟的是形式，不变的是精神，是那种心怀天下的担当，是那种俯下身调研的求真与务实，这也是我们北京一零一中模拟政协所具有与传承的精神。

——高一（1）班　万昕玥

坚守协商民主，创造美好生活

纵观历史，实现多数人的民主，实现人民当家做主，一直是人类一项孜孜以求不断迈向的理想。然而，长期以来，在由西方控制的国际主流舆论中，欧美国家成了"民主的灯塔"，而选票的普及程度和是不是多党竞争成了民主程度唯一的判断标准。且先不论西方国家自己是怎么做的，这种论调使"民主"这一概念脱离了人民，也便脱离了民主的实质，成了一个空虚而冷冰冰的词，长期接受这一思想的人，一听到"民主"就会丧失自我判断的能力，不思考从自己身边的民主制度中得到了什么好处，即不思考自己所处的民主是否实现了让自己当家做主的目标，以至于现在国内有些人谈民主而冷嘲热讽，抑或是谈民主而愤世嫉俗。但事实上，他们若是对这个国家民主制度有一定的了解，就会更加辩证地认识到这个国家的民主制度。中国的民主制度具有自身的独特性，一个最重要的特点就是符合中国国情，而人民政协就是这套民主制度的重要组成。

中国人民政治协商会议，是具有中国特色的制度安排。为什么这么讲？人民政协制度的创建，不是学苏联人，也不是学美国人，而是在特定历史条件下，依靠中国人民自身的智慧，创造出的符合中国国情的政治制度。这一中国独有的政治制度，发扬着民主精神。与西方鼓吹的唯票决民主和唯多党竞争论不同，其无关乎选票，无关乎党争，而是将来自各行各业、不同党派团体的人们集聚在一起，为了国家富强民主复兴、让人民过上更加美好的生活的共同目标，开诚布公地发表意见建议；其目的不是要谁把谁打趴下，谁把谁说赢，而是共同为国计民生，为社会热点、焦点、痛点的化解贡献智慧，建言献策。

坐在政协会堂里的人是来自各个党派团体的代表，是来自各行各界的精英。他们不仅仅会开会鼓掌，更会定期深入基层，了解人民群众最迫切的需求，会潜心编纂建议案与提案，会在会上讨论中发挥自己的专长，从自己的角度阐述一个议题，将人民群众最关心的问题反映给政府，为一个个问题的解决提供汇聚各行各业精英智慧的建议与提案。他们是最为理性的人，最为辩证的人，不需要为了选票而忽悠人民、浪费时间、浪费感情，不会将关乎国家前途命运的大事作为党争的道具玩弄于掌心，不会在群众对关乎国家前途命运的大事缺乏足够认识时付诸全民公投，打着"民主"的旗号推卸自己的政治责任。当自己的站位很高、运用的专业知识很丰富、普通群众难以在短期内理解决策时，他们不会惧怕群众的不理解导致的批评，他们能坚守自己的职责，忍辱负重，高屋建瓴地默默维护和规划这个国家和民族长远的利益和发展。

"人民政协是中国政治生活中发扬社会主义民主的一种重要形式。"有些人说这是冷冰冰的话,是官话、空话,其实是他们无知,不愿直面事实,身在福中不知福,可怜又可悲,也说明我们的宣传不够充足、不够到位。有些西方人打着高尚的幌子,自诩为"灯塔",硬是要在国际舆论中将"民主"与"中国"二词分隔开,其讳莫如深的小心思昭然若揭。

诚然,人类追求民主的目标永无止境,没有一个制度是最完善的民主形式。但可以肯定,与其他所有在这片土地上进行的民主形式一样,人民政协制度是最符合当下中国国情的,也是当今世界上最真实最管用的民主。

最后,必须指出,如今我们享有的民主是用无数革命先烈的鲜血、无数前辈的智慧与汗水换来的。若是我们被那些置身事外的别有用心的西方人蛊惑,忘记了它的意义和价值,不懂得珍惜与维护它,不思进取并自我满足,不去改进它使它进步,那结果必将是惨痛的,而承担这种结果的,不是那些别有用心的西方人和他们的同伙,而是中国人民。

必须牢记,不论外部风云如何变幻,要始终坚定中国特色社会主义道路自信、理论自信、制度自信、文化自信,风雨无阻地创造美好生活。

——高一(1)班 陈宇淇

注:学校发展规划处主任高建民老师(右一)曾说:模拟政协活动非常符合北京一零一中培养卓越担当公民的育人目标,一定要将模拟政协社团办成北京一零一中的"百年老店"!

2020年：提案一《关于在中小学设立"卫生健康副校长"以加强中小学卫生健康教育的建议》

提案提出背景

2020年年初暴发的疫情严重影响了人们的生活，也引起了人们对健康的重视。

我有一次去医院看牙，看到一个母亲带着一个小姑娘，母亲边走边生气地对孩子说："你必须得好好刷牙，不能再吃糖了，你已经拔掉一颗坏牙，医生说你还得再拔一颗。"女孩眼泪汪汪。

当轮到我看病时，我不是着急问我的病情，而是问医生："现在孩子们牙病是不是很多？"

医生说："是，很多家长不懂如何保护牙齿，孩子没有养成好的习惯，等出了问题才来医院，这时已经晚了。"

我立即追问："如果让你们有经验的医生去学校给孩子们普及相关的健康知识，您是否愿意？"

这个男医生笑着对我说："我已经开始做了，有些有教育情怀的学校领导已经意识到了这个问题，学校会定期邀请我们医生去学校给孩子们开展卫生健康讲座。"

我听了，暗暗佩服这些心里装着学生健康的领导，同时也在心里萌生了一个想法，应该借这次疫情的机会，引起更多学校领导对卫生健康教育的重视。

我们的提案选题由此产生。

提案小组同学开始协商如何解决这一问题。

《关于在中小学设立"卫生健康副校长"以加强中小学卫生健康教育的建议》

周正　李芸涵　姜佩沂　胡鸿宇　曾润东　朱芸

指导教师：李杰

一、建议提出的背景

2020年年初，新冠肺炎疫情的暴发严重扰乱了人们的正常生活，给社会经济造成了严重损失。在疫情冲击之下，全社会将视线更多地投向了卫生健康领域，而中小学生的卫生健康教育问题也再度引发热议。

"健康体魄是青少年为祖国和人民服务的基本前提"，长期以来，党中央、国务院一直高度重视中小学生的卫生健康教育工作，出台了包括《关于深化教育改革全面推进素质教育的决定》《学校卫生工作条例》《中小学健康教育指导纲要》等一系列政策文件，就加强学校卫生健康教育工作做出重要指示。

然而，目前中小学校的卫生健康教育工作情况仍有较大完善空间，在疫情防控常态化的形势下，措施力度不足、达成效果不明显等问题的解决尤为迫切。为此，我们建议在中小学设立卫生健康副校长一职，并以此为依托完善中小学卫生健康教育体系。青少年是祖国的未来，他们在青少年时期养成健康的生活习惯，才能在未来肩负起复兴中华民族的伟大使命！

二、问题现状与分析

（一）全国中小学生卫生健康状况不佳

据《2018年国家义务教育质量监测结果报告》显示，2018年全国学生体质的达标测试优良率仅30.57%，全国儿童青少年总体近视率高达53.6%。在问卷采访全国331位中小学生后我们得知，有71.54%的青少年承认他们存在近视、超重、脊柱侧弯、慢性损伤以及饮食不健康等问题。由此可见，中小学卫生健康状况不容乐观。

（二）当前学校卫生健康教育没有充分满足学生的需要

在调研中我们发现，中小学生所掌握的卫生健康知识普遍比较匮乏。问卷结果显示，只有23.58%的学生认为自己充分了解相关知识；有48.78%的学生不清楚或否认学校曾开设相关课程。通过访谈，我们发现多数学校仅采用了讲座、发放宣传册等单一教育形式，无法有效吸引学生，教育效果非常有限。

（三）学校卫生健康教育普遍缺乏专业人员指导

在访谈中我们发现，目前校医务室的老师担任了多数学校的卫生健康教育活动，他们自身能力有限，缺乏临床经验，很难对学生开展生动形象、深入浅出的卫生教育，急需专业人士的协助。

（四）疫情常态化趋势加大问题解决的迫切程度

根据中央相关指示，疫情防控呈现常态化趋势，学生返校复课成为当务之急。这也对中小学卫生健康教育提出了更高的要求。

三、对策和建议

为此，我们建议教育部联合国家卫生健康委员会，在全国中小学普遍设立卫生健康副校长一职，以此完善相关体系，构建健康校园。

（一）卫生健康副校长的职务选任

教育部门在征询各个学校的意见基础上制定卫生健康副校长的选聘条件，再由各级卫生健康委员会在各级医疗卫生机构中确定最终人选。获任人员获得教育部门颁发的聘任证书，并由教育部门统一调配，为每一所中小学配备卫生健康副校长。

（二）卫生健康副校长的职责安排

教育部门要联合各校卫生健康副校长制定地方年度卫生健康教育纲要。各校卫生健康副校长应当根据纲要，与学校协商制定卫生健康教育规划。卫生健康副校长充分调动有经验的优秀医生，对学生开展生动有效的卫生健康教育活动。

（三）卫生健康副校长的考核评价

为确保履职，建议地方教育部门设计评价标准，对卫生健康副校长的履职情况给予评分和监督，对于表现优秀的予以奖励。

（四）学生卫生健康教育情况考核评价

教育部门可以将学生卫生健康教育接受情况纳入综合素质评价系统中，更注重过程评价，以保障学生积极主动地参与卫生健康教育活动。

（五）试点与推广

考虑到不同地区的实际情况，建议教育门优先选择部分有经验的省市如北京、广东等开展试点工作，在总结经验教训的基础上，将中小学卫生健康副校长的体系构架逐步在全国推广。

承办单位：教育部

协办单位：国家卫生与健康委员会

2020年：提案二《关于将照护老人技能培训纳入高中劳动教育课程的建议》

提案提出背景

国际部的同学发现生活中的老龄化问题越来越严重，但是青年人尊老孝老意识有待提高，怎么办？

经过多次讨论，他们认为可以借助中共中央颁布《关于全面加强新时代大中小学劳动教育的建议》的贯彻实施改变这一现状。

如何改变？就是将照护老人技能培训纳入高中劳动教育课程。

这一想法得到了这一提案的指导教师殷卫霞老师的肯定，学生们在殷卫霞老师的指导下开始了调研。

学生这一提案被全国政协委员带入全国"两会"，成为全国正式提案。

《关于将照护老人技能培训纳入高中劳动教育课程的建议》

陶林　郭嘉琪　何奕萱　郝帅　刘兆思雅　肖景文

指导教师：殷卫霞　李杰

一、案由

2019年11月，中共中央、国务院印发并实施《国家积极应对人口老龄化中长期规划》，指出人口老龄化是社会发展的重要趋势，更是今后较长一段时期我国的基本国情。家庭照护是每一个人正在或将要承担的责任。2020年中共中央颁布的《关于全面加强新时代大中小学劳动教育的建议》，明确劳动教育要让学生面对真实的个人生活、生产和社会性服务任务情境，使学生具有主动服务他人、服务社会的情怀。孝敬老人是我国的传统美德，将照护老人技能培训纳入高中劳动教育课程，不仅有利于培养学生的劳动意识，而且有利于在潜移默化中培养学生的"孝道"意识。

二、调研情况

为了了解社会居家养老现状，我们查阅相关文献，了解基本国情。同时为了了解青少年照护老人的意识和技能现状，我们设计了调查问卷，收回976份有效问卷。同时我们还进行了访谈，通过对家长的访谈，我们了解到当今学生大多数是独生子女，未来成家后他们有可能要承担照护四位老人的重任。通过问卷调查，我们了解到92%以上的青少年认为自己缺乏照护老人所需的常识和技能：健康饮食、紧急救助、心肺复苏、突发病处理、失能老人日常卫生护理，等等。

三、问题分析

（一）青少年养老责任意识有待加强

通过对青少年学生的访谈和问卷调查，83%的青少年表示还没有想过未来父母养老的问题。

（二）家庭照护老人需求增加

通过文献研究我们发现截至2017年年底，我国60周岁以上人口数突破2.4亿人，占人口比例超过17.3%。通过问卷调查我们发现有81.95%的受访者表示现在家中老人的照护方式为家人照护。

（三）青少年护理常识和技能缺乏

在我们问卷调查中，95%的受访者表示缺乏照护老人的基本常识和技能。

四、具体建议

在高中设立照护课程，培养学生的照护技能，培养学生的劳动意识和孝道意识，需要教育部主办，卫生健康委和民政部门、团中央协同，形成合力。

（一）制定课程标准，开发照护教材

教育部协同卫生健康委员会制定老人照护相关课程的课程标准，并组织相关专家编写教材。其内容主要包括可以被高中生所接受的基础的照护老人技能知识：如何合理安排膳食、慢性病护理、心肺复苏等常用知识。这些内容不仅对照护老人具有价值，对青少年养成健康的生活方式、提高急救能力都有帮助。

（二）制定师资标准，提供师资保障

教育部协同卫健委制定家庭照护技能培训教师的从业标准，各级卫健委从各级医院长期从事照护工作的优秀护士中推荐人选，由各级教育部门进行考核，并根据所辖学校的实际需求聘请其进入学校，开设照护课程。

（三）设立实践基地，提高实操技能

由教育主管部门会同民政部门依托本地养老院，建立以照护为主题的实践教育基地，为学生提供照护实践机会。

（四）加强课程管理，开展志愿服务

各级教育部门为高中学校提供照护老年人技能培训课程，将其纳入劳动教育课程安排课时。各级团组织将学生在实践基地照护老人的时间纳入共青团员志愿者服务。

承办单位：教育部

协办单位：卫生健康委员会、民政部、共青团中央附：建议机制图。

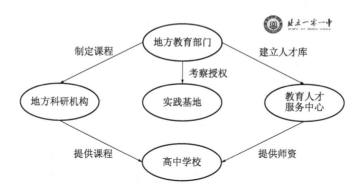

附：学生活动感想。

为天地立心，为生民立命。稚嫩的我们，或许还无法做到这些。但青春因磨砺而出彩，人生因奋斗而升华。在模政的历练中，我们逐渐成为以国家未来为己任的青年人。感谢模政给了我们这样一个磨炼自我的平台，让我在对社会问题的思考中寻找并明确了自我价值。

——曾润东

在日常琐事中，我们常常会抱怨生活，抱怨某项制度的不完善，某个机器的不智能，某个公共场所、交通路段设计得不合理……但往往在抱怨结束之后，我们的思考就停止了。

正所谓，每一个私人问题背后都存在一个公共问题。如果我们把生活中琐碎的问题放大，公共问题就暴露了出来。模拟政协成了一个契机，为高中生提供了可以建言献策的平台，让我们体验了从发现问题到解决问题的过程。

我们的提案经历了一次又一次推翻再重来、修改再完善的过程。在这个过程中，殷卫霞老师给予我们鼓励、支持和专业的指导，让我们的提案主题愈加明确，机制愈加完善；何靓怡学姐和薛琪洪学长也给我们提供了很多演讲经验和技巧。

心系祖国，建言献策。模拟政协让我们真切地感受到自己与社会的距离被拉近了，身上所肩负的责任感与使命感提升了。

2021年:《关于依托社区推广建立养老驿站的建议》
提案提出背景

只要不上高三,我每年暑假都会指导学生参加模拟政协活动。等8月12日活动结束后,我就会回湖北老家照顾偏瘫了十几年的父亲。

平时父亲都是由弟弟、弟媳妇和妹妹、妹夫照顾。有一年暑假回去照顾父亲时,父亲给我讲了一件事,让我久久内心不能平静。他说:有一次,他不小心摔倒在地,家里正好没人,弟弟、弟媳妇当时有急事出门,他一个人在地上挣扎了许久都起不来。父亲实在没有办法只能用拐杖敲击脸盆,引起了隔壁邻居的注意,邻居赶来,把我父亲从地上扶起来。

2021年高考后,我接手模拟政协社团,流着眼泪给模拟政协社团的学生们讲了父亲的故事,我告诉孩子们:"李老师不希望我父亲的经历发生在其他老人身上,每个老人在年轻时都为子女的成长付出了心血,为社会的发展做出了自己的贡献,他们年老时,应该得到照顾。"

学生们联想到自己的爷爷奶奶、姥姥姥爷也存在养老照护问题,我们的提案选题就确立在为老年人提供养老照护服务上。

谁来照护老人?我们想到了社区养老驿站,由政府和市场共同为老年人提供照护服务。我们师生访谈了多家养老驿站,寻找在社区建立养老驿站的可行性机制。

上图是模拟政协师生去首开寸草养老院调研,了解养老院能否给居家养

老的老人提供照护服务;我们去海淀区站春园养老驿站,调研养老驿站经营状况、老人们对养老驿站服务的需求。

《关于依托社区推广建立养老驿站的建议》

顾兰蕙　杨尧斌　张若涵　黄子裕　徐子轩　徐婉清

指导教师:李杰　王寅亮

一、案由

第七次全国人口普查结果显示:我国人口老龄化程度进一步加深,60岁及以上人口在全部人口中的占比达18.7%,妥善解决养老问题迫在眉睫。"十四五"规划提出:推动养老事业和养老产业协同发展,健全基本养老服务体系,发展普惠型养老服务和互助性养老,支持家庭承担养老功能,培育养老新业态,构建居家社区机构相协调、医养康养相结合的养老服务体系,健全养老服务综合监管制度。近几年,北京、上海等地探索构建依托社区建立养老驿站的养老新模式,取得了很好的效果,但也存在一些问题。我们希望在进一步完善现有做法的基础上、在全国范围内依托社区推广建立养老驿站。

二、调研情况

围绕我国养老驿站建设现状、现有养老驿站运营中存在的主要问题及面临的主要困难、推广建设养老驿站需要建立完善的关键机制等问题,我们通过查阅文献、考察访谈和问卷调查等方式进行了深入调研,累计查阅文献资料60余份、10余万字;累计访谈求教、实地考察25家单位、108位个人,涉及民政部和基层政府民政机构、社区和居委会、养老驿站和企业、大学和中学,以及解放军总医院等单位和个人;面向全国回收调查问卷1 106份。

三、问题分析

(一)企业投资养老驿站积极性不高

经营养老驿站投入较高、收益较低,目前北京市运营的养老驿站大多处于保本状态,并时有亏损,实际盈利的寥寥无几,加之安全风险大,导致企业投资热情不高。

（二）现有养老驿站服务质量参差不齐

部分养老驿站不具备日间照料、助餐服务等基本功能；部分养老驿站服务需求调研不足，供需错位；部分养老驿站护理人员短缺，护理能力不足……现有养老驿站基本以传统方式运营，对智慧养老的投资严重不足。

（三）多数养老驿站缺乏医疗服务

调查显示，94.56%的受访者希望养老驿站提供医疗服务。目前多数养老驿站无法提供专业的医疗服务，个别养老驿站与医院合作，可以提供一些简单的治疗性措施。

（四）监督管理机制不够完善

我国养老驿站服务尚处于探索发展阶段，监督管理及相应的质量评价机制均没有形成。老人们反映，没有有效的服务质量反馈渠道。

四、具体建议

我们建议依托社区推广建立养老驿站，由民政部承办，国家税务总局、国家卫健委、国家发改委协办。

（一）多部委联合出台激励政策

民政部提供财政扶持，国税总局提供税收优惠，各部门为养老驿站的投资和建设开辟绿色通道，充分调动企业投资积极性。

（二）民政部制定服务和评价标准

民政部制定养老驿站服务标准和评价标准，建立驿站管理"负面清单"，推动养老驿站建设运营进入制度化、规范化的良性发展道路。

（三）卫健委指导医院为养老驿站提供医疗服务

各级卫健委指导医院和社区卫生服务中心与养老驿站签约合作；医院和社区卫生服务中心在养老驿站设立医务室，为老人提供保健医疗、康复护理等服务。

（四）鼓励企业加强智慧养老建设

鼓励企业发展"互联网+养老服务"，推动互联网、云计算、物联网、大数据等与养老服务相结合，实现线上、线下全覆盖服务。经营养老驿站的企业确保养老驿站在具备6项基本服务功能的前提下，针对不同老人群体和多种需求，设计和提供更加人性化、多元化的服务产品。

（五）建立完善监督反馈机制

社区定期收集居民对养老驿站服务的意见和建议，及时向基层民政部门和养老驿站经营企业反馈；上级民政部门对基层民政部门的养老服务工作、养老驿站运营状况开展定期监督检查。

（六）地方试点后组织全国推广

民政部鼓励各省市民政部门开展试点，组织专家及时分析试点中出现的问题，总结成功的经验，出台指导性意见，面向全国推广。

承办单位：民政部

协办单位：国家税务总局、国家卫健委、国家发展和改革委员会

附：学生感想。

我们见过凌晨5点和深夜11点的校园，淋过五场暴雨，只为撰写最优提案、寻找最佳自我。一次次练习，一次次失败，再爬起来，我们一直在一起。我坚信热爱让我们成为最好的自己。

——顾兰蕙

起初十分艰辛，仅是文献研究就耗费了大量精力，加之后期的调研与提案撰写，我感受到了前所未有的压力，很难、很累，但我们一直坚持。我成了小记者，面对不同的提案提出有效建议，而不是去钻牛角尖。模拟政协带给我更多的思考是，我该如何为人民谋幸福、为社会谋安康，用行动去展示我们中学生的力量！

从刚刚建队的六个互不相识的少年，到现在获得最佳提案、最佳展示的一支团队，我们同舟共济、众志成城。在这个过程中我们逐渐领悟了解决社会问题的方法，这就是我这次参加模拟政协活动的最大收获。

——徐子轩

模拟政协让我真切地感受到了我们身上的光芒，看到了目前存在的问题，

明白了身上的责任和义务。即使面前等待着我们的是无数次失败,我们,也会坚定不移地走下去!

——徐婉清

模拟政协带给我的影响和意义是深远而深刻的。它赋予我一颗心系祖国的心、一个理性思考的大脑,让我们成长为一个心系祖国、建言献策的理性公民!

——张若涵

2022年:《关于建立高中综合实践活动平台的建议》

提案提出背景

2022年3月新华社《半月谈》记者来北京一零一中采访模拟政协活动。我们聊天时得知他们最早写关于"双减"的内参真正用意不仅仅是减轻学生的作业负担和课外培训负担,真正的用意是推进中国教育深层次的改革。

记者问我:你们认为中国教育最需要改变的是什么?

我回答:过分重视成绩,忽视了学生的身体健康、学习兴趣的培养。

记者追问:你认为如何培养学生的学习兴趣?

我答道:我们教师和家长得帮助学生感受到学习的价值,不仅仅是考试获得分数,而且是可以让生活变得更美好。

记者皱着眉头问我:怎么做到这一点?

我微笑着回答她:7年的模拟政协指导经验让我找到了这个问题的答案,

那就是开展表现性学习，引导学生学以致用。你看，模拟政协，就是表现性学习，或者说是学科实践，学生通过参加模拟政协活动，感受到高中思想政治学科知识的价值，激发了学习高中思想政治学科的兴趣。

记者说：这正是我们最早提出"双减"的真正用意，让学生少刷题，多去开展相关实践活动，让学生在活动中提升能力和素养。

我告诉记者：其实党和国家早就意识到了这个问题。2019年国务院办公厅印发《关于新时代推进普通高中育人方式改革的指导意见》，提出：坚决扭转片面应试教育倾向，统筹课堂学习和课外实践，强化实验操作，培养学生的创新能力和实践能力。2020年教育部修订的《普通高中课程方案》明确规定，综合实践活动是必修课程，而且综合实践活动与语文与数学一样占到了八学分。

记者问我：李老师，落实情况如何？

我说：这个问题，咱们可以问问学生。

记者说：这个问题，还真得引起相关部门的重视。政策制定很好，我们有可能落实不到位，问题出在哪里？你可以带着学生们好好调研，作为今年的提案选题。

我把自己和《半月谈》记者的谈话告诉了模拟政协社团学生，我们一致认为在大力推进"双减"的背景下，开展学科实践活动，实现活动育人，是中国当前这一轮教育改革的方向，我们可以通过让综合实践活动的真正落地来推动这次改革，让更多的高中生不再仅仅沉浸于题海，而是在综合实践活动中感悟到学习的快乐，寻找到自己的兴趣，成长为创新型人才。

《关于建立高中综合实践活动平台的建议》

林嘉乐　沈檀　周雨柔　郑惠然　陈思学　张雯淇
指导教师：李杰

一、案由

我国当前经济社会的发展亟须教育培养出更多创新型、实践型人才。

2019年国务院办公厅印发《关于新时代推进普通高中育人方式改革的指导意见》提出：坚决扭转片面应试教育倾向，统筹课堂学习和课外实践，强化实验操作，培养学生的创新能力和实践能力。2020年教育部修订的《普通高中课程方案》明确规定，综合实践活动是必修课程。然而，我们通过调研发现，高中综合实践活动的开展情况并不乐观。只有51.81%的学生经常参加综合实践活动，只有19.28%参加过综合实践活动课程的学生表示对课程质量表示满意。

整合校内外教育资源，改进综合实践活动的质量，为更多高中生提供参与实践活动的机会，发挥实践活动的独特育人价值，迫在眉睫，势在必行。

二、调研情况

为了解国外开展学生实践活动相关做法，我们阅读书籍、文献，了解到美国、印度、新加坡、智利等国家十分重视学生的综合实践活动，引导学生综合运用学科知识解决生活中的真实问题，进而激发学生的学习兴趣，提升学生的21世纪素养。

为了解我国高中综合实践活动开展情况，我们通过问卷星进行调查，共回收全国21个省市2 721份问卷，并访谈5个省市的教师、学生及资源单位人员共20余人。

三、问题分析

（一）学校开展综合实践活动情况不容乐观

我们访谈了多位教师，发现学校开展综合实践活动存在师资力量不足、教学资源缺乏等问题。教师们认为，开展综合实践活动利于提高学生的综合素养，但由于平时教学压力大、精力有限，系统化地开展实践活动存在困难。

（二）学生有参加综合实践活动的需求

问卷结果显示，66.64%的学生表示，没有机会参加课程化、系统化的综合实践活动，91%的学生表示非常希望参加综合实践活动，由此可见学生的发展需求没有得到有效满足。

（三）学生希望自主选择综合实践活动课程

关于综合实践活动的组织，问卷调查显示，只有19.44%的学生希望学校统一安排综合实践活动，而80.56%的学生希望自主自愿选择。由此可见，学生更愿意依据自己的兴趣和意愿选择综合实践活动。我们认为这样更能够满足个性化发展需要。这也表明教育部门建立学生自主选择课程的综合实践活动平台十分有必要。

（四）多数资源单位有意愿开展综合实践活动，但缺乏有效机制保障

我们访谈了多家资源单位，他们表示愿意为高中生提供综合实践活动服务，但实施起来较为困难，存在资金缺乏、渠道不足等问题，无法与学校建立长久的合作关系，这降低了他们不断开发综合实践活动的积极性。

四、具体建议

通过调研、访谈和分析，我们建议教育部指导各级教育部门建立综合实践活动平台，依托平台加强教育部门—资源单位—学校间的联动协作，促进供需对接，满足高中生的发展需要。

（一）教育部指导各级教育部门建立高中生综合实践活动平台

教育部出台相关政策文件，指导各级教育部门建立高中生综合实践活动平台，并拨付运营经费，保证学生完成 8 学分的综合实践活动课程。

（二）教育部制定平台入驻资源单位的准入标准

教育部在调研论证的基础上制定高中生综合实践活动资源单位准入标准。各级教育部门根据标准审核资源单位的资质，符合条件的资源单位入驻平台。学生在平台上自主选择综合实践活动课程，并将活动内容、评价上传至综合素质评价系统。

（三）教育部定期评选优秀综合实践活动课程并在全国推广

教育部门制定综合实践活动课程标准、内容要求以及育人目标，定期评选优秀实践活动课程。

（四）协办部门向资源单位提供政策扶持

财政部门向资源单位提供财政资金扶持，国税总局向提供综合实践活动服务的企业提供税收优惠，从而调动更多社会资源为高中生提供综合实践活动服务。

（五）通过试点总结经验，在全国推广

教育部在条件比较成熟的北京、上海等地方进行平台运行试点，及时总

结平台运行的经验，然后在全国推广建立高中生综合实践活动平台。

建议承办单位：教育部

建议协办单位：财政部、国家税务总局

附：

心系祖国，建言献策，我们一直在行动
——北京一零一中模拟政协社团参加第九届全国模拟政协活动纪实

2022年8月7日至12日，第九届全国青少年模拟政协提案展示活动在线上举行。来自全国近百所高中学校，600多名模拟政协委员参加了此次提案展示活动。

我校模拟政协社团取得了非常优异的成绩，为北京一零一中增光添彩！

荣获集体奖项：

最佳提案奖

最佳调研报告奖

最佳展示团队

最佳组织奖

北京一零一中荣获全国模拟政协活动特别贡献奖

个人奖项：

陈思学被评为最佳新闻发言人，

沈檀被评为最佳风采个人、最佳记者，

郑惠然、林嘉乐、张雯淇被评为最佳委员，

张雯淇、周雨柔荣获人民政协知识最佳个人

郑惠然、林嘉乐被评为最佳创意制作人

李杰老师被评为最佳指导教师，并荣获模拟政协活动特别贡献个人奖

今年我们提出了什么提案，让组委会及评委给予我们如此高的评价？

今年我校模拟政协社团聚焦"教育改革"这一热点话题，提出建立高中综合实践活动平台，实现"教育部—资源单位—学校"联动协作，满足学生的发展需要。

下面来看看我们的提案吧——

我国当前经济社会发展亟须培养更多的创新型、实践性人才。

2019年国务院办公厅《关于新时代推进普通高中育人方式改革的指导意见》提出，要坚决扭转片面应试教育倾向，统筹课堂学习和课外实践，强化实验操作，培养学生的创新能力和实践能力。2020年教育部修订的《普通高中课程方案》明确规定，综合实践活动是必修课程。

然而，我们调研发现，高中综合实践活动的开展情况并不乐观。只有23.01%的学生经常参加系统化的综合实践活动，只有16.81%的学生对课程质量表示满意。整合校内外教育资源，改进综合实践活动的质量，为更多高中生提供参与机会，发挥实践活动的独特育人价值，迫在眉睫，势在必行。

关于建立高中综合实践活动平台的建议

我们建议,由教育部出台政策文件,指导各级教育部门建立高中综合实践活动平台,并拨付运营经费;教育部制定资源单位准入标准,资源单位研发课程并提交申请,通过的单位入驻平台;学生在平台上自主选择课程,并将活动内容和评价上传至综合素质评价系统。

我们期望,以推动综合实践活动课程的落地来推动当前的教育改革,进而培养出更多有理想、有本领、有担当的社会主义建设者和接班人,为中华民族的伟大复兴提供强有力的人才支撑。

我们今年为什么能取得如此优异的成绩?那是因为我们在过程中做了充分的准备,我们相信机会青睐有准备的人!

前期准备

STEP 1 组建团队

北京一零一中对模拟政协活动非常重视,在刘子森副校长、夏焕春校长助理的组织下,成立了选拔模拟政协提案小组成员的面试小组。面试小组老师由曹雪芳老师、李楠老师、殷卫霞老师、马福东老师、李杰老师组成。

7月14日下午面试隆重举行,在英才学院101模拟政协专业教室,五位面试教师以问题答辩的方式对参加竞选的同学进行了选拔。

最终选拔出了由林嘉乐、沈檀、陈思学、郑惠然、张雯淇、周雨柔组成的提案小组,由他们代表北京一零一中学参加全国第九届模拟政协展示活动。

STEP 2 调研论证

首先,我们在中国政府网上查找相关政策文件,在中国知网上阅读综合实践活动相关论文,为提案的形成提供思路。精确获取所需的资料并非易事,我们从中国知网下载大量高中综合实践活动的文献,认真阅读,从中找到对提案有用的内容,并记录下来。

其次,我们访谈了学生、老师和提供综合实践活动的资源单位。由于疫情原因,调研时间极其紧迫,我们只能利用在校的最后两周进行采访。每一个午休我们都会跑到高中办公楼去采访相关校领导和老师,有时老师恰好不在,必须奔波多次。我们为了充分了解我国高中综合实践活动开展情况,动用一切可以动用的资源收集了全国21个省市的相关数据,采访了5个省市的高中教师。

访谈我校长期组织学生开展生物学科实验活动的生物教师马丽霞。

访谈我校高中生对综合实践活动的看法。

访谈外省市高中教师高中综合实践活动开展情况。

除此之外，我们还发放线上问卷，收集同学们对综合实践活动的态度和期望。初版问卷存在很大问题，必须推倒重来，但我们没有气馁，迅速反思问题、整理思路，仅用一个下午的时间便编辑好了第二版问卷，成功发放并回收。

STEP 3 撰写提案及调研报告

今年因为疫情的原因，准备过程时间紧、任务重。提案的编写过程并不是一帆风顺的，由于缺乏写政论性文件的经验，我们首先在遣词造句上遇到了困难，如何让表达得体，并使语言通顺成了难题。其次，我们需要思考调查数据反映了什么社会问题，并想出解决机制。在李老师指导下，我们不断地修改提案、进行头脑风暴，学姐学长们甚至一字一字帮忙修正，在所有人的努力下，我们终于用文字把提案的内容清晰完整呈现出来。那些文字浓缩了我们为社会发展建言献策的满腔热情。

本以为调研报告只是对提案的内容进行补充，但在撰写过程中也产生了各类问题，尤其是在分析数据方面。问卷与访谈的数据庞大，所获数据与访谈结果颇多，难以整合并相互关联，从而得出更加全面的结论。于是我们逐一分析问卷结果，提取访谈结果中的重点，整理异同点再具体分析，切实了解我国当前综合实践活动的开展情况与学生们对其的期望，并将多方意见相关联，同时询问指导老师意见，与小组成员共同讨论，得出较为全面合理的分析结果。

STEP 4 制作展示 PPT

好的展示能为提案锦上添花，PPT 则是我们展示的重要支撑。如何协调 PPT 与提案自身的同与异是一个难题，若是一味重复提案，则显得冗余；若是逻辑完全偏离提案，则起不到辅助作用。因此，必须先列出整体框架，经过反复修改后才能正式动工。实际制作中，又遇到了素材不足、图片不够清晰、色调违和等问题。每个问题看似都微不足道，但是为了追求更完美的效果，必须精益求精。其中为了让机制图上的字呈弧线排列，我们逐字调整位置；为了兼容美观与字体大小，我们不断调整字号乃至相应的图片……每次调整都是为了精彩的效果。

STEP 5 制作调研视频

三分钟的调研视频，从写文稿、找素材到制作，充满了艰辛。在制作过程中，我们遇到的最大阻碍就是对视频制作软件的不熟悉。通过自行摸索和咨询他人，我们一点点学习与实践，将各种素材整合在一起。在制作过程中又发现，视频的文案与配音员的语速并不相符，于是对视频进行不断整改，通力配合完成了调研视频。

李济森学长特地来到学校指导我们制作调研视频。从他身上，我看到了模拟政协社团成立7年以来不断发展的原因，那就是"传承"！

经过精心准备，我们终于迎来了全国第九届模拟展示活动。

活动过程

8月7日

今天展示活动正式开始，上午举行了隆重的开幕式，下午我们参加了组委会举办的人民政协知识竞赛。我们提前做了认真准备，出色地完成了竞赛，6名同学均取得了优异成绩。

8月8日

今天是新闻发布会环节。陈思学同学代表我们提案小组做新闻发布。陈思学同学在李杰老师的指导下做了精心的准备，彩排多次。李杰老师和薛琪洪学长扮演评委，向陈思学同学提问，陈思学同学刚开始面对提出的尖锐的问题，不知如何回答，师生们一起思考如何作答。当晚新闻发布会开始了，我们师生都很期待，期待陈思学同学精彩的表现。

陈思学同学的表现惊艳了全场，在阐述环节，他时而深沉，时而慷慨激昂，紧紧抓住了每个听众的心，我们知道这激扬顿挫的背后，是他一颗赤诚的爱国之心！

答辩环节，最让人紧张，因为我们不知道评委会提出什么尖锐问题。没想到评委提出的问题，李杰老师正好在展示模拟时全部提到了，而且对如何回答进行了指导，陈思学回答时从容不迫，有理有据的回答惊艳了全场。

8月9日

今天进行界别讨论，6位同学按照提前分好的界别进入相应小组进行模拟议政。为了帮助其他提案小组提出有价值的意见和建议,我们提前认真学习了其他学校的提案并上网查阅相关资料,我们的很多建议得到了采纳。

我们的提案分在了教育界,郑惠然同学正好是教育界委员。她就负责解答我们小组的问题,回复其他小组对我们提案的意见和建议。我们的提案共收到全国66条提问,郑惠然同学耐心地做了详细回答,并对兄弟学校同学提出的建设性意见和建议表示感谢。

8月11日

今天是最激动人心的时刻,因为上午我们就要进行提案展示。为了北京一零一中旗帜上那抹靓丽的红色,为了不辜负很多领导、老师和同学们的支持和帮助,我们之前进行了不下十次的彩排,同学们都精神抖擞,只为把最精彩的展示呈现给大家,为学校增光添彩。

我们穿上了学校端庄大气的制服,调整好状态,展示时,我们仿佛由6个人变成了一个人,因为过程流畅,一气呵成。

我们的展示获得了专家评委的高度评价,我们荣获了最佳展示团队,我们展示的视频,经过组委会连夜的剪辑,在闭幕式进行了展示。

我们相信,我们的提案一定会引起相关部门对综合实践活动课的重视,一定会激发更多的高中生从事学科实践活动,激发他们在实践活动中寻找到热爱,成为创新型人才!

取得如此优异的成绩，离不开学校领导的大力支持，离不开老师、学长的指导和帮助。李杰老师全程参与并精心指导我们进行准备。在展示活动进行到一半时，她身体不舒服，但仍然坚持指导我们到全部活动顺利完成；薛琪洪、周正、李芸涵、李济森等学长学姐多次回校指导我们撰写提案和展示彩排；信息技术中心赵海峰主任安排罗老师为我们展示提供了最佳技术支持……

活动感想

参加模拟政协活动对我而言是一次非常大的挑战。我从小性格内敛，不爱在人面前讲话，这导致我很担心在最终的演讲时出错。但是当我站在讲台上，意识到我在做一件极有意义和价值的事情后，所有的胆怯和不自信都化为乌有，取而代之的是坚定不移的信念和喷薄而出的力量。

那一刻，我想要告诉你们，作为青年，我们应该为这个世界做些什么。哪怕是一份小小的提案，哪怕它像一颗石子落入深渊里，也绝不会被无声地淹没，而是在关注世界、热爱世界的我们的努力下，变得掷地有声，进而掀起巨浪。

高一（10）班　沈檀

这将是我最难忘的一个暑假。从零开始完成一份提案对我们来说都是一个挑战。每一次疑惑和困扰，每一次推翻与重构，不仅是自我的提升，也为最后的成功铺就了道路。这是一段艰辛但不难熬的时光，有队友、学长学姐和老师的陪伴，在燥热的炎夏，英才学院101教室里总有灵魂清脆碰撞，笑声流淌。

再高的名次、再耀眼的奖项，在提案被带上真正政协会议的机会面前都显得不值一提，也只有这时才深刻地体会到：无尽的远方、无数的人们，都与我们有关。唯有感慨，唯有暗下决心，从模拟政协开始改变自己，从模拟政协开始改变世界。

——高一（10）周雨柔

模拟政协活动使我受益匪浅。一开始接触到政协这个词是在政治课本上，当时对这个词语并没有很深刻的体会，只觉得是个知识点背下来就好了。但通过参加模拟政协这项活动，这个词深深地印在了我脑海中。

从确立提案内容，进行广泛社会调研，分析回收数据到撰写提案，制作视频以及排练展示，我清晰地感受到了我们是在为人民的幸福实实在在地发声，这种幸福与自豪感充满内心，"无尽的远方，无数的人们，都与我有关"。我们不仅大有可为，更应大有作为。"心系祖国，建言献策，我们一直在行动！"

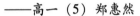

——高一（5）郑惠然

很幸运能够参加模拟政协，这次提案展示活动为我的整个高一生活画上了一个最圆满的句号。从选题论证、调研访谈再到提案展示，每一个环节都倾注了无数心血与汗水，伴随着无数艰难与困苦。我们曾在十余个盛夏的早晨走进英才101，也曾待到夜色正浓、繁星闪烁才渐渐离开。经历了所有这些以后，是否能拿到这些奖项已不再显得那么重要。

我想，更重要的是认识了一群志同道合的朋友，与他们进行灵魂的对话和交流；历届模拟政协的学长学姐们纷纷回校指导我们，使我们真切地感受到其对模拟政协的热爱。能做事的做事，能发声的发声，有一分热，发一分光，这正是模拟政协的价值所在。希望我们能够将模拟政协传承下去，点燃星星之火，照亮前方之路！

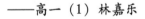

——高一（1）林嘉乐

"心系祖国，建言献策，我们一直在行动！"在活动过程中，这句口号不知被我们说了多少遍，从问卷访谈，再到撰写提案、调研报告，再到最终展示，每一步都由自己完成，那些现实生活中存在的问题也不再是冷冰冰的政治题，而是活生生地摆在我们的

面前,待我们去探寻、去解决的问题。

活动不仅锻炼了我自身的素养,更是让我看到了陈独秀先生在《敬告青年》中所写的:"青年如初春,如朝日,如百卉之萌动,如利刃之新发于硎。"来自全国各地的同学们指点江山、激扬文字,让我感受到了独属于青年的朝气与自信,这更是深深地感染了我。

青年有理想,国家有力量,民族有希望,这次活动让我看到了来自全国青年的志向高远,激励了我在未来的旅途中心怀家国,为中国的光明未来不懈奋斗。

——高一(3) 张雯淇

在这次活动中我印象最深刻的是模拟新闻发布会环节,我有幸成为这次提案展示的模拟新闻发言人代表全队进行发言。相比于其他的同学,模拟新闻发言人并不仅仅代表着背诵更长的发言稿,还要求有着对提案的提炼能力、对舞台的掌控能力、对现场提问的应变能力,并且对发言稿的情感和逻辑有几近于纯熟的整体把握。

在前期过程中我陷入了机械读稿的困境,三分钟的发言令人昏昏欲睡。李老师并没有在过程中打断我,而只是在我读完后问了我这样一个问题:"你观察过你发言的时候台下同学们的反应吗?"我感到脸颊一阵发热,我当然观察了他们,他们也在极力配合我。但很明显对于听众来说我的发言实在是质量过低。但是李老师并没有多说什么,而是拿起我的稿子为我示范。

更加协调的肢体语言、更加饱满的情感注入、更加顺畅的逻辑线,在老师一遍遍的纠错中我也在潜移默化地进步,再加上薛琪洪学长精益求精的指导——直至最后,我能够在台上真正说出我自己想说的、说出我们组的组员们想说的、说出我们中学生与青少年想说的,至于成绩,其实已经没有那么重要。

当我说出最后的那句"心系祖国,建言献策,我们一直在行动"时,我感受到了肩头有一种前所未有的责任与勇气。这并不是一句口号和空谈,区别于原先所空有的一腔热血和不时的无力感,我突然真正觉得作为一名中学生我们有能力去为这个社会做些什么。"俱怀逸兴壮思飞，欲上青天揽明月"，将壮志落为慎思，使激情制于理性，我想这是模拟政协带给我的最大收获。

——高一（6）陈思学

我们会弘扬北京一零一中"百尺竿头，更进一步"的精神，让模拟政协的火炬，在一届届学生中不断传承！

心系祖国，建言献策，我们一直在行动！

附：新闻媒体对北京一零一中模拟政协社团的报道。

20220318 中国人民政治协商会议官网：民主意识从小抓起——北京一零一中学模拟政协活动小记 http://www.cppcc.gov.cn/zxww/2022/03/18/ARTI1647577917644371.shtml

20220318 人民政协网：这门选修课，有点不一样 https://baijiahao.baidu.com/s?id=1727610078703606561&wfr=spider&for=pc

20220312 澎湃新闻：团中央权益部模拟政协：民主意识从小抓起 https://m.thepaper.cn/baijiahao_17095026

20220311 中国教育新闻网：北京一零一中：化身"政协委员"学生"参政议政" https://baijiahao.baidu.com/s?id=1727005703074306714&wfr=spider&for=pc

20220307 《半月谈》：模拟政协：民主意识从小抓起 http://www.banyuetan.org/jrt/detail/20220307/1000200033134991646382420399429883_1.html

20220127 《中国青年报》：一份中学生提案，从"模拟"到最终抵达全国两会的全过程 https://www.360kuai.com/pc/9108ad08a4f7e7ece?cota=3&kuai_so=1&tj_url=so_vip&sign=360_57c3bbd1&refer_scene=so_1

20210827 腾讯网海淀早读：北京一零一中参加第八届全国青少年模拟政协社团活动获多项荣誉 https://new.qq.com/rain/a/20210827A0B0ME00

20210826 北京海淀官方发布：北京一零一中参加第八届全国青少年模拟政协社团活动获多项荣誉 https://baijiahao.baidu.com/s?id=1709134599171544790&wfr=spider&for=pc

20210312 北京小升初网：101中学两份学生"提案"带上全国两会，建议内容奉上 https://www.xschu.com/xiaoshengchu/12/41743.html

20200716 搜狐网：北京一零一中教育集团第二届模拟政协提案展示活动在线举行 https://www.sohu.com/a/408049123_690196

20200714 模拟政协中的家国情怀——北京一零一中学第二届模拟政协提案展示活动 https://zhuanlan.zhihu.com/p/159288698

20200525 《二十一世纪学生英文报》：参加模拟政协："小建言"培育"大担当" https://www.i21st.cn/story/3527.html

20191204 《人民政协报》："从抱怨者到建言者再到建设者"——"假如我是委员"小程序走进北京一零一中学 http://www.bjzx.gov.cn/mtbd/202003/t20200306_28686.html

20191202 中国教育在线：北京一零一中模拟政协：创新思政课"顶天"更"立地" https://chuzhong.eol.cn/beijing/bjcz/201912/t20191202_1696412.shtml

20190329 网易-方格教育：现场观摩北京一零一中学"模拟政协"选修课 https://www.163.com/dy/article/EBEUPC2B05387H5A.html

20190312 搜狐-京城教育圈点赞！这些北京中学生的提案，竟然上了今年全国两会｜特别关注 https://www.sohu.com/a/300793495_113042?sec=wd

20180612 北京市政协：厉害了！中学生模拟政协提案竟成北京高考试题 http://www.bjzx.gov.cn/zxgz/zxdt/201806/t20180612_13436.html

20170627 搜狐网：心系祖国 建言献策——北京一零一中学模拟政协提案汇报会 https://www.sohu.com/a/152499777_690196

第5章

高中思想政治生态智慧教育之成果篇

教育，说到底是培养人的活动。高中思想政治生态智慧教育要培养什么样的人？

在我心里，他是这样的模样：

他热爱思考，不人云亦云，用独特的思想和独特的行动定义自己的人生；

他时常省察自己，让自己的人生因为省察而值得过；

他不会在与别人的比较中迷失自己，而是勇敢地做自己；

他敢于正视自己人性中的"幽暗"，敢于自我"亮剑"，实现心灵的转向！

这样的人，他心里不仅仅装着自己，还装着国家。他知道个人的幸福离不开国家的发展，只有将个人人生价值的实现融入国家发展中，他才能获得真正的幸福……

第一节 让学生爱上思考

我一直在思考高中思想政治学科对于学生生命成长的价值，思考了很久，发现也许价值就隐藏在我们学科的名字里。我认为政治学科的价值就在于让学生真正有自己的思想。

如何培养出有思想的学生？

如果还是运用传统的教和学的方法，只是注重知识的讲解和试题的训练，这种"知识本位"的教学无法帮助我们把学科知识转化为学生的学科素养，更无法培养出有思想的学生。

生态智慧的思政学科教育是什么模样？

生态是指遵循事物生长的客观规律，让事物显露出美好的样态。教育的生态系统里主要是教师和学生，生态的思政学科教育，在我看来就是教师遵循育人规律，让教和学和谐统一，教有效服务了学，学又促进了教。教师和学生的生命在生态的教育系统中共同得到滋养。

智慧是指人们能够理性地认识世界、改造世界，逐渐达到自由的境界。生态智慧的思政教育就是要让教师和学生在教和学的矛盾运动中增长智慧、臻于理性。

如何让学生的智慧不断增长？我们就要培养学生善于思考的品质，引导学生成为一个思想者。苏霍姆林斯基曾说："学科兴趣的源泉还在于把知识加以运用。"当学生发现学科知识可以解决他们生活中的困惑、人生选择的迷惑时，他们就会悄然爱上思考，过上苏格拉底所说的"省察"的人生。

笛卡尔是西方近代哲学的奠基人之一，理性哲学的开启者。在笛卡尔哲学体系里最重要也是最基础的一个命题就是"我思故我在"，这一命题的提出标志着近代哲学的开启。这个命题如何理解？理论界有不同的声音。我想引导学生运用所学的哲学知识做出自己的"言之有理"的解读，同时潜移默化地引导学生爱上思考。

附：

思考，让我们臻于理性
——由"我思故我在"联想到香港事件

笛卡尔是一个普遍怀疑论者，他说："要想追求真理，我们必须在一生中尽可能地把所有的事物都来怀疑一次，凡可怀疑的，我们也都应当认为是虚妄的。当思想在怀疑时，思想可以怀疑外在的对象，也可以怀疑之内的对象，思想可以怀疑思想的一切对象和内容，而'我'就是怀疑活动的主体。"他认为：思想是我的一种本质属性，我思想多久，就存在多久。我只要一停止思想，自身就不复存在了。笛卡尔作为理性哲学的开启者，他是如此重视思考，是因为思考才能让我们臻于理性。

在当今这个信息爆炸的时代，思考是多么重要啊！这个暑假，"港独"事件闹得沸沸扬扬，一些"港独"势力打着"自由民主"的旗号，蛊惑煽动年轻人上街游行。这些青年学生就是缺乏怀疑的精神、独立思考的意识而走上街头，他们采用非法手段攻击警察，扰乱社会正常秩序，已经由学生变成了"暴徒"。因为缺乏思考、失去理性，他们也失去了学生这一身份的存在。

德国哲学家马克思·韦伯认为理性包括价值理性和工具理性。一个人要具有价值理性，必须思考做一件事是否符合正确的价值观。香港参与暴乱的青年学生，因为香港在发展中遇到一些问题，不去思考如何去解决，而只是去抱怨和破坏，这只会让香港发展问题的解决变得更加困难，这不利于他们自己的利益，更不利于广大香港市民的利益。工具理性是指我们做任何事情要实事求是，按照客观规律办事，采用恰当的方式方法解决问题。香港发展中遇到问题，作为青年学生，可以采用合法合理的方式方法表达自己的诉求。因为他们缺乏怀疑精神，被一些心怀叵测的西方势力利用，采用了非法的手段和方式，让自己走上了违法犯罪的道路。

香港青年学生的反面事例给我们一个深刻的启示：在生活中，我们要善于思考，让自己逐渐具备价值理性和工具理性。拥有理性，我们才能让自己的人生之舟行稳致远！

——2021届高二（5）班　张乐云

评语：张乐云同学结合香港事件阐述了自己对笛卡尔"我思故我在"的理解。她认为只有思考，我们才能不盲从，具备工具理性和价值理性，成为一个理性的人，这正契合了笛卡尔的理性主义思想。

在思考中实现人生价值
——我对"我思故我在"的理解

我对"我思故我在"的理解是我们只有热爱思考、善于思考，才能实现自己的人生价值。人的价值就在于创造价值，在于对社会的责任和奉献，即通过自己的活动满足社会、他人和自己的需要。为庆祝中华人民共和国成立70周年，中宣部等部委评选出中华人民共和国成立以来的300名最美奋斗者。焦裕禄、王选、屠呦呦、袁隆平等这些我们熟知的奋斗者，他们共同的特征就是为社会的发展做出了突出的贡献。他们之所以能做出突出贡献，一是因为他们热爱祖国、热爱人民，有着正确的价值观；二是因为他们不断学习，在实践中不断思考，有很强的个人综合素质。

实现人生价值离不开正确价值观的指引。习近平主席曾说："青年的价值取向决定了未来整个社会的价值取向，而青年又处在价值观形成和确立的时期，抓好这一时期的价值观养成十分重要。这就像穿衣服扣扣子一样，如果第一粒扣子扣错了，剩余的扣子都会扣错。人生的扣子从一开始就要扣好。"正确的价值观不是老师和家长"移植"到我们头脑中的。我们要学会自己在生活中进行思考和判断，克服自己自私的心理，更多考虑他人、集体和社会的利益，让"善"的种子埋在心田。

我们每个人为社会创造价值的大小与我们个人素质密切相关。高中应该是我们人生中汲取人类创造知识关键的三年。在这三年中，我们如何对待学习，直接影响我们个人的素质。知识是前人在生活和实践中思考而得来的智慧。在学习中，没有思考，这些知识就无法内化为我们的人生智慧；在学习中如果没有批判和质疑，我们就无法超越前人，无法成为创新型人才。

法国哲学家帕斯卡尔说："人只不过是一根苇草，是自然界最脆弱的东西，但我们全部的尊严就在于思想。"思想，让我们成为人——万物之灵长！我们只有热爱思考、善于思考，才能实现人生价值，证明我们曾经在世界上有价值地存在过！

——2021届高二（5）班 易兰心

评语：易兰心同学对对笛卡尔"我思故我在"做出了自己的解读。这一解读即使与笛卡尔本意不一定相符，但是在这个过程中，她进行了哲学思考，有逻辑、有条理地论证了自己的观点。

思考，让我们成为不一样的存在

"一千个人眼里有一千个哈姆雷特。"不同的人对笛卡尔"我思故我在"的理解不太相同。我对其的解读是：我思考，我才能成为不一样的存在。我们每个人来到世界，都是独一无二的，我们与别人的不同，不是因为外表，而是因为思想的不同。思想，规定了一个人本质性的存在。

最近网络上有一名被称作"何同学"的北京邮电大学大二学生引起网友关注。他本来是一个普通的大学生，但就是因为他很好奇5G出现会给我们生活带来什么变化，为此他进行了探索和思考，并将自己的心得和探索过程录成了视频。这个视频激发了大家对5G时代的期待，也引起大家开始思考如何在自己所在的领域运用5G技术创新。这个视频让何同学成为不一样的存在。

9月20日，由教育部关心下一代工作委员会等部门主办的"院士回母校""杰出老校友回母校"活动在北京一零一中正式启动，校友陈左宁院士与我们分享了她的求学工作经历及感悟。陈院士在中学时便是一个爱思考的学生，她说："你解决了一个科学问题或者一个技术问题，那就是最大的乐趣。""对我们做技术的人来说，投入以后，实际上无所谓上班或下班。脑子里整天都是计算机。"热爱思考，让我们的校友成为不一样的存在。

作为学生，思考可以帮助我们发现自己的兴趣和特长。何同学在研究5G的过程中更加明确了自己的兴趣和特长，未来可以根据自己的兴趣找到喜欢的工作。矛盾具有特殊性，这是一事物区别于其他事物的标志。每个人只有经过思考，找到自己的兴趣所在，找到自己人生要解决的特殊矛盾，才能让自己成为不一样的存在。

作为工作者，思考可以让我们的专业能力不断提升。量变是质变的必要性准备。陈院士在工作中不断攻克技术难题，他的专业能力不断提升。一个人具有很强的专业能力，才能在工作中为社会发展做出更大的贡献。

世界上有75.94亿人，中国有13.95亿人，我如何成为独特的存在？思考吧，找到自己的兴趣，从而找到自己为这个社会做贡献的自己的舞台；思考吧，让我们在自己的专业道路上越走越远，为社会发展做出自己更大的贡献！

思考，让我们人类成为万物的灵长。只有不断思考，我们每个人才能找到真正的自己，让自己成为这世间不一样的存在！

——高二（6）班　李佳昕　高二（7）　田一诺

评语：李佳昕和田一诺同学对笛卡尔"我思故我在"有着相同的理解，她们分别举了一个学生和一个工作者的事例论证自己的观点。其实无论作为学生，还是工作者，我们都要不断思考，才能让自己成为不一样的存在。学生思维逻辑见下图：

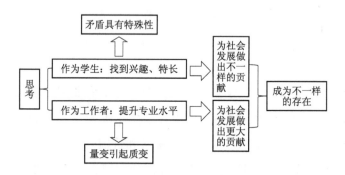

第二节 通过论证，走向理性

高二上学期学生开始学习哲学，作为政治教师，我一直在思考哲学知识如何转化为学生的人生智慧。因为哲学的本义就是追求智慧。哲学中"辩证法"一词出自希腊语 dialego，其原意为谈话、论战的技艺，指一种逻辑论证的形式。辩证法是一种化解不同意见的辩论方法，在对一个主题持不同看法的人之间的对话，通过对话建立起对事物真理的认知。苏格拉底就是通过"反问、追问"等形式，引导学生自己思考而获得人生智慧。

在信息化社会的今天，我们作为教育者传道、授业和解惑的方式必须做出变革了，我们不能再像以前一样片面强调学科知识的"搬家"，因为知识就是一种信息，这种信息在当今社会很容易被学生获取。作为教育者我们更重要的是要培养学生的思维能力，让学生面临生活中复杂的环境时，知道应该如何理性决策和行动。这也许正是国家现在如此强调学科教学要以核心素养为旨归的原因。

经过实践探索，我发现论证式教学是我们引导学生经过思考、理解知识、运用知识、走向理性的好方法。论证式教学是以探寻事物的本质为目的，以把握事物的内在联系为依托，以层层推导、证明、说理为方法的一种教学模式。这种教学形式引导学生有理有据地秉持一个观点，引导学生在做出任何决策时要经过大脑的理性思考和逻辑推导。

在 2015 年北京高考试题中出现了一道主观题，题目问："在互联网时代，我们通过连接把自己变成了更强大的物种。你是否赞同这一观点？并运用所学哲学原理说明理由。"这道试题就是考查学生的论证问题的能力。哲学教学需要培养学生的思辨能力，只有在思辨中学生才能真正理解哲学知识，将其转化为分析生活中真实问题的智慧。我本学期开始尝试以政治小论文的形式培养学生论证问题的能力。

结合哲学教学第二课"哲学基本问题"的教学，我引导学生深入分析笛卡尔"我思故我在"的深刻内涵。我不是仅仅让学生从唯物主义还是唯心主义角度分析，我更希望学生在分析中思考对人生的意义和价值。学生在与我的交流中认识到：思考，才能让我们臻于理性；思考，才能让我们实现自己的人生价值；思考，我们才能成为不一样的存在。在讲授第五课"把握思维的奥妙"内容时，结合高中生真实的思想困惑，我布置了小论文："我们是否应该在意别人的评价？"学生不知如何下手，我与学生展开了如下对话：

师：别人的评价可以用哲学什么词替换？

生：意识。

师追问：什么是意识？

生答：意识是客观存在在人脑中的主观映象。

生：既然是主观映象，那一定是正确的吗？

生：不一定。

师：那我们还用在意吗？

生 1：不用在意了。

生 2：还是应该在意。

师：别人的评价正确与否如何判断？

生：实践是检验认识真理性的唯一标准。

师：如果实践证明别人的评价是正确的，我们应该怎么办？

生：我们应该通过别人的评价完善自己，改进自己。

师："雁过留声，人过留名"，我们此生在意的是别人的评价吗？

生：我们在意的不应该仅仅是别人的评价，更应该在意我们来到世界上带来是的世界的改变。

师：也就是我们对这个社会的价值。

学生在我谈话后分别写出了三篇哲学小论文：《不要为别人的看法而活》《在别人的评价中完善自我》《勇敢做自己》。在学生的论文中我充分感受到学生的理性精神在逐渐成长。

在讲授第六课"求索真理的历程"中谈到认识具有反复性、无限性和上升性，我想到如果学生没有形成批判性思维，就无法"吃一堑，长一智"，无法自己教育自己、自己提升自己。我忽然想起苏格拉底曾说："未经省察的人生是不值得过的。"我就让学生论证我们为什么要学会省察生活。为此我与学生展开了如下对话。

师：我们为什么要学会省察？

生：省察才能让自己对自己有一个准确的认识。

师：认识自己对我们人生有何意义？

生：认识自己，才能找准自己的位置，明确未来的人生定位。

师：确立自己人生位置之后就不用省察自己了？

生：还应该省察。

师：为什么？

生：因为省察可以让我们的认识不断发展。

师：如何让认识发展？

生：实践是认识发展的动力，是检验认识真理性的唯一标准。只有省察，我们才能推动认识发展。

师追问：认识如何发展？

生：省察让我们学会辩证否定，对之前正确的认识保留，错误的认识改正。

师：也就是说省察让我们学会了自我批判进而实现自我发展。一个人的发展体现在哪些方面？

生：知识的提升、人格的完善。

师：省察思维是否能够帮助我们"求真""向善"？

生：可以，就是因为具有省察思维我们才能不断"求真"、不断"向善"。

对话后学生完成了下面两篇小论文《省察让我们求真向善》《做自己生命的

省察者》。

省察，让我们求真向善

苏格拉底认为"未经省察的人生是不值得过的"，我颇为认同。省察，是我们对自身思想和行为的反思。我们作为高中生，在成长过程中错误总是难免的，这就需要我们学会省察，这样才能"吃一堑，长一智"，在省察中成长。一个"人间值得过"的人生，应当是不断学习、不断认识、不断实践、不断反思的。当回忆往事的时候，我们不会因为虚度年华而痛悔，也不会因为碌碌无为而羞愧。

省察让我们在"求真"的道路上不断提升认识。世界是不断变化发展的，真理是具体的、有条件的。如若我们故步自封，不去省察，我们的思想就会跟不上时代潮流，为时代所淘汰。人类认识是无限发展的，追求真理是一个永无止境的过程。实践是理论之源，我们应当与时俱进，开拓创新，在实践中认识和发现真理，在实践中检验和发展真理。如果屠呦呦没有省察思维，不从之前沸水法提取青蒿素的失败中不断反思，她就无法找到用乙醚提取青蒿素这一科学方法。正是因为具有省察思维，我们才能在探索真理的道路上不断前进。

省察让我们在"向善"的道路上不断完善人格。论语："吾日三省吾身：为人谋而不忠乎？与朋友交而不信乎？"我们在生活中面临各种选择时，要善于省察自己——是从自己的利益出发，还是从他人、集体、社会利益出发。屠呦呦、南仁东、袁隆平被评为中华人民共和国成立70年功勋人物，他们的共同特点就是把国家利益放在自己利益的前面。我们与他人发生矛盾时，要学会省察——是不是自己只从自己立场出发，而忽视了他人的感受。王阳明主张"格物"，就是要通过自我省察革除私心和物欲，经常擦拭心灵这面镜子，才能做到"此心光明"。

有了对真理的把握，有了完善的人格，我们的人生之舟就不会偏离人生正确的航向，我们才会拥有无怨无悔的人生。

——高二（11）班　闫锦添

评语：闫锦添同学比较深刻地认识到了省察思维对于高中生成长的重要性。她认为只有省察，才能改变过去错误的认识，不断追求真理；只有通过省察，才能革除内心的私欲，涵养光明人格。

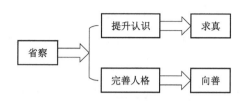

做自己生命的省察者

苏格拉底曾说"未经省察的人生是不值得过的"，我国的曾子也说"吾日三省吾身"，许多先哲都极大地肯定了省察的意义。好的人生应如同一场朝圣，在追梦、筑梦的道路上不断地修炼、自我完善，而这正是要建立在省察的基础之上。新时代下的我们，也要争做自己生命的省察者。

省察让我们认识自我，寻找到这个世界上最适宜的位置。雅典德尔菲神庙上刻着一道神谕——"认识你自己"。矛盾具有特殊性，对个体而言，就是要找到独一无二的自己，并明确自己追求的方向。我们曾撰写《关于在企事业单位建立高中生职业体验基地的提案》，正是希望能够帮助高中生在职业体验后，更加有针对性地省察自己，结合自己的具体情况，最终明确未来的职业方向，在自己个性化的追梦、筑梦的道路上行稳致远。

省察让我们完善自我，遇见最优秀的自己。省察就是要学会自我批判，进而实现自我发展。莎士比亚曾说："凡是过往，皆为序章。"实践是认识发展的动力，是检验认识真理性的唯一标准，我们要学会"吃一堑，长一智"。自我批判是一种辩证否定，对自己原来正确的做法、想法要继续发扬，错误的想法和做法要学会抛弃。人们只有通过省察，才能实现认识的发展，用发展的认识指导实践活动，在实践中继续省察，我们就在这种良性循环中不断完善自己、提升自己，不断开启人生新的篇章。

在人生的朝圣路上，愿我们都能成为自己生命的省察者。唯有如此，才能在筑梦道路上行稳致远，且歌且唱。

——高二（10） 许海同

评语：许海同同学看到了省察思维对于人生的意义。他认为只有省察一个人在世界上才能找到自己最适宜的位置。高中生正处于职业探索期，他们不断省察，才能发现自己的兴趣、找到自己喜欢的职业。这是从空间角度思考人生定位。如果从时间角度思考一个人的生命，生命就是一段旅程，在这段旅程中我们只有不断省察自己，才能提升自己对世界的觉解，不断遇到更优秀的自己。

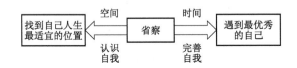

第三节　思辨设问，引导学生成为有智慧的人

在当今信息化时代，我们的教育不应该再过于注重学生对"固态"知识的记忆，而应该将"固态"知识活化在学生的生活中。这就要求我们教师要经过教学过程引导学生把学科知识转化为生活的智慧。教育要为学生的一生幸福奠基，而智慧是人们实现幸福的真正途径和有效工具。

什么是智慧？按照《牛津哲学指南》的解释，智慧是"把反思的态度与实践的关切统一起来的一种理智"。简单来说：智慧就是能批判地、反思地运用经验和知识分析问题解决问题的能力。

马克思主义哲学本身就是人类智慧的结晶。哲学书本知识本身就蕴含着分析问题和解决问题的智慧。我们作为教师如何帮助学生把知识变成学生的人生智慧？经过多年的实践探索，我发现思辨是行之有效的途径。

在教学法上，无论是苏格拉底的"产婆术"，还是孔子的"启发式"教学，都致力于引发学生思想内部的矛盾冲突。矛盾是事物发展的动力。只有激发起学生思想内部的矛盾冲突，我们才能帮助学生实现认识的发展。

在课堂教学上，我们可以设置一些思辨性的问题，让学生在争辩中更深刻地理解知识，比如在讲"整体与部分辩证关系"时，我们可以提供中国女排发展历程和其主力朱婷成长过程的情境，设置思辨话题：正方：球队成就明星球员；反方：明星球员成就球队。学生在辩论中自然会理解整体和部分的辩证关系，同时也有利于他们树立团队意识，增强集体观念。课堂教学的过程要激活学生的思维，铸造学生的灵魂，好的思辨设问可以帮助我们实现这一目的。

在课下，老师布置给学生的作业其实是老师送给学生的"礼物"。如何让学生爱写作业，爱上这个礼物？其实这几期刊登的学生们的论文都是学生们自愿写的作业，学生们之所以愿意在繁重的课业负担中主动写这项作业，是因为这项作业正好是他们思想上的困惑，他们也想运用哲学知识分析，让自己走出困惑和迷茫。

比如我最近让学生思考的两个话题：

话题一：我们是否要在意别人的评价？

话题二：我们是否要与别人比较？

希望更多一线思想政治教师在教学实践中运用思辨设问，激活学生的思维，铸造学生的善美灵魂，让学生成为拥有人生大智慧的人！

附：

不要为别人的看法而活

小时候，我们特别在意别人的评价，为父母的一次夸奖能高兴一天，为一朵小红花可以高兴一个星期。我们长大了是否还要如此在意别人的评价？我们是否要活在别人的评价中，让别人的评价左右着我们的心情、支配着我们的生活？

为了弄清这个问题，我们必须思考一个更加深刻的问题：我们为什么来到这个世界上？我认为我们活在世界上是为了实现自己的人生价值，证明自己在这个世界上存在过。为此我们每个人都在努力。上学时，我们努力学习，掌握本领；工作时，我们努力为他人和社会服务，让世界因为我们而更加美好。在这个过程中，我们的行为肯定会受到外界的评价。

我们如果知道自己要什么，自己对自己有一个客观的评价，就不会过于在意别人的评价。几年前，周国平在接受采访时说："我从不在乎别人如何评价我，因为我知道自己是怎么回事，如果一个人对自己是没有把握的，就很容易在乎别人的看法了。"人有且只有一次生命，我们独一无二，又无法重复，没人能替我们经历、感受。矛盾具有特殊性，"世界上没有两片完全相同的树叶"，我们每个人都要悦纳这世界独一无二的自己，勇敢成为自己。

我们不应该为了别人的看法而活。在《疯狂的意义》中，尼采也指出：

"人怎样才能认识自己？……年轻的心灵在回顾生活时不妨自问：迄今为止你真正爱过什么？什么东西曾使得你的灵魂振奋？什么东西占据过它同时又赐福于它？你不妨给自己列举这一系列受珍爱的对象，而通过其特性和顺序，它们也许就向你显示了一种法则——你的真正自我的基本法则。"由此可见，无论是作家还是哲学家，他们都在用自己的方式告诉众人不必在乎别人对自己的评价，做好自己该做的。你就成功了！

还记得我上小学时的校训，现在回想起来十分有道理——"做最好的我"。每个人在这个世界上都是独一无二的，我们不要为别人的看法而活。只要我们明确自己的人生目标，有自己做人做事的原则，我们就会成为最好的自己！

——2021 届高二（13） 张骥宁

评语：张骥宁同学认为我们不应该过于在意别人的评价，因为矛盾具有特殊性，自己最了解自己。我们要明确自己的人生方向，奋力前行，成为最好的自己。他的观点充分重视了内因的作用，但外界的评价作为我们成长的一个外因，他没有谈到如何正确看待。

在别人的评价中完善自我

"事父母能竭其力，事君能尽其身，与朋友交言而有信，虽曰未学，吾必谓之学已。"我们每个人在社会中有各种角色，而孔子将一个人履行其角色的尽心与否作为衡量他是否有修养的标准。人生的价值在于对社会的责任和贡献，我们作为价值客体要积极满足价值主体的需要。

一个企业要生存发展，就不得不听消费者的意见和建议；一个负责的老师也会主动征询学生对自己课堂教学的评价和意见。这些评价和建议反映了他人、社会对我们的需要，而了解他人、社会对我们的需要，我们才能更好地为人民服务，更充分地实现自己的人生价值。

因此我们要广开言路，以主动积极的心态去聆听他人的评价。如果别人的评价中,有肯定我们的地方,我们就要继续保持,把自己的优点发扬光大。如果别人的评价中有否定我们的地方,我们要善于反思,如果发现自己的确存在问题和有待完善的地方,就积极改进。苏格拉底曾说:"未经省察的人生是不值得过的。"别人的评价,给了我们一个自我省察的机会。

"他山之石,可以攻玉。"别人的评价可以成为一块石头,让自己经受磨砺,臻于完美。"玉不琢,不成器,人不学,不知道。"让我们在他人的评价中,寻找到为人处世之"道",涵养出温润如玉的君子人格。

——2021届高二(1)班 杨璐

评语:杨璐同学看到了别人评价在完善自我、实现人生价值中的积极作用。她看到人生价值的实质是我们的行为能满足他人的需要,我们只有听取别人的评价,才能不断改进自己的行为,更好地满足他人的需要。她主张我们要一分为二地看待别人的评价,如果别人肯定我们的优点,我们要将优点保持和发扬;如果别人指出我们的缺点,我们就要反思自己,发现自己的问题,不断完善自己。

勇敢做自己

马克思曾说,"人的本质是社会关系的总和"。在这世界上,我们与他人紧密相连。在与别人的交往中,别人肯定会形成对我们的看法。对于别人的看法,我们应该如何对待?视其为宇宙中的琐碎尘埃,以我行我素的心态挥挥袖子将它们打散,还是抓住这些灵魂的碎片,用他们拼凑成自己完整的人格?

不能否认,上述两种观点都有自己的道理,但我更倾向于要勇敢做自己!

小时候我们都读过《父子抬驴》的故事,父子不骑驴,别人笑他们傻;儿子骑驴,别人说他不懂孝顺;父亲骑驴,别人笑他不疼儿子。父子没办法只有找了根杠子,抬着驴到集市。在现实生活中有多少人也犯着类似的错误,在做出重大选择时,因为过于受别人意见的左右,而迷失了自己。生活中有许多人,他们做的工作并不是自己喜欢的,问其原因,就是过于听从他人的意见,没有听从自己内心的呼唤,让自己的青春激情在不喜欢的工作中消磨殆尽。

一个人要有自己的主见,要敢于做自己,一个国家的发展更是如此。今年正值共和国成立70周年,回望过去70年:抗美援朝的胜利,改革开放的成功,新时代的来临,新中国走出了一条属于自己的路——中国特色社会主义道路!在这条道路上,共产党将带领中华儿女实现中华民族的伟大复兴!作为新时代的新青年,我们何不从中汲取到勇敢做自己的气魄?

勇敢做自己并不是说我们完全不在意别人的看法,而是要有自己的世界观、人生观和价值观,对于别人的看法,能经过自己的思考,做出判断与选择,如果他人的看法和评价是客观的,有助于我们完善自己的,我们何不借此机会,对自己进行辩证否定,实现发展呢?如果别人是带着有过强的"主观色彩"看我们,我们大可以洒脱一笑,勇敢坚定地走自己的路,让别人去说吧。矛盾具有特殊性,我们每个人都要活出这世间不一样的烟火!

——2021 届高二（2） 薛宗骐

评语:高中生思想还未完全成熟,他们还未形成对自己客观全面的认识,容易在外界的评价中迷失自己。这不仅会影响他们一时的心情,更会影响他们一世的人生定位和职业选择。薛宗骐从正反两个方面论证我们要勇敢做自己,一是通过寓言故事让我们感受到过于在意别人的评价会让我们无所适从,二是通过新中国选择走中国特色社会道路,逐渐实现中华民族伟大复兴证明勇敢做自己的重要性和必要性。

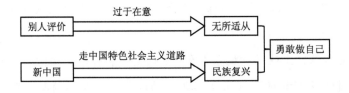

有人认为:我们生活在社会中,就需要与别人比较,通过比较,找到我们的"比较优势",从而确立自己的发展方向;有人认为我们每个人都是独一

无二的个体，不需要与别人比较，比较有可能带来盲目的自信或者过度的自卑。你的观点呢？

与他人比较有利于我们发展自己

世界是普遍联系的，我们每个人都生活在社会联系之中。在共同从事的学习和工作中，我们自然会与同学或同事进行比较。这种比较是一种竞争，而竞争有利于我们和社会的发展。

"三人行，必有我师焉。"我们在和他人比较的过程中，就能发现自己相对于他人的缺点和不足。比如别人比我们更加勤奋，这时在我们内心就会产生一种矛盾斗争，矛盾双方就是"勤奋的我"和"懒惰的我"。我们就会反思：自己是不是之前让"懒惰的我"占了上风，主导了自己的行为？而同学能做到如此勤奋，我是不是应该向他学习？这时"勤奋的我"就有可能打败"懒惰的我"占据上风。这时我就实现了自我发展和自我提升。由此可见，通过与他人比较可以引起我们内心的矛盾冲突，而矛盾是事物发展的动力，所以我们可以与他人进行比较，并在比较产生的良性竞争中完善自己。

古希腊德尔菲神庙中刻着一句话："人啊，认识你自己。"我们如何认识自己的优势和特长？与他人比较是一个很好的途径。矛盾具有特殊性，每个人都有自己的比较优势，在学习上，我们是通过与他人比较找到自己的优势学科，在未来的工作选择中，我们也是通过比较，选择自己的职业发展方向。如果我们通过比较发现自己擅长演讲，善于与人交流，我们可以选择当老师、法官；如果我们在比较中发现自己更擅长动手和设计，我们可以做工程师。未来社会分工越来越细，在与他人的比较中，我们才能找到自己最适宜的位置，在这个位置上我们才能遇到最好的自己！

当然，与他人的比较切记要保持理性。有的人看到不如自己的人就沾沾自喜，盲目自信和骄傲，有的人看到比自己强很多的人就极度自卑，这两种错误的认识都会阻碍我们发展自己的脚步。只有理性地进行比较，我们才能明确未来人生的航向，加足马力，驶向理想人生的彼岸！

——2021 届高二（10） 饶明达

评语：饶明达同学认为我们在生活中要与他人进行理性的比较。只有与他人进行比较，我们才能发现自己的缺点，对自己进行辩证否定，自己发展自己；只有与他人进行比较，才能发现自己的独特优势，发现自己的优点和特长，在未来的人生道路上经营自己的特长，更有机会遇到幸福。他在论证时做到了运用哲学原理，理例结合，自圆其说。

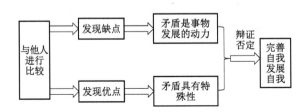

在与自己比较中发展自我

我们经常与别人比，比成绩、比财富、比地位，等等。在与比自己强的人的比较中，我们往往陷入自怨自艾的自卑情绪中，悲观踌躇，停下了前进的脚步；在与比自己差的人的比较中，我们又会盲目自信，在狂妄自大中止步不前。由此可见，在跟他人的比较中，我们很容易迷失自我。子曰"君子求诸己，小人求诸人"，我们作为自己生命的主人，应该在与自己的比较中发展自己，而不是在与他人的比较中寻找自己。

内因是事物变化发展的根据。每个人都是独一无二的，与自己比，才能引导自己把目光由外在事物转向自己。"吾日三省吾身"，我们只有自己与自己比较，才能主动担当起发展自我的使命。尼采曾说"上帝死了"，那是因为我们自己才是自己真正的"上帝"！

矛盾具有特殊性，与他人比较，容易让我们忽视自己的特殊性，无法做到具体问题具体分析。而与自己比较，我们才能找到真正的自我，找到最适合自我的发展道路。

作为个人，我们每个人的生命就是一段旅程。只有与自己比较，我们才能在生命过程中不断认识自己，不断辩证地否定自己，进而寻找到最适宜自己发展的生命轨迹，在那个轨迹里遇到最好的自己。

一个国家的发展也是在与自我的比较中找到前进的方向。中国人民之所以有坚持走中国特色社会主义道路的自信，就是在与自己的比较中产生的。今年是中华人民共和国成立70周年，我们每个中国人都能深刻感受到中华人民共和国成立以来发生的翻天覆地的变化。这种变化就告诉我们这条路,走对了!

在发展市场经济的今天,我们更要学会与自我比较。如果人们过分注重物质上的比较,势必导致物欲横流。我们倡导与自我比较,就是引导人们在物质上学会知足常乐,过上淡泊而明志的生活。

——2021届高二十班 王妍婷

评语:王妍婷同学不主张与他人比较,而是主张自己与自己比较。她认为与他人比较我们容易迷失自我,只有与自己比较我们才能找到最适合自己的发展道路。

第四节 让学生心灵转向

思想政治学科作为一门人文学科承载着"立德树人"的重要使命。柏拉图曾说:"教育无他,乃是心灵的转向。"作为一名思想政治教师,如何帮助学生实现心灵的转向,引导学生树立正确的世界观、人生观和价值观是一个值得我们思考的问题。教师被称为"灵魂的工程师",这就要求我们要用自己的灵魂去影响学生的灵魂,用自己的思想去影响学生的思想。

塑造学生的灵魂,实现学生的心灵转向,我们可以找到一个突破口,就是引导学生学会理性处理自己和自己、自己和他人、自己和国家的关系。

一、唤醒学生的生命自觉性

在多年的教师生涯中,我们发现有的学生学习努力勤奋,长大后发展得也很好;有的学生让惰性主宰着自己,在学习上采用敷衍应付的态度,当学习遇到困难时他们选择逃避。每个学生内心都住着两个自己:一个勤奋的自己,一个懒惰的自己。我们如何引导懒惰的学生实现心灵的转向?

一是要引导学生树立人生理想。"有理想的人在奔跑,没有理想的人在流浪",学生有了理想才会有战胜自己惰性的动力。无论作为班主任还是学生成长的导师,我都会问学生三个问题:未来想考入什么大学?想从事什么职业?想成为一个什么样的人？这三个问题就是引导学生意识到自己是自己生命的主人，我们要靠自己完成自己这个"作品"。有一个学生叫小吴，在高一之前一直成绩不好，进入我带的"人文理想班"之后，我与家长配合，共同帮助孩子根据自己的兴趣确立了人生理想——戏剧导演。从此他简直就像变了一个人，学习变得努力认真，经过高二高三两年的努力以比录取线高出100多分的成绩考入中央戏剧学院。现在小吴同学每天做着自己喜欢的事，他告诉我，虽然每天很累，但是很快乐。

二是要帮助学生树立自信。有的学生虽然有理想，但是他们有时仍然选择放弃努力，因为不自信，他们不相信自己。一个人只有具备良好的自我效能感，才能有坚持的勇气。我们作为教师就需要及时给予学生鼓励，这种鼓励需要找准契机。学生小关，因为各科成绩都不好，所以本来想当一名软件工程师，觉得希望渺茫，他要求家长把他从实验班转到普通班。家长与我沟通过此事，说他想放弃理想，开始放松对自己的要求了。正好高一政治期中考试，有一个主观题特别难，很多同学都答得不好，但是关同学这一题答得特别好，思维清晰，逻辑严密，考虑全面。我在讲评试卷时特地把他的答案展示给同学们，并告诉同学们他答得怎么好，最后我特地夸了关同学一句，说他有超强大脑！这个孩子从此特别喜欢学政治，高二选考了政治，而且也逐渐恢复信心，不再要求家长为其转班，重拾自己的梦想，开始努力了。

作为教师，我们只是学生成长的帮助者，是外因，学生的生命自觉性是内因，外因是通过内因起作用的。只有唤醒了学生的生命自觉性，学生才会主动接受我们的影响，畅游在知识的海洋中，向自己的理想远航。

二、引导学生与他人和谐相处

我们每个人都生活在群体之中，都要处理好与他人的关系。这个问题不仅影响我们的心情，还会影响我们每个人的成长发展。如何引导学生处理好与他人的关系？作为思想政治老师的我一直在思考。我认为一是要引导学生善良，二是要引导学生包容。

我们要引导学生理解善良的内涵。南京师范大学鲁洁教授曾说，"德性具有自我享用的功能"，只有善良的人才能拥有真正的人生幸福。我经常借助课堂教学内容引导学生理解善良的真正内涵。比如在讲授"文化是民族的，又是世界的"这一内容时，我借助视频播放《巴黎圣母院》中艾丝美拉达给卡西莫多喂水的故事和《平凡的世界》中田小霞为救落水少女牺牲的故事。我问学生："这两个名著中的女主人公共同的特点是什么？"学生说是善良。我追问："善良的实质是什么？"学生回答："有怜悯之心。"我继续追问："一个人如何才能有怜悯之心？"学生不知如何回答。我启发："儒家的核心思想是什么？"学生说是"仁"，我告诉学生仁就是善，"仁"字就告诉我们如何做到善。一个聪明的学生立即回答说："善就是两个人，就是说一个人不能只考虑自己，还得考虑他人。"我为他竖起大拇指。我深情地告诉学生："善良的人不仅把自己当成价值主体，而且也把他人当成价值主体。艾丝美拉达把人人都嘲笑的丑八怪阿西莫多当成价值主体；所以当他口渴时，她主动上前取下自己的水袋为他喂水。田小霞把落水少女当成价值主体，她宁愿牺牲自己的生命，也要挽救少女的生命，这种人生境界已经超越善良，走向崇高！"我故意停顿了一会儿，教室里安静极了。我分明感受到学生的心灵在转向，由利己渐渐转向利他！

我们还要引导学生理解包容的重要性。当今学生大多是独生子女，很难包容他人。他们假如看别人的想法、做法与自己不一致，很有可能产生排斥的想法。为此我借助讲哲学矛盾的内容，让学生分析两句话："和实生物，同则不继""君子和而不同，小人同而不和"。我问学生："如何理解'和实生物，同则不继'"？学生经过思考后回答："'和'是指不同的事物和谐相处，它们相互作用，就可以生万物，反之如果只有一个思想、一个事物，就无法继续发展。"我追问："为什么不同事物在一起可以生发万物？"悟性高的孩子能够反应过来，回答："是因为矛盾是事物发展的源泉和动力。"我借机诱导："君子为什么能够做到和而不同？"学生说："因为君子看到了差异的珍贵，这种差异就是矛盾，可以促进万物生长。君子都希望促进事物向前发展，所以他们珍视差异，彼此包容。"我借此告诉学生："一个具有大格局的人必须有一颗包容的心，包容他人，包容不同，并将其变为推动事物发展的动力。"

三、激发学生的爱国情怀

我们教育者必须思考培养什么人、为谁培养人、怎样培养人的问题。党的十九大明确提出，我们要培养社会主义建设者和接班人。然而现在很多学生，尤其是家境好、成绩优的同学往往把出国留学、留在国外工作作为自己的人生目标。我不仅教我校实验班还教授国际部的思想政治课，我发现了这一现象，所以一直在课堂教学中抓住各种机会对学生进行爱国主义教育。

在讲授国际竞争的实质这一内容时，我告诉国际部的同学："国际竞争的实质是以经济和科技实力为基础的综合国力的较量，中美贸易战开始以后，美国在高科技领域对咱们国家实行严格的封锁，同学们有机会出国留学，希望你们去国外学习先进科学技术，像钱学森他们一样回到祖国的怀抱，发展我国的科学技术。"有一个同学当时就站起来对我说："老师，我们为什么学成必须归国？您太狭隘了！外教告诉我们，我们是国际公民。"我说："你们首先是中国人，你们从幼儿园到现在是国家培养了你们，国家每年要为你们每个人花几千元的财政资金。"学生反驳我："老师，我们父母也为国家交税了。"我当时愣住了，感觉这个问题太有必要让孩子们认真思考了，要不然我们培养的学生，就有可能是习近平总书记所说的"长着中国脸，却没有一颗中国心"的人。

为此我特地用了一节课的时间，在钱学森实验班引导学生认真思考这一问题。我先采访一个学习成绩优异的女生小黄，我问她："你会出国留学吗？"黄同学告诉我："会。"我接着问："学成，你会回国吗？"黄同学说："如果能在美国找到工作就不会回来。"我问："为什么？"她告诉我因为美国有更好的实验室条件，可以在科研上取得更大的成就。我提醒："除了考虑这些，你还应该考虑哪些因素？"她说："考虑收入。"我还想继续诱导她说考虑父母，并借机把话题转到我想说的内容，我就继续问："还有呢？"她说："还要考虑空气状况。"我只有请她先坐下。我又请了一个爱思考人生的男生小史回答，我问他："你会出国留学吗？"小史说："我研究生时会去美国学习。"我继续问："你学成会归国吗？"他说："老师，我不会，我们活着就是为了追求幸福，如果在国外可以生活得更好、更幸福，我为什么要选择归国呢？"两个同学的回答让我当时内心五味杂陈，一是发现我上课一直真诚对待他们，他们回答我的问题，也很"真诚"，说的都是他们心里的话。我想：如何引导学生心灵转向呢？在国际部的经历告诉我，直接说出我的想法，生硬地让学生的心灵转向，效果并不好。

我就继续问同学们："大家谁有不同意见？"这时一个参加天文奥赛的小郭同学说："我想告诉大家一个真事，我们天文社本来要从美国进口一个望远镜，但是被美国海关截留了,因为这个望远镜科技含量高,美国人担心中国人学习其技术。"全班同学这时安静极了,忽然一个女生说了一句:"科学无国界,但科学家有国籍。"这时我的课代表小陈同学主动举手回答:"老师,我不同意国际部同学说的观点,我们现在还有国家,还没有到共产主义社会,还不是完全意义上的国际公民,我们作为中国人,首先要爱自己的国家。"这时另一个女生也主动举手,我请她回答,她特别坚定地回答:"老师,我也是要去美国留学,但我留学的目的就是回到自己的祖国,用自己的所学去建设她。刚才有一个同学说我们活着就是为了追求幸福,但是幸福不仅仅是物质生活的满足,更重要的是精神生活的满足!一个人只有把自己的青春奉献给自己的祖国,祖国某个领域的发展有他的倾心贡献,他的精神世界才会得到满足,他才会拥有真正的幸福!"

学生们听后自觉爆发出热烈的掌声,我也热泪盈眶。课下小黄同学找到我,告诉我这堂课她将终身铭记,她感觉自己以前对这个问题思考太不深入了,这堂课让她知道了未来的人生道路应该如何选择。作为一名思想政治教师,没有比这个时刻更幸福的了!因为我深刻地感受到学生们的心灵在课堂这个神圣的地方转向!

作为教师,我们承担着为实现中华民族伟大复兴育英才的重任。我们要帮助学生树立人生目标,让学生成为一个有理想的人;我们要引导学生学会处理自己与自己、自己与他人的关系,成为一个有本领的人;我们更要帮助学生树立爱国情怀,让学生成为一个有担当的人。我们坚信:青年一代有理想、有本领、有担当,国家就有前途,民族就有希望!

后　记

知识应如蜜

前几天从学校的快递柜收到了两瓶蜂蜜，纳闷很久，不知是谁的"投喂"。

2022年暑假指导学生模拟政协活动，想了解全国各省高中生综合实践活动开展情况，就给一个河南南阳的老师发微信咨询，结果这个老师问我："李老师，蜂蜜你收到了吗？自己家产的蜂蜜，邮寄给您尝尝。"我这才知道蜂蜜原来是来自这位南阳老师。

我与这位南阳老师是如何认识的？那还是2021年10月份，我受邀给来自南阳的中学骨干教师做讲座。我得知这是北京市为了感谢南阳为"南水北调"给北京供水而开展的教育支援合作项目。

我二话不说，用心准备，给南阳市高中骨干教师研修班学员做了讲座，运用"情境·思辨·对话"教学法，提升学生的理性精神。我想南阳为北京提供了一汪清水，滋养了北京，我作为北京的教师，把自己对教育教学的研究和盘托出，让南阳的老师把学科知识变成清泉滋润学生的生命，这是我的义务，更是我的荣幸！

我记得很清楚，当时三个小时的讲座后，很多老师都问我："李老师，你有书吗？"我们想看看你写的书。我当时惭愧地说："没有，我还不敢写书。"

2022年暑假，儿子考上大学了。我终于有了时间，我想我为了那两瓶蜂蜜也应该把我这些年对教育教学的研究写出来。

这些研究学习借鉴了我校陆云泉校长、熊永昌书记的教育教学理论，同时也不断向同组的教师学习、切磋，在思维的碰撞中，产生了许多智慧的火花，这本书希望把这些火花呈现给大家。

真心希望我们这些年来对教育教学的思考，帮助到更多一线教师，使他们爱上教育。一个老师如果爱上教育，那他就一定会研究教育教学，让学生在学习的过程中感受到思考的快乐、知识的价值，这时我们就有可能让学生感受到知识原来是蜜，真理的味道是甜的。

忽然想起来，在犹太民族，母亲会在孩子刚刚懂事时将蜂蜜滴在书本上，让孩子尝尝书本上那一滴蜂蜜的味道，就是想让孩子知道知识是甜的。

如何让我们中华民族的孩童感受到知识是甜的？

我想"情境·思辨·对话"教学法让学生在亲历知识生产过程时感受到知识是甜的；表现性学习让学生在运用学科知识解决问题的过程中感受到知识是甜的。我想从此他们也许就会爱上学习、爱上思考，他们就会成为人类文明的人继承者和发展者。

陆云泉校长曾说："人"字的一撇一捺分别象征着人的"德性"和"智性"，智慧与人文并举是未来教育的新模式。当越来越多的青少年继承人类文明，成为兼具美德与智慧的人时，我们中华民族就一定能在百年未有之大变局中抓住机遇，实现伟大复兴！

李 杰

2022 年 7 月 26 日